"十三五"国家重点图书出版规划项目

21世纪海上丝绸之路与广东发展研究丛书　　主编：张燕生　王义桅

21 Shiji Haishang Sichou Zhilu
Yu Guangzhou Li'an Wenhua Zhongxin

21世纪海上丝绸之路与广州离岸文化中心

伍　庆◎著

中山大学出版社

·广州·

版权所有　翻印必究

图书在版编目（CIP）数据

21世纪海上丝绸之路与广州离岸文化中心/伍庆著. —广州：中山大学出版社，2018.6

（21世纪海上丝绸之路与广东发展研究丛书/张燕生，王义桅主编）

ISBN 978-7-306-06345-8

Ⅰ. ①21… Ⅱ. ①伍… Ⅲ. ①海上运输—丝绸之路—中国—21世纪 ②文化产业—产业发展—研究—广州 Ⅳ. ①K203 ②G127.653

中国版本图书馆 CIP 数据核字（2018）第 098280 号

出 版 人：	王天琪
策划编辑：	金继伟
责任编辑：	徐诗荣
封面设计：	林绵华
责任校对：	廖丽玲
责任技编：	何雅涛
出版发行：	中山大学出版社
电　　话：	编辑部 020-84110771，84113349，84111997，84110779
	发行部 020-84111998，84111981，84111160
地　　址：	广州市新港西路135号
邮　　编：	510275　传　真：020-84036565
网　　址：	http://www.zsup.com.cn　E-mail：zdcbs@mail.sysu.edu.cn
审 图 号：	GS（2016）1766号
印 刷 者：	佛山市浩文彩色印刷有限公司
规　　格：	787mm×1092mm　1/16　16.5印张　245千字
版次印次：	2018年6月第1版　2018年6月第1次印刷
定　　价：	48.00元

如发现本书因印装质量影响阅读，请与出版社发行部联系调换

总序一

打开丛书，翻开一本本书稿，醒目的主题指引、鲜活的思想碰撞、深邃的智慧启迪、扑面而来的南国文采，深深吸引、打动和感染了我。"21世纪海上丝绸之路与广东发展研究丛书"是"十三五"国家重点图书出版规划项目、国家出版基金资助项目，包括了《21世纪海上丝绸之路与广州发展》《21世纪海上丝绸之路与广东自由贸易区》《21世纪海上丝绸之路与广东旅游发展》《21世纪海上丝绸之路与广州离岸文化中心》《21世纪海上丝绸之路与广州国际化大都市建设》，涵盖了经济、社会、文化等不同主题。这是一套值得仔细阅读、慢慢品味和深入思考的好丛书，实在令人惊喜。

2018年是我国改革开放40周年。在人类社会的历史长河里，40年可谓弹指一挥间。然而，在中华民族数千年上下求索、连绵不息的文明史中，这40年则有着非同寻常的重大意义。在历史上，中华民族在大多数时期执行的都是开放包容的政策体系，由此创造了人类社会唯一没有中断的灿烂的中华文明。然而，作为历史片段的一段闭关锁国政策，包括内部缺少变革活力和发展动力，最终造成了中华民族近代被动挨打的惨痛经历。习近平指出，人类社会发展的历史告诉我们，开放带来进步，封闭必然落后。中国开放的大门不会关闭，只会越开越大。这是中华民族从近代历史中汲取的惨痛教训，凝练成中国人民永世难忘的集体记忆，成为推动中华儿女前赴后继勇于变革的强大动力。

习近平指出，古代丝绸之路打开了各国友好交往的新窗口，书写了人类发展进步的新篇章,"积淀了以和平合作、开放包容、互学互鉴、互利共赢为核心的丝路精神",这是人类文明的宝贵遗产。今天,我们要乘势而上、顺势而为,推动"一带一路"建设行稳致远,迈向更加美好的未来,将"一带一路"建成和平之路、繁荣之路、开放之路、创新之路、文明之路。①

历史之问,"古代海上丝路时期,广东海外贸易为什么长盛不衰"?广东是中国2000多年来唯一一个海外贸易长盛不衰的地区。只是在宋元时期,泉州曾经超过广州成为中国最大的海外贸易地区。即便如此,那个时期以广州为核心的广东地区海外贸易也没有衰落。② 这套丛书的作者告诉我们,唐宋时期在广州居住的外国商人和侨民有十几万人,占到广州居民的三成以上。广州在元朝已与众多国家和地区有贸易往来;在明朝成为我国朝贡贸易的第一大港;在清朝成为我国唯一的对外通商口岸,史称"一口通商";在19世纪中叶成为世界十大城市之一,是仅次于北京、伦敦、巴黎的世界性大城市。③

今日之问,广东作为21世纪海上丝绸之路最主要始发地,未来仍能够引领国家海外贸易乘势而上、顺势而为、高质发展吗?在新时代,广东站在了一个历史的新起点上,开始了现代化的新征程。无论是21世纪海上丝绸之路的建设,还是粤港澳大湾区世界级城市群的打造,推动高质量发展、建设现代化经济体系、解决不平衡不充分发展的矛盾都是新时代的新要求。习近平指出:"高质量发展,就是能够很好满足人民日益增长的美好生活需要的发展,是创新成为第一动力、协调成为内

---

① 习近平:《携手推进"一带一路"建设——在"一带一路"国际合作高峰论坛开幕式上的演讲》,载《人民日报》2017年5月15日。
② 王先庆:《21世纪海上丝绸之路与广东自由贸易区》,中山大学出版社2018年版。
③ 姚宜:《21世纪海上丝绸之路与广州国际化大都市建设》,中山大学出版社2018年版。

生特点、绿色成为普遍形态、开放成为必由之路、共享成为根本目的的发展。"

21世纪海上丝绸之路的相关经济体大多数是发展中国家。一方面,这里的制度风险、政治风险、经济风险、市场风险和经营风险在世界上是显著高发地区。越是风险越向前,是广东人的开放天性和独到本领。广东是我国第一侨乡,海外侨胞占全国的2/3,其中,在海上丝绸之路沿线东南亚国家的华侨占广东海外华侨人数的60%以上,因此,广东具有其他地区无可比拟的侨商优势。[①] 只要将广东人的特色与21世纪海上丝绸之路当地人的优势合作,加上与在海上丝绸之路相关地区有百年以上商业存在的欧洲、北美、东北亚的企业、金融机构和社会组织开展全方位国际合作,就能够取得双赢、多赢的结果。另一方面,21世纪海上丝绸之路相关经济体有着强烈的发展需要。广东可以聚焦于21世纪海上丝绸之路上的重点国家、重点地区、重点领域,开展双边、诸边、多边合作,尤其是推动第三方合作;基于共同合作意愿,推动交通、能源、电力、信息、通信基础设施建设、农业、先进制造业、服务业等领域的优势互补、互作互动、互利共赢的合作;通过构建21世纪海上丝绸之路建设的"项目群、产业链、经济区"等多种形式,打造利益共同体;通过最大限度发挥广东软实力优势,推动与21世纪海上丝绸之路相关经济体之间的人文交流、离岸文化、旅游休闲、社会民生、绿色发展等领域的合作。

21世纪海上丝绸之路建设的定位是"今后相当长时期对外开放和对外合作的管总规划","本质上是通过提高有效供给来催生新需求,实现世界经济再平衡"。广东在推动21世纪海上丝绸之路全方位国际合作方面有着独特优势和社会责任。我们期待,这套丛书能够从全球经济、社

---

① 秦学:《21世纪海上丝绸之路与广东旅游发展》,中山大学出版社2018年版。

会、人文等视野的角度，推动社会各界关心、关注、关怀21世纪海上丝绸之路建设的方方面面，最大限度满足人民日益增长的美好生活需要，推动高质量发展，建设现代化的经济体系。同时，祝愿广东人民、全国人民、"一带一路"沿线各国人民乃至全世界人民在合作中生活得更加美好。

（张燕生，国家发展和改革委员会学术委员会委员，研究员、博士研究生导师，中国国际经济交流中心首席研究员）

总序二

"一带一路"建设是我国未来一段时期最重要的发展战略之一，对于世界有着深远的影响。围绕如何推进"一带一路"建设，很多专家学者高屋建瓴，从国家层面提出了合理化建议。各省份也在积极探讨如何融入和对接"一带一路"，以期准确抓住经济社会发展新的战略机遇。在"21世纪海上丝绸之路"建设中，广东省无疑具有举足轻重、不可替代的作用。系统地研究"21世纪海上丝绸之路与广东发展"，对作为我国改革开放前沿地、"海上丝绸之路"起点之一的广东省的未来发展具有极其重要的指导作用，对我国推进"一带一路"建设也将起到应有的促进作用。"21世纪海上丝绸之路与广东发展研究丛书"就是在这种背景下的及时之作。

广东作为改革开放的前沿地，在过去的40年里取得了辉煌的成就，为全国提供了重要的经验借鉴，也正在为"一带一路"沿线国家提供经济发展的样本。在建设"一带一路"的新历史时期，积极参与到国家的战略建设中，既是广东的机遇，也是广东的责任。广东地区的一批专家学者围绕国家的战略方向，结合广东地区发展的实际，从经济、文化、城市发展等角度，深入探讨"一带一路"建设带来的历史机遇，分析广东具有的优势，提出了一系列新观点、新思路和富有建设性的对策建议，在此基础上，汇集成为"21世纪海上丝绸之路与广东发展研究丛书"，既有深远的学术价值，也有深刻的现实意义。

这套丛书的最大优点是把握住了国家战略与地方发展的互动。在我国当前的体制下，国家战略导向是地方发展的重要机遇，这也是各地已有许多研究成果的出发点。同时，地方在贯彻落实国家战略的过程中，形成各具特色的地方"走出去"模式,成为推进国家战略的有力支撑。广东由于其特殊地理位置和历史传统,在"一带一路"建设中,尤其是在21世纪海上丝绸之路的建设中,再次发挥着引领作用,甚至可以说在一定程度上影响着国家战略的实施效果。这套丛书对这种互动关系进行了深入阐发,具有较高的学术价值和指导意义。

作为"专题式系统研究之学术著作",这套丛书及时填补了"'一带一路'与区域发展"研究领域之空白,具有较高的史料价值。

这套丛书的鲜明特色是把握住了广东地方发展的实际与推进"一带一路"建设的优势。从国家层面来看,"一带一路"建设必须综合协调有序推进,但是从地方实践出发,必须扬长避短并形成区域优势。这套丛书的研究内容与广东地方实际结合得非常紧密,这也是广东最能发挥特长并在全国范围内形成示范的领域。相信这套丛书的出版,能助推广东再次成为改革开放的先锋,为全国各地贯彻落实"一带一路"倡议提供借鉴。

(王义桅,中国人民大学国际关系学院外交学教授、博士研究生导师,国际关系学博士)

  在全球化的推动下，国际文化贸易不断增长，利用国际文化资源开发国际文化市场的离岸文化生产也逐渐兴起。在"一带一路"重大倡议的背景下，中外文化交流合作面临着新使命、新机遇、新格局、新挑战。建设中国特色离岸文化中心，有利于主动发掘和利用世界各国的优秀文化资源，推动沿线各国开展多元文化合作，共同生产出优秀的文化产品推向国际市场。这对于加快中国文化走向世界，促进世界文化的融合与创新，助推"一带一路"建设都有着至关重要的意义。广州作为重要的国家中心城市、古代海上丝绸之路的重要始发港之一，积极参与"一带一路"尤其是 21 世纪海上丝绸之路的建设既是重要职责，也带来重大机遇。广州应充分继承优秀传统，发挥现实优势，瞄准未来需要，以建设 21 世纪海上丝绸之路文化交流合作新枢纽为总体目标定位，并在此定位引领下，以东南亚为重点合作地区，以动漫产业为重点突破领域，以自贸试验区为重要平台，深化改革、全面创新，建设中国特色离岸文化中心，为推动 21 世纪海上丝绸之路的文化交流合作做出独特贡献。

本书为国家社会科学基金一般项目"全球化背景下离岸文化中心与中国文化软实力研究"(批准号：16BKS066)的阶段性研究成果

第一章 全球化背景下离岸文化中心的形态和特征 / 1

第一节 全球化背景下的跨文化贸易与离岸文化中心……………… 3
第二节 离岸文化中心的初级形态…………………………………… 9
第三节 离岸文化中心的中级形态…………………………………… 17
第四节 离岸文化中心的高级形态…………………………………… 22
第五节 离岸文化中心的要素与特征………………………………… 27

第二章 "一带一路"建设中的文化交流合作与离岸文化中心 / 33

第一节 文化交流合作新使命………………………………………… 35
第二节 文化交流合作新机遇………………………………………… 40
第三节 文化交流合作新挑战………………………………………… 48
第四节 文化交流合作新格局………………………………………… 57
第五节 建设中国特色离岸文化中心的重要意义…………………… 63

第三章 广州建设离岸文化中心推进21世纪海上丝绸之路文化交流合作 / 69

第一节 文化交流合作是广州推进21世纪海上丝绸之路建设的
重要内容………………………………………………………… 71
第二节 广州建设21世纪海上丝绸之路文化交流合作新枢纽的
目标定位………………………………………………………… 76
第三节 广州推进21世纪海上丝绸之路文化交流合作的重点
领域……………………………………………………………… 80

　　第四节　广州建设离岸文化中心对推进文化交流合作的重要
　　　　　作用 ………………………………………………………… 90

第四章　广州建设离岸文化中心的条件与战略 / 93
　　第一节　广州建设离岸文化中心的基础与优势 …………………… 95
　　第二节　广州建设离岸文化中心的不足与挑战 …………………… 114
　　第三节　广州建设离岸文化中心的目标与战略路径 ……………… 124

第五章　广州离岸文化中心与东南亚文化产业合作 / 133
　　第一节　全球化推动下的国际文化产业合作与离岸文化中心 …… 135
　　第二节　面向东南亚建设离岸文化中心的有利条件 ……………… 141
　　第三节　广州离岸文化中心与东南亚文化产业合作的基础 ……… 148
　　第四节　广州离岸文化中心与东南亚文化产业合作重点领域 …… 154

第六章　广州离岸文化中心与动漫产业 / 165
　　第一节　离岸文化中心与降低文化折扣 …………………………… 167
　　第二节　动漫产业作为建设离岸文化中心的重点产业 …………… 174
　　第三节　广州加快发展动漫产业的良好基础 ……………………… 185
　　第四节　广州以动漫产业为突破助推离岸文化中心建设 ………… 191

第七章　广州离岸文化中心与自贸试验区 / 201
　　第一节　自贸区与离岸文化中心的机制创新 ……………………… 203
　　第二节　自贸区推动文化贸易的经验借鉴 ………………………… 209
　　第三节　广州利用自贸试验区助推文化对外贸易与合作的
　　　　　新机遇 ……………………………………………………… 220
　　第四节　广州发挥自贸试验区优势建设离岸文化中心 …………… 227

参考文献 / 233

第一章

全球化背景下离岸文化中心的形态和特征

全球化是在经济和技术条件推动下，不同地域、国家、民族之间的交往更加频繁深化的进程，这一进程涉及技术、经济、文化等多方面的内容。经济的全球化推动离岸金融中心的形成，文化的全球化相应地也推动着离岸文化中心的兴起。离岸文化中心的重要特征就是吸收和利用非本地、非本国的文化资源，生产出面向外地、外国市场需求的文化产品并实现对外传播输出。根据利用国际文化资源和开发国际文化市场的不同，离岸文化中心有着不同的形态和典型的特征，可以成为推动国际文化交流与合作的重要力量。

第一节 全球化背景下的跨文化贸易与离岸文化中心

经济全球化使得各国之间经贸往来日益密切，货币跨国交易频繁，推动着交易外币的离岸金融中心形成。与此同时，文化全球化也促进了跨文化贸易的迅速发展，与离岸金融中心相类似，开发利用国际文化资源的离岸文化中心也逐渐兴起。

一、经济全球化与离岸金融中心

在经济全球化和金融创新的推动下，离岸金融中心的迅速发展已经引起了广泛关注。由于第二次世界大战后大量美元流向欧洲形成了"欧洲美元"，伦敦凭借发达的金融产业基础，发展出经营美国以外美元存款交易的国际资金借贷市场，并逐渐成为世界各国外币存贷款中心。金融机构由只从事本币存贷款业务发展到从事外币的存贷款业务，这种在某种货币发行国国境之外从事该种货币交易的市场即离岸金融市场（offshore financial markets），主要以外币为交易或存贷标的，以非本国居民为交易对象，其本地银行与外国银行所形成的银行体系就发展成为离岸金融中心。

伦敦作为最早的离岸金融中心，其形成与"欧洲美元"密切相关。各国的金融机构原本只从事本币存贷款业务，但在第二次世界大战之后，各国金融机构从事本币之外的其他外币存贷款业务逐渐兴起。[①] 从20世纪50年代开始，由于美国开展援助欧洲的"马歇尔计划"，美国也成为重建后的欧洲的最大出口市场，大量的美元流向欧洲，加上布雷顿森林体系使得美元成为国际性通货，导致欧洲银行大量吸收美元存款，以伦敦为

---

① 沈彤：《国际金融实务》，东南大学出版社2004年版。

中心的"欧洲美元市场"逐步形成。历史上这些货币储蓄主要由欧洲的银行和财政机关持有，因而被称为"欧洲美元"。"欧洲美元市场"现已成为"国际资本市场"的象征，它既不限于"欧洲"的地理概念，也不限于"美元"，而是统称储蓄在美国境外的银行而不受美国联邦储备系统监管的美元。

20世纪60年代，伦敦由于具备了大量资金交易中心的必要条件，逐渐形成欧洲最早、最著名的离岸金融中心，伦敦的金融机构也成了世界许多国家各种外币的存贷款中心。伦敦离岸金融中心的特点有三点：一是离岸金融交易的币种是除了英镑之外的欧洲货币。二是除了离岸业务以外，非居民也被允许经营国内和在岸金融业务，但是必须缴纳相应的存款准备金以及税费，并且金融机构对全面业务牌照的发放数量进行严格的控制。三是伦敦离岸金融中心是历史发展过程中自然形成的结果，伦敦国内的金融市场没有相关汇率和利率的管制，也无须交纳税费，因此伦敦的离岸金融市场与国内金融市场是融为一体的。① 作为自发形成的国际离岸金融中心，伦敦已经发展成为世界规模最大的离岸金融中心之一。

在欧洲货币市场的产生和发展过程中，市场力量起着决定性作用。伦敦的美元市场发展壮大形成离岸金融中心之后，美国、日本、新加坡等国家根据国际金融市场的发展趋势，政府积极支持，实施有效措施推动离岸金融中心的建立与发展。例如，美国国际银行设施、日本东京离岸金融市场和新加坡亚元市场等现代离岸金融中心都是政府采取积极措施，为适应经济、金融发展的客观要求而推动离岸金融市场的健康、快速发展。② 国际金融界形成共识，任何国家、地区及城市，主要以外币为交易（或存贷）标的，以非本国居民为交易对象，其本地银行与外国银行所形成的银行体系，都可称为离岸金融中心。

---

① 杨惠庆：《国际离岸金融市场的发展及对中国的启示》，复旦大学硕士学位论文，2002年。

② 周振华：《金融改造》，上海人民出版社2000年版。

离岸金融中心的形成，最主要的条件是经济全球化所带来的金融一体化，离岸金融中心实质上是金融创新与金融市场全球一体化共同催生的结果。金融市场全球一体化是一个逐渐发展的过程，而离岸金融中心的产生和发展则是金融市场全球一体化过程中非常重要的一个环节，同时也是金融市场全球一体化的必然要求。

二、文化全球化与跨文化贸易的增长

不同文明、民族以及国家之间的贸易活动有着悠久的历史。柯丁描述了从古代世界到商业革命的漫长历史中，各个不同文化和民族间的贸易，包括古代中国与地中海贸易、亚洲东部海域国家之间的贸易、欧洲人涉足亚洲海上贸易及北美皮革贸易等。[①] 中国通过古代丝绸之路与亚洲、非洲、欧洲国家之间的贸易活动可谓其中的典型，不过柯丁所论及的"跨文化贸易"，可以说是跨国贸易的延伸，所强调的是跨越更远的地理距离，而对于贸易的内容并没有严格的界定。

从"跨文化交际"（cross-cultural communication）的角度来看，不同语言和文化背景之间的交流存在许多障碍，更集中地体现在不同文化背景的国家和地区之间文化产品和服务的贸易受到诸多限制。在全球化的推动下，交通条件的改善使得空间距离对贸易活动造成的影响正在减弱，促进了国际贸易规模不断扩大，与此同时，文化差异的影响更加突出。因此，本书所说的跨文化贸易，其内容主要侧重于文化商品和服务，因为它们受到不同文化之间差异的影响更大，"跨文化"的含义不是跨越地理上的障碍，而是要跨越文化差异的障碍。在全球化的推动下，跨文化消费需求增加，文化生产国际分工加强，文化产品跨境传播更加便捷而频繁，推动着跨文化贸易不断增长。

---

① ［美］菲利普·D. 柯丁：《世界历史上的跨文化贸易》，山东画报出版社2009年版。

第一,从跨文化贸易的社会需求来看,各国民众对其他国家文化产品的消费需求不断增加。由于文化背景的差异,普通受众理解和接受异国语言文字的文化商品会有一定障碍,因此,文化产品在国际市场上对其他国家受众的吸引力会有所降低甚至难以被接受,被称为文化折扣。[①] 在国际贸易中,这也是文化产品区别于其他一般商品的重要特征之一。因此,文化商品比普通商品的跨国贸易受到更多的限制,跨文化消费往往需要受众具有一定文化知识基础,才能更好地理解和欣赏国外文化商品。随着各级教育的普及与民众知识水平的不断提高,大众进行跨文化消费的经济能力和鉴赏能力也在不断提升。同时,在全球化的进程中,不同国家之间的经济往来更加密切,交流与接触渠道也日益增多,尤其是在媒体的推动下,地理上遥远的异国变成了心理上亲近的邻居。跨文化消费不再是局限于小范围知识精英的需求,大量外国文学作品、电影电视、音乐舞蹈等越来越多地进入普通群众的日常生活中,欣赏来自国外的文化产品成为许多民众丰富生活的重要内容。对外来文化商品的需求日益增加,刺激了跨文化贸易的迅速增长,由于公开的贸易渠道可能无法满足庞大的需求,还形成了各种隐秘甚至盗版的渠道,这也从一个侧面说明了对跨文化产品的消费需求正成为拉动跨文化贸易的重要力量。

第二,从跨文化贸易的经济动力来看,文化生产跨国分工与合作逐渐深化。在全球化的背景下,越来越多来自不同国家的文化厂商、投资方或艺术工作者共同参与到文化产品的生产中。这在电影大片中表现得尤其明显,许多取得票房佳绩的电影都是由多国资本共同投资合拍,吸引多国明星加盟,在全球多个地方取景拍摄,后期制作团队更是来源广泛,最后在全球多国市场同步发行上映,形成了全球化的分工生产营销获利模式。文化生产者的跨国分工与合作成为推动跨文化贸易的强大动力,尤其是从20世纪90年代开始,世界范围内兴起了跨国公司并购的热潮,世界文化

---

① Hoskins C, Mirus R. *Reasons for the U. S. Dominance of the International Trade in Television Programmes*. Media, Culture and Society, 1988, 10 (4): 499 – 504.

产业也形成了几个超大型传媒集团如时代华纳、新闻集团、迪士尼集团、维亚康姆、贝塔斯曼、索尼等,积极地推动文化产业的跨国合作与贸易,美国、西欧各国和日本的跨国公司涵盖了全球国际文化贸易量的三分之二。① 跨国分工合作模式生产的文化产品也有更多机会进入多个不同国家的市场,获取更大的商业效益,因此也成为推动跨文化贸易的强大经济动力。

第三,从跨文化贸易的技术基础来看,跨越国界的文化传播更为容易。技术的进步不断改变着文化传播的媒介,使得传播的速度越来越快,范围也越来越广。文化传播的介质不断更新,从纸张印刷、广播电视到互联网新媒体,凭借网络技术提供的传播方式,跨文化贸易的便利程度不断提升。尤其是新媒体的力量蓬勃兴起,信息化、网络化的传播手段让多种文化产品都能够轻易超越国家和地区之间的地理界限,迅速传播到全球各个角落,甚至能够以惊人的速度实现不同国家的同步欣赏,从而在大众中制造流行,在更广的人群范围内形成吸引力,反过来也促进了消费者对跨文化产品的需求。

三、文化全球化与离岸文化中心的兴起

随着全球化的影响越来越大,跨文化贸易不断增长,文化资源的流动更加便利,文化商品的全球传播也更加广泛,文化的消费、生产和传播的国际化程度不断提高。文化产品与其起源地之间的关系也发生了变化,英格利斯认为,文化全球化的重要特征就是"去地域化",本土不再是文化从属特定地方的主要决定因素,文化现象可以移植或生根于距其发源地千里之外的地方。② 汤姆林森则提出了"非领土扩张化",他指出,全球化增加了文化流动和碰撞的机会,从而瓦解了文化和地区之间的关联,同时

---

① 米宏伟:《文化贸易全球化现状与特点》,载《国际经济合作》2012 年第 12 期。
② [英] 英格利斯:《文化与日常生活》,中央编译出版社 2010 年版,第 152 页。

产生了崭新而复杂的文化融合形式。① 这种现象背后更根本的原因就在于马克思和恩格斯所提出的精神产品作为公共财产，可以为世界范围内众多不同国家的民众所享用。他们早在《共产党宣言》中谈到资产阶级所开辟的世界市场和全球范围的经济交往时，就已经揭示了，地方的和民族的自给自足和闭关自守状态，被各民族各方面的互相往来和各方面的互相依赖所代替了。物质的和精神的生产都是如此，各民族的精神产品成了公共的财产。②

在关于文化全球化的各种论述中，马克思和恩格斯提出的"各民族的精神产品成了公共的财产"这一论断尽管被广泛应用，但是，很少有研究者深究这个论断其实有两层的含义。第一层含义是各民族的精神文化产品直接作为消费品为其他各国各民族所共同享有。现有研究主要都是在此基础上阐发，关注的是全球化推动文化交流的深化，各民族都可以了解欣赏到其他民族的文化产品，由此引发了一系列文化同质化、异质化、混合化的现象，这是在最终消费品的意义上所说的。但是，在跨文化贸易的实践中，各种文化资源原本的在地性逐渐被削弱，而生产领域的国际文化分工日益拓展深化，其他民族的文化资源可以为我所用，开发成为文化产品，并销往世界各地。因此，"各民族的精神产品成为公共的财产"另一层含义凸显出来，即各民族的精神文化产品可以作为资源品为其他各国各民族进行加工利用再生产为新的文化产品，再为其他各国各民族共同享有。在全球化的推动下，文化产品的跨国消费和流通日渐频繁，跨国文化生产分工日益深化，各民族的精神产品不仅在消费品的意义上成为公共财产，为其他国家的民众所欣赏，也在资源品的意义上成为公共财产，参与到国际文化分工中，可以被其他国家用来再生产为新的文化产品而被世界各国的民众享用，甚至返回到原来的国家受到热烈的欢迎。

---

① ［英］汤姆林森：《全球化与文化》，南京大学出版社 2002 年版。
② ［德］马克思、恩格斯：《共产党宣言》，见马克思、恩格斯《马克思恩格斯选集》（第 1 卷），人民出版社 1995 年版。

由于过于庞大和模糊的概念体系，反而使得全球化经常以研究背景而非有效性理论出现。围绕"文化产品作为公共财产"这一文化全球化的重要产物展开的研究还远远不够，尤其现有研究主要都是将文化产品作为消费品来研究，重点关注的是异国文化产品进入本国消费生活而引发的生活方式、思想观念的同质化或混合化。与此同时，我们也有必要从生产角度，将文化产品作为资源品来探讨文化全球化带来的影响。不同文化之间的交流与融合历史悠久，各个国家在吸收其他国家传播进来的文化的同时，利用自己的文化生产能力开发利用这种历史文化资源的现象其实一直存在。但是，在全球化的过程中，随着跨文化贸易的增长、文化生产国际分工的深化，这种现象以产业化的方式更加普遍地存在。于是，开发利用国外的文化资源生产文化产品，再投向国际市场的离岸文化生产逐渐兴起，并在文化全球化中发挥越来越重要的作用。借鉴离岸金融中心的发展历程，根据统筹利用国际文化资源的深度和开拓国际市场的范围广度，离岸文化中心也有相应的发展形态和模式。

第二节　离岸文化中心的初级形态

离岸文化中心的初级形态与离岸金融市场的初步发展有相似之处。最初一国的金融机构只是从事本币存贷款业务，随着与相邻国家之间的便利条件，国际贸易和国际投资逐步增加，本国居民和公司到海外投资，外国公司也开始到本国开展业务，由此逐渐发展起外币的存贷款业务。与离岸金融业务的兴起相类似，由于地缘因素，相邻国家之间经贸往来更加紧密，文化交流和互动也更加频繁，文化产品生产者也会顺应国内市场跨文化消费的需求，开发利用外国文化资源，生产具有异国文化元素的文化产品。由于日本与中国文化渊源深厚，文字也相通，在历史上日本也曾积极学习借鉴中国文化，中国的传统文化在日本得到广泛传播，日本的文化创作者和厂商由此开发利用中国文化资源生产了多种文化产品,其中最典型的就是围绕三国文化创作出版了书籍、漫画、游戏等文化产品,在深受市场欢迎的同时,也返回中国引起消费者的强烈反响。

一、《三国演义》传入日本及转化

三国时期(220—280)是中国历史上一段特殊的时期,统一的东汉王朝分裂为曹魏、蜀汉、东吴三国鼎立,并最终由西晋再次统一。由于历朝历代诗词、戏曲、评话等不同形式文学作品的演绎和传播,三国时期众多英雄人物的形象深入人心,历史故事如"桃园结义""三顾茅庐""空城计"等家喻户晓,还形成了众多的成语典故和俗语如"大意失荆州""万事俱备,只欠东风""鞠躬尽瘁,死而后已"等广为流传,逐步积淀了特殊的文化元素。尤其是《三国演义》发展成为三国文化的一部巅峰之作,这部长篇章回体历史演义小说,与《水浒传》《西游记》《红楼梦》并称中国四大名著。《三国演义》的影响力不只局限在中国本土,也流传到周边汉字文化圈的日本、朝鲜、越南,以及欧美国家。尤其是在日本,衍生出大量的文化产品,深受民众的喜爱,形成了持续的"三国热"。

《三国演义》何时传入日本,并没有确切可靠的说法。在《三国演义》传入日本之前,日本人对三国时代人物和故事的了解主要来源于《三国志》等史书。公元 14 世纪左右,在军记物语《太平记》中已经出现了一段较为完整的三国故事情节。学界主流看法认为《三国演义》是在近世即江户时代以后传入日本的。通过至今掌握的材料,尤其是各种读书目录和藏书目录,有学者认为可将 1604—1689 年间的半个多世纪视为《三国演义》在日本传播的肇始,在这期间积累了广泛的读者和接受基础,而日文译本的初次出版则代表着这一时期的顶点。① 元禄二至五年

---

① 赵莹:《〈三国演义〉在日本的译介与研究》,天津师范大学博士学位论文,2012 年。

(1689—1692),京都天龙寺僧人义辙、月堂将《三国演义》译为文言体日文,名为《通俗三国志》,并以"湖南文山"的笔名刊行。这个译本共50卷,既基于罗贯中的《三国演义》,也参考了陈寿的《三国志》,文风古朴,首先在日本上流社会中盛行,随后进入民间便广为流传并深受欢迎,后世不断传抄翻印。

在日本学术界和文学界,"三国志"一词并不特指陈寿编纂的正史《三国志》,而是包含后世在此书基础上创作的各类历史、文学作品,所有讲述三国故事的文学作品被统称为"三国志"。在三国故事流传的过程中,日本的文化创作者也逐步开始了演绎和再创作,各种版本的《三国演义》层出不穷,有节译本、全译本、插图本、少儿版,还有以现代小说文体重新改写的版本,等等。天保年间(1830—1843),以图说形式描述三国故事的《绘本通俗三国志》出版,把原来《通俗三国志》的50卷重编为8编75卷,书中的近400幅插图由当时的著名浮世绘画家葛饰北斋的弟子葛饰戴斗所绘,该书一经问世便在日本迅速普及。绘本中的人物采用浮世绘的画法,几乎完全背离了原著里中国人物的形象,而变成了日本人的相貌和服装。① 18世纪前期到19世纪中期,日本还出版了各种《三国演义》的摘要版本,三国故事迎合日本的风土人情,也逐渐开始日化。从绘本到读本,从图画到文本,《三国演义》的日本化转变历程非常明显,中国小说《三国演义》于无形中已经逐渐转化融为日本文学的一部分,正是体现了作为原本是中国文化财富的精神产品成了公共财产而为日本进行再生产。

二、日本开发利用中国三国文化生产文化产品

三国故事的广泛传播和日本化,逐渐融入日本自身的文化中,并受到民众的广泛欢迎。现代以来,各类文化创作者和厂商充分开发利用三国文

---

① 尚好婵:《日本动漫中的"三国热"》,湘潭大学硕士学位论文,2013年。

化要素，衍生出不同类型的文化产品，丰富的三国历史文化资源成为反复利用的素材，以三国故事和人物为题材的文化产品层出不穷，形成了持续不断的"三国热"。

小说是三国故事最基础也是最常用的文学形式，吉川英治是日本第一位将三国故事写成现代文的作家，并且加入了很多个人的创作和发挥。吉川英治用现代日语对《三国演义》进行再创作的《三国志》，被视为《三国演义》从中国古典小说向日本现代小说转型的滥觞，影响深远重大。①《三国志》一开始是在日本的《中外商业新报》上连载，随后正式出版单行本，发售之后在日本国内掀起了三国热潮且长盛不衰，迄今总销量已超过2000万部。在吉川之后，还出现了野村爱正的《三国志故事》、陈舜臣的《秘本三国志》、柴田炼三郎的《三国志》等多个小说形式的改写版本。

日本动漫产业极为发达，三国题材的作品也层见叠出，其中横山光辉创作的漫画《三国志》是受众面最广、影响最大的作品。这部巨作从1972年开始连载，时间长达15年，总销量超过7000万部。后来日本东映株式会社根据横山光辉的漫画制作出品动画版《三国志》，耗资14亿日元。制作过程中，东映株式会社赴中国大陆实地考察，最终历时4年多时间制作完成，该片成为日本三国题材动画作品的巅峰之作。日本动漫界也开始注重发掘三国这个巨大"IP"②，涌现出一大批以三国为背景的作品。近年来，日本还出现了很多结合青少年亚文化潮流的动漫作品，有些动漫仅仅是借用三国故事中的人名，内容已与原著相差甚远，如将三国英雄女性化的漫画《一骑当千》，以及完全颠覆原作内容的动画《钢铁三国志》、恶搞三国故事的《恋姬无双》，等等。③

---

① 赵莹：《〈三国演义〉在日本的译介与研究》，天津师范大学博士学位论文，2012年。

② IP即"Intellectual Property"，其原意为"知识（财产）所有权"。从商业和资本的角度来看，其内涵已经有了无限的外延，IP已被引申为"可供多维度开发的文化产业产品"。

③ 高晨、靳明全：《日本动漫对"三国"男性形象的女性化变异》，载《电影评介》2011年第20期。

日本的电子游戏产业也非常发达，游戏公司如光荣公司与南梦宫，把握三国热潮，围绕三国题材推出了很多精品游戏，尤其是随着电脑软硬件的持续升级，不断推出新版本的游戏。1985年，随着个人电脑的出现与普及，光荣公司洞察市场，发现了三国这一题材在游戏行业内的巨大潜力，随即开发出著名的《三国志》系列策略游戏的第一代，发售之后好评如潮，斩获当年的"BHS大赏"以及最受读者欢迎产品奖，光荣公司也由此不断推出PC历史策略类游戏。1988年，南梦宫公司推出了《三国志1：中原的霸者》，这款游戏发售后长期盘踞日本销量榜前列，卖出数十万套，成为许多三国游戏迷的启蒙之作。随后，光荣公司在1989年12月推出《三国志2》来与之抗衡。1992年，双方各自推出了续作，南梦宫的《三国志2：霸王的大陆》将三国题材游戏的风潮带到了中国大陆，光荣公司也拿出了颠覆之作《三国志3》，为后续的系列游戏奠定了坚实的基础。1994年10月，由中国中央电视台（简称为"央视"）制作的《三国演义》电视剧开播，日本国内再度掀起三国热，三国游戏也迎来一个高潮期。光荣公司购买了央视《三国演义》的版权，并在1995年推出了《三国志》系列游戏最重要的一部作品《三国志5》。这一代作品采用了高精度画面，并首次引入了CD音源，在画面和音效上都给当时的玩家带来了巨大冲击。此后，光荣公司的《三国志》系列在同类游戏中长期占据领先地位，并且随着玩家电脑的升级换代不断更新游戏版本，至今已经推出《三国志13》。

此外，以三国故事为蓝本的文化产品还有歌舞伎、木偶剧等多种形式。可以说日本的文化创作者和产商将源自中国的三国文化资源开发利用得淋漓尽致，形成了一个庞大的产业（见表1-1）。日本三国题材的文化产品通过各种渠道传播到中国市场后，也深受中国消费者的欢迎，尤其是动漫和游戏等产品。很多年轻观众和玩家最开始都是从接触日本的三国动漫、游戏开始，并逐渐成为"粉丝"。

表1-1 日本围绕三国题材生产的典型文化产品

类型	名称	作者/厂商
小说	《三国志》	吉川英治著,1939—1943年连载,再由讲谈社出版单行本
	《秘本三国志》	陈舜臣著,1974—1977年连载
	《三国志英雄传》	柴田炼三郎著,1969年获第4届吉川英治文学奖
漫画	《三国志》	横山光辉绘,从1972年1月开始连载了15年,曾3次获得日本漫画家协会奖、优秀奖
	《一骑当千》	漫画家盐崎雄二创作的美少女格斗类型漫画作品,自2000年起在COMIC GUM上连载
动画	《三国志》	日本东映株式会社制作,由《英雄的黎明》《长江的燃烧》《辽阔的大地》三部分组成,1994年出品,荣获日本动画最高荣誉"动画金座奖"
	《钢铁三国志》	Picture Magic制作的魔幻历史动漫,2007年上映,共26集,剧情与历史相差甚远
游戏	《三国志》系列、《三国无双》系列、《三国志英杰传》系列	日本KOEI株式会社(光荣公司)推出的历史模拟游戏系列《三国志I》于1985年12月13日正式发行,是第一款三国题材的商业游戏,后续不断推出新版形成三国志系列。后来又推出PS2[①]上三维及格斗模式的《真·三国无双》
	《三国志》	南梦宫于1988年在FC[②]上出品的SLG[③]模式游戏,包括《三国志1:中原的霸者》《三国志2:霸王的大陆》

① PS2的全称为PlayStation 2,是日本Sony公司旗下的索尼电脑娱乐(Sony Computer Entertainment Inc.,SCEI)于2000年3月4日推出的家用型128位游戏主机。到2012年2月14日为止,在全球销售超过1.5亿台。

② FC(Famicom)是Nintendo公司在1983年7月15日于日本发售的8位游戏机。Famicom是Family Computer的简写。因为该游戏机颜色为红白相间,所以也有人称其为任天堂红白机。

③ SLG,为Simulation Game的简称,即模拟游戏。现今多为电子游戏,是一种广泛的游戏类型。模拟游戏试图去复制"现实"生活的各种形式,以达到"训练"玩家的目的,如提高熟练度、分析情况或预测。

第一章　全球化背景下离岸文化中心的形态和特征

续表1-1

类型	名称	作者/厂商
木偶剧	《三国志》	NHK电视台于1982—1984年播放
歌舞伎	《新·三国志》	超级歌舞伎。1999年上演《新·三国志Ⅰ：关羽篇》，2001年上演《新·三国志Ⅱ：孔明篇》，2003年上演《新·三国志Ⅲ：完结篇》

来源：本研究搜集整理。

吴伟明将日本改编三国文化题材的漫画、动画和游戏，根据内容及表达方式分为三大流派：野史派、历史想象派和恶搞派。① 野史派泛指主要受《三国演义》影响而又有所创新的作品，在保留大量《三国演义》基本故事情节的基础上，进行了一些改编和创作，如横山光辉的漫画《三国志》以及以此改编的电视动画，光荣公司的游戏《三国志》系列，等等。历史想象派比野史走得更远，只保留大的历史线索和框架，大量增加作者个人虚构及想象的内容，包括新增人物、改变情节等，代表作如漫画《龙狼传》、漫画《霸Lord》，以及游戏《真·三国无双》系列，等等。恶搞派则是仅仅借用三国人物的名字，而重新自由创作与三国历史无任何关联的故事，很多都含有日本典型成人动漫的搞笑及色情成分，主要有漫画《三国志百花缭乱》、动画《一骑当千》以及游戏《恋姬无双》，等等。随着改编程度的加深，三国的故事和人物越来越被抽象为符号，作为一种公共的文化资源，成为厂商进行创作加工可资利用的元素。

三、初级形态离岸文化中心的特征：国外资源+国内市场

初级形态的离岸文化生产模式可以总结为"国外资源+国内市场"。文化厂商利用外国文化资源生产文化产品的目标市场主要仍是国内消费

---

① 吴伟明：《在日本寻找中国：现代性及身份认同的中日互动》，香港中文大学出版社2013年版。

15

者。但是，由于生产者文化生产实力雄厚、产品制作质量精良，同时，由于文化产品的复制传播比较容易，有很强的溢出效应，因此，这些文化产品又会输出国外，特别在文化资源的来源地也会产生较大的反响。

日本围绕三国文化创作的各类产品通过各种渠道传播到中国以及其他一些受中国文化影响的国家市场，受到消费者的欢迎。在中国内地与港澳台地区很多年轻人中广泛传播的三国文化产品，很多是来自于日本的文化产品，尤其是动漫和游戏产品。三国街机游戏是游戏机中的重要内容，《真·三国无双》多次荣登台湾游戏书籍人气作品首位，《三国志大战2》曾经在香港主办官方大赛。吴伟明还分析道，在中国观众接受和欢迎这些文化产品的同时，日式三国文化作品开始影响新一代的国产三国文化产品。由于中国内地和港澳台地区的年轻一代制作者和消费者都有接触甚至追捧日本的三国文化产品的经历，因此，日式三国文化产品的特色在新一代的中国作品中呈现出来，很多近年来新推出的三国漫画、动画和游戏产品中开始具有日本元素，并且不断增加。近年来香港漫画的代表作之一《三国群英传：火凤燎原》，将日本元素消化之后推陈出新，人物设定很有东洋味，如两大主角赵云和吕布都被美少年化。此外如内地电视动画《Q版三国》、台湾游戏《幻想三国志》等，都是中国内地和港澳台地区吸纳日本三国文化产品元素的新作品。这种复制文化反过来影响元祖、外地变种逆输原产地的现象在文化全球化的时代变得十分普遍。①

日本开发利用中国三国文化生产文化产品，其基础在于两国特殊的文化渊源和联系。对于日本来说，吸收和利用外来文化有一个较长的历史过程，甚至在某种程度上已经进行了本土化的改造，非常明显地表现在三国人物形象的日本化。因此，在离岸文化中心初级形态中，这样的文化生产模式可以称为"移植"。只是从中国观众看来，自己国家的三国文化在异

---

① 吴伟明：《在日本寻找中国：现代性及身份认同的中日互动》，香港中文大学出版社2013年版。

国他乡生成了一种新的文化形态。新的三国文化产品是适应当地环境产生出的文化产品，但是在实际利用文化资源生产文化产品的过程中，并不存在明显的隔阂。同时，日本文化创作者和厂商生产这些文化产品瞄准的市场主要是国内市场，在扩展对外市场时，也并不是刻意地以中国市场作为首要的输出对象，产品的对外传播其实主要依靠溢出效应，甚至盗版在其中也发挥了重要的作用。因此，初级形态的离岸文化中心还不是自觉主动地开发利用国外资源来扩展国外市场，而这种主动性在中级形态中开始体现出来。

第三节 离岸文化中心的中级形态

很多地区型离岸金融中心由于特殊的地理位置，而与特定国家或地区有相近的文化背景，以及更加频密的经贸往来，从而发展出面向特定外汇市场的经营活动集聚区，例如，香港利用与中国内地经贸联系密切的优势形成人民币的离岸金融中心。与此相似，因为地理相近，以及移民聚集、交通便利、市场相通等特殊因素，有些地方与特定国家或地区的文化联系更加紧密，开发利用对象国家或地区文化资源相对容易，凭借发达的文化产业，主动针对国外对象市场生产和输出文化产品，从而形成了面向特定国际市场的离岸文化中心，这方面的典型就是美国的迈阿密凭借拉美裔移民的语言和文化优势，发展成为面向拉美地区的文化产业中心。

一、迈阿密的拉美特质

迈阿密（Miami）是美国佛罗里达州第二大城市，也是迈阿密－戴德县最大的城市和县治所在，位于佛罗里达半岛比斯坎湾。迈阿密所在的南佛罗里达州都市圈由迈阿密-戴德县、布劳沃德县和棕榈滩县组成，人口稠密，是全美第四大都市圈。迈阿密的交通发达，各项设施非常便利，迈阿密国际机场是世界上最繁忙的机场之一，每年旅客超过4000万人次，是美国第三大外国航空旅客进境港，拥有全美第二大国际旅客入境量，也是美国与拉丁美洲之间最大的门户机场。迈阿密还是美国最繁忙的货运港之一，拥有美国第11大集装箱港口，许多来自加勒比海地区及南美洲的国际货物都在此中转。

迈阿密所在的佛罗里达曾经是西班牙的殖民地，其历史可以追溯到1567年西班牙移民在迈阿密河口建立传道区。1819年，西班牙和美国之间签订条约，美国以500万美元的价格收回了佛罗里达。1896年7月28日，迈阿密市建立。由于历史原因，迈阿密聚集了很多来自拉美地区的移民，很多来自古巴的流亡者聚居在沿河岸地区，逐渐形成了一个西班牙语占主导地位的社区，有"小哈瓦那"之称。20世纪80年代后，迈阿密又经历了一次从其他国家前来的移民潮，如海地等。20世纪60年代初，此地传统的英美白人比例是90%，到了90年代，随着大量白人离开迈阿密，传统英美白人的比例已不足1/10，迈阿密成为拉美裔人口最集聚的都市之一。

随着大量古巴移民的到来，他们首先将所在社区的经济发展成为一块独特的"飞地经济"，更重要的是将古巴社区的经济与当地整个经济体有机地结合在一起，使得迈阿密与拉丁美洲国家之间的贸易联系不断加强。善于经营管理的古巴移民策划了一年一度的美洲贸易交流会，吸引了所有拉美国家的参与。他们还通过招商引资的方式，吸引了整个西半球的商人和金融家在此投资。拉美移民及其后裔利用掌握西班牙语和英语的双语优势，逐步将美国与拉美地区之间的贸易从新奥尔良和休斯敦转移到了迈阿密。许多跨国公司将拉美业务总部设在迈阿密及其周边地区，包括AIG、美国航空、思科、迪士尼、联邦快递、微软、Visa、沃尔玛，等等。随之而来的一些拉美公司的总部、保险公司、货运公司和国际性的银行也被吸引到了这里。① 迈阿密也发展成为美国重要的金融中心之一,其金融区是全美国际银行最集中的地点。

多种语言在迈阿密通行使用,多种文化在迈阿密融会贯通。迈阿密市拥有3种官方语言:英语、西班牙语和海地克里奥尔语,其他常用的语言还包括葡萄牙语、法语、德语、意大利语、俄语和希伯来语。受庞大的拉美族群和加勒比海岛国居民的影响,迈阿密成为北美、南美、中美以及加勒比海地区的不同文化汇聚之地,被称为"美洲的首都",是名副其实的文化大熔炉。

二、迈阿密面向拉美地区的文化产业

迈阿密凭借国际性大都市的基础,与拉美地区的密切联系,良好的营商环境,大量的双语及多语人才,以及在金融、商业、媒体、娱乐、艺术和国际贸易等方面的要素集聚,逐渐发展起以西班牙语为工具,主要面向拉美地区市场的文化产业。

迈阿密发展文化产业具备多项优势。首先,地理位置极佳,迈阿密是拉美、欧洲和美国往来人员汇聚和中转的枢纽。其次,由于拉美各国经济发展程度远逊于美国,迈阿密比拉美大部分城市基础设施更加完善、经济更为稳定而又保有拉美的城市风格,因此对于来自拉美的企业家和专业人士来说,迈阿密的生活更加便利、更有安全感。几乎所有拉美国家在迈阿密都设有领事馆或商务处,同时,迈阿密拥有佛罗里达州自由贸易区,可以为意图在美国、拉丁美洲和加勒比海地区开展业务的外来公司提供良好的发展机会。上千家跨国企业的拉美业务总部选址在迈阿密,迈阿密银行的境外业务也主要来自拉丁美洲,迈阿密得以拥有"中南美贸易金融之都""南方华尔街"之称,这些都为聚集面向拉美地区的文化产业公司和

---

① 张强伟:《20世纪80年代以来美国古巴移民研究——以佛罗里达州迈阿密市为例》,西北师范大学硕士学位论文,2014年。

艺术人才提供了有利条件。

由于众多有利的条件，迈阿密聚集了文化产业各个环节的要素，包括：①群聚的生产公司和多样技术性的生产服务，如工作室、实验室、后期制作和销售设备；②高水准的知识和艺术资本，如数量众多的作曲家、编曲家、制作人、编剧、设计师、翻译等；③供电影电视等行业拍摄的场景地点；④丰富多样的文化生活，如餐厅、酒吧、夜店、画廊和海滩，还拥有一间面积为9万平方英尺（约8361平方米）的拉美艺术博物馆（LAAM）。因此，迈阿密成为众多期望打入拉美市场的音乐、娱乐、网络公司设立总部的首选，大量文化娱乐产业公司在迈阿密成立，仅仅在迈阿密海滩周边就有150家以上的娱乐产业公司，其中很多公司如新力、EMI、Starmedia、拉丁美洲MTV等就聚集在林肯路上的一个购物中心。当地开发商还积极与娱乐产业建立合股关系，通过在迈阿密国际工作室中设立特别部门的模式，吸引洛杉矶和拉美的公司入驻迈阿密。① 迈阿密在此基础上逐渐发展成为主要面向拉丁美洲市场的文化娱乐产业的制作和传播基地，是美国最大的电视产业中心和音乐录制中心之一，也是全美最重要的西班牙语媒体中心，被称为"美东好莱坞"或"拉美好莱坞"。

三、中级形态离岸文化中心的特征：国外资源+国外市场

中级形态的离岸文化生产模式表现为"国外资源+国外市场"，文化企业利用国外文化资源，针对特定国际市场开展文化生产，并聚集在一起形成了区域性的离岸文化中心。区域性离岸文化中心已经是开发国际文化资源进行文化产品生产与传播的枢纽，所利用的文化资源和目标市场也侧重于国外。但是，由于文化多元性相对不够，辐射范围有限，国际市场的开拓主要针对且过于依赖特定国家或地区，其国际化程度仍然是区域性的。

---

① Toby Miller：《文化政策》，台北巨流图书公司2006年版。

从迈阿密的案例来看,中级形态的离岸文化中心的文化再生产模式可以概括为"嫁接"。文化厂商在原有强大的经济和产业基础上,主动瞄准国外市场进行产品开发。当然,这种文化再生产模式的特质与城市大量外来移民有着密切的联系。因为政治因素,古巴人成为最早大批涌入迈阿密的拉美人,随后一波又一波的中等收入阶层新移民从哥伦比亚、阿根廷、委内瑞拉、巴西等国陆续移居迈阿密。古巴移民在美国社会中对保持自己民族文化的意识很强烈,在这里创办剧院,上演西班牙小歌剧、古巴著名戏剧和滑稽剧等古巴通俗戏剧。古巴移民后代在美国主流文化的影响下,比其前辈更强烈地融合打击乐、摇滚乐、流行乐等音乐元素,更加乐于融入美国主流社会的文化中。古巴移民根深蒂固地将西班牙语当作本民族的母语,同时他们的后代也积极地学习英语,因此,在迈阿密社会的主流文化不再是"盎格鲁-撒克逊"白人主流文化,而是一种西语和英语并用、拉美文化与美国文化并行的"双语、双文化"社会,[①] 为开展针对拉美地区的离岸文化生产奠定了有利的语言文化条件。

迈阿密城市气氛友好包容,成为受全世界游客和移民欢迎的目的地和仅次于纽约及洛杉矶的美国第三大移民入境港。迈阿密的移民来源地以拉美和加勒比海岛国为主,同时,来自欧洲、非洲和亚洲等全球各地的移民也在迈阿密大量落户。迈阿密拥有美国最大的芬兰、法国和南非移民社区,同时也是美国最大的以色列、俄罗斯、土耳其移民社区之一。2004年,联合国开发计划署(UNDP)统计了各国城市中出生在国外的居民占该市总人口的比例,迈阿密排在榜单第一位(59%)。这种聚集大量移民的城市特质,为迈阿密利用不同文化资源,在"嫁接"原有城市产业的基础上进行文化开发和贸易提供了便利条件,并使得城市利用特定的国外文化资源、开发国外市场成为可能。

---

① 张强伟:《20 世纪 80 年代以来美国古巴移民研究——以佛罗里达州迈阿密市为例》,西北师范大学硕士学位论文,2014 年。

第四节 离岸文化中心的高级形态

伦敦是影响力最大的离岸金融中心,凭借着强大的金融产业实力形成的竞争优势超越了单纯的地理优势,不仅针对特定国家的货币进行交易,世界主要国家的货币都可以在此经营,成为全球性的离岸金融中心。在全球化力量的推动下,各个国家之间开放程度更高,文化资源和产品的流动更加便利。许多大型跨国公司将触角伸向多个国家,具备面向全球市场的文化生产、传播和营销能力,因此,能够在全世界范围内开发利用不同国家的文化资源,并销往多个国家市场。美国洛杉矶集聚了大量影视娱乐等文化企业,利用文化产业的强大生产力,开发利用各国的文化资源和元素,制作了大量的电影电视、流行音乐等文化商品销往世界各地,发展成为面向全球市场的高级形态离岸文化中心。

一、洛杉矶的影视产业基础

洛杉矶是美国仅次于纽约的第二大城市,位于美国西海岸加利福尼亚州西南部,同时也是拥有广泛影响力的国际化大都市。通常提及洛杉矶时,有三个不同层次的地域概念需要区分:洛杉矶市(City)、洛杉矶县(County)和洛杉矶都市区(MSA)。洛杉矶市是洛杉矶县治所在,辖区面积1216平方公里,现有人口约400万;洛杉矶县包括洛杉矶市、长滩市(Long Beach)等88个市,辖区面积达10541平方公里,人口超过1000万;洛杉矶都市区,也称为大洛杉矶地区,包括洛杉矶县、奥兰治县(Orange)、圣贝纳迪诺县(San Bernardino)、河边县(Riverside)和温图拉县(Ventura)5个县,下属157个市。1970年,洛杉矶大都市统计区人口超过芝加哥成为美国第二大都市区,到2000年超越纽约成为美国第一大都市区。[①]

1781年，西班牙殖民者在洛杉矶建立村落，西班牙人将其命名为"天使女王圣母玛利亚的城镇"，后简称"天使之城"。1821年，洛杉矶成为墨西哥领土。1846年，墨西哥将加利福尼亚割让给美国，洛杉矶归属美国。1850年，加利福尼亚成为美国第31个州，同年洛杉矶正式建市，当时的人口仅有1600余人。1890年前后，洛杉矶地区发现石油，移民和人才大量前来，洛杉矶的大规模发展从此开始。20世纪初，随着交通的完善，洛杉矶开始崛起，各种生产要素向这里集聚，尤其是电影业和航空工业，促进了洛杉矶市的进一步发展。如今，洛杉矶已经是美国乃至全球的经济、金融、科技、文化教育的中心之一，洛杉矶拥有科学家和工程技术人员的数量居全球第一，是美国仅次于纽约的金融中心，也是美国石油化工、电子、海洋、航天等产业的最大基地。

洛杉矶也是全球流行文化的领头城市，洛杉矶市区及邻近区域在大众娱乐业，包括电影、电视、音乐等方面拥有巨大的国际声誉和全球地位，闻名世界的全球电影中心好莱坞就位于这里。1911年10月，一批电影工作者创建了好莱坞的第一家电影制片厂——内斯特影片公司。在好莱坞电影产业不断发展壮大的历程中，曾有著名的八大影业公司：华纳兄弟公司、米高梅电影公司、派拉蒙影业公司、哥伦比亚影业公司、环球影片公司、联美电影公司、20世纪福克斯电影公司、迪士尼电影公司。1947年1月，美国的商业电视台开始进入好莱坞；19世纪50年代，音乐唱片业也开始涉足好莱坞和附近的伯班克市。发达的娱乐产业辐射广阔，如今电影制片厂分布的范围已经不局限在好莱坞一隅，好莱坞与其周边的伯班克等市共同构成了美国影视工业的中心地区，但是"好莱坞"作为一个概念指称美国的影视产业却仍然被广泛使用。

好莱坞在逐步发展成为世界电影产业最集中地区的过程中，一直注重

[①] 谢菲：《20世纪60年代以来洛杉矶大都市区经济和社会结构的变化》，载《扬州大学学报（人文社会科学版）》2006年第2期。

海外市场和全球化的推广,电影厂商生产的影片不仅满足了美国国内电影市场的需要,还出口到世界各地。到20世纪30年代,海外收入已经占了好莱坞电影产业收入的1/3～1/2。好莱坞的电影产业实现了水平整合,1939年,据美国商务部估计,好莱坞提供了全世界放映电影量的65%,好莱坞逐渐成为"全球好莱坞"。① 随着全球化的深入,这种势头有增无减。2016年,全球电影票房累计386亿美元,好莱坞占比80%,几乎构成垄断之势,再一次显现了好莱坞电影在全球化体系里的强势地位。而好莱坞影视产业的长盛不衰,与其深入发掘世界各国的文化资源,源源不断地提供新的产品有着密切的关系。

二、开发世界各国文化资源生产文化产品

好莱坞的电影吸收了世界各国的元素,整合了来自不同国家的资源,同时也积极向全球市场扩张,形成了一套全球化的运作体系。著名电影《勇敢的心》就是一个很好的例子,其制作公司是美国派拉蒙影业公司,由澳洲著名电影人梅尔·吉布森担任该片的导演、主演和制片人,主要演员还有法国的苏菲·玛索,主要取景地是在爱尔兰米斯郡。可以说,这部电影和现实的苏格兰几乎一点关系都没有,只是美国的电影公司借用了苏格兰的一段历史故事。从经济上来看,电影的海外票房为1亿3480万美元,达到总票房的64%,可谓在世界各地赚足眼球和利润。对于中国以及其他国家的很多观众来说,对苏格兰的认识就来自于这部电影,或者以这部电影作为认识苏格兰的桥梁;而苏格兰的历史、文化和形象,也由此传播到全世界,甚至在2014年苏格兰进行独立公投时,许多评论都会提到这部和现代苏格兰没有任何关联的电影。由于美国自身的历史并不长,好莱坞在电影制作中,运作这样开发利用其他国家的文化资源生产文化产品的模式可谓是炉火纯青。

---

① Toby Miller 等:《全球好莱坞》,台北巨流图书公司2003年版。

在好莱坞开发世界各国文化资源进行的文化生产中，尤为突出的是动画片这种形式，由于这种影片不需要借助真人表演，更容易跨越文化沟通的障碍，从而销往不同国家的市场。著名动画制作公司迪士尼开发利用世界各国的传说、民间故事、童话等文化资源，创作了大量风靡全球的经典动画片，如取自丹麦安徒生童话的《小美人鱼》、取自阿拉伯民间故事的《阿拉丁神灯》等（见表1-2）。世界各国丰富的文化资源，在好莱坞电影公司的运作策划之下，加工成为现代的文化商品，并在此基础上创造出属于自己的卡通明星，还总结出了一套典型的美国式商业化的叙事方法和镜头语言，推销到了世界各地。① 对于中国观众来说，最为熟悉的就是1998年迪士尼根据中国南北朝民歌《木兰辞》制作的动画片《花木兰》，该片上映后在中国和全球其他地区都受到热烈欢迎和高度评价。

表1-2 好莱坞电影公司开发各国文化资源制作的动画片

动画片	出品公司/时间	全美/海外票房（百万美元）	原著	来源文化背景
小美人鱼	迪士尼1989	84/99	《海的女儿》	丹麦安徒生童话
美女与野兽	迪士尼1991	218/206		法国童话
阿拉丁神灯	迪士尼1992	217/504	《一千零一夜》	阿拉伯民间故事
钟楼怪人	迪士尼1996	325（全球）	《巴黎圣母院》	法国雨果小说
真假公主	20世纪福克斯1997	140（全球）		俄国故事
埃及王子	梦工厂1998	101/117	《出埃及记》	《圣经》
花木兰	迪士尼1998	120/184	《木兰辞》	中国南北朝民歌
爱丽丝梦游仙境	迪士尼2010	1025（全球）	《爱丽丝漫游仙境》和《爱丽丝镜中奇遇记》	英国刘易斯·卡罗尔童话

来源：本研究搜集整理。

---

① 杨明：《美国动画片中对异域文化再现的探究》，载《文艺研究》2012年第4期。

好莱坞在对世界各地文化资源的改造和利用上，往往能突破传统的局限，将局部的文化资源转变为接受程度更广泛的文化产品，在输入美国商业特色的同时，超越时代、超越地域地表达出一些共通的情感，从而引起了更广泛的共鸣。[①] 从文化资源的开发利用来看，离岸文化中心实际上推动了地方性文化资源的全球传播，离岸文化中心利用文化资源以及开发国际市场的能力比本土文化企业更强，达到的效果也更具有国际性。

三、高级形态离岸文化中心的特征：全球资源＋全球市场

迈阿密仅仅是面向拉丁美洲的区域性离岸文化中心，而洛杉矶吸收利用世界文化资源的范围之广、开发全球文化市场力度之大，使其已经成为全球性的离岸文化中心。这种高级形态的离岸文化生产模式表现为"全球资源＋全球市场"，完全联通了国际和国内这两个市场、两种资源。洛杉矶是世界上种族最多、文化源流最为多样化的城市。洛杉矶的居民来自140多个国家，使用着80多种不同的语言，每天有50多种外文报纸在洛杉矶出版，17种外文电台在洛杉矶广播。这使得洛杉矶作为全球性离岸文化中心能够跨越更多语言和文化的障碍，具备更强的文化资源调配和开发能力，吸收利用全球各个国家的文化资源，并与国内的优势资源相结合，把国内资源和国际资源之间的文化差异障碍减到最小。同时，离岸文化中心也能将文化产品销往多个不同文化的国家，对国际市场的准确把握与开发力度与国内市场相差无几，其产品的海外市场收入往往超过国内市场收入，而海外市场也更加多元化，不再局限或依赖于特定国家或地区。

从文化产品的再生产的角度来看，高级形态的离岸文化中心文化产品的生产模式可以总结为"杂交"。文化厂商从一开始就主动地将产品的市场设定为国际市场，从国际市场受众的角度来开发文化产品，在针对来自

---

① 张旭东：《试论美国动画片的题材创意与主题开掘》，载《当代电影》2010年第7期。

国外的文化资源进行开发利用的时候,保留民族特色的同时进行国际化的改造。事实上,文化产品生产者发展壮大到一定程度,总要走向世界,拓展更加广阔的国际市场。在进行国际市场拓展的进程中,开发利用外国的文化资源生产相应的文化产品,可以说是必需的一步。文化生产者最开始可能只是满足国内市场对外国文化元素产品的需求,在发展壮大起来具备足够的能力之后,必然会向国际市场开发外国文化元素产品。只有超越国家的界限,选用来自全球的文化精华,才能真正成就国际化的文化企业。好莱坞以及美国开发利用世界各国文化资源进行文化生产已经形成庞大规模,这种现象也已有较长的历史,只是电影《花木兰》让中国学者更加深刻地感受到了这种力量,从而使其成为一个讨论的热点。但是,我们对于这个典型事件背后的规律性特征总结得还不够,离岸文化中心的概念以及发展形态,可以深入发掘这种现象背后的异国文化作为资源品进行再生产的演进发展逻辑,在此基础上可以进一步总结离岸文化中心的要素与特征。

第五节　离岸文化中心的要素与特征

　　根据离岸文化中心的演进及形态,我们可以借鉴离岸金融中心的概念,总结出离岸文化中心的内涵:吸收和利用非本地、非本国的文化资源,生产出面向外地、外国市场需求的文化产品并实现对外传播输出。并不是所有文化资源都能轻易地转化为可广为接受的文化产品,并能够向本地以外的其他地方传播。我们可以通过不同形态离岸文化中心的案例,尤其是高级形态离岸文化中心的典型洛杉矶的案例,分析离岸文化中心形成所需要的要素条件。正是因为这些要素条件,离岸文化中心才具备了从更广泛的范围内吸收优秀文化资源以及开拓更广泛市场的能力。

一、离岸文化中心的要素条件

第一,具有发达的文化产业和生产能力。有完善文化生产机制和强大文化生产能力的地区,就能更多地吸收利用其他地区的文化资源来进行生产和推广。我们可以看到,无论是日本的动漫、迈阿密的拉丁音乐,还是洛杉矶的电影,其基础都是发达的文化产业及其强大的文化生产能力。好莱坞电影在全球的影响与日俱增,那里几乎集中了全美所有大型的电影制作发行公司,并带动了包括音像、电视、印刷、出版、旅游等整个娱乐业的发展。目前,当地从事娱乐制作产业的人数有24万人,从事娱乐相关产业的人员达60万人,年收益达300亿美元。离岸文化中心生产文化产品的能力强大,必须要有庞大的产业作为支撑,才有能力去挖掘世界各地的文化资源,将各具特色的文化资源开发成为世界各地都能广泛接受的文化产品。

第二,文化包容性和创新能力强。美国吸引了来自世界各地的移民,洛杉矶一直都是美国少数族裔聚居的最大都市之一,西班牙语裔、亚裔及非洲裔人口增长迅速,尽管曾经出现过族裔之间的冲突,但是,洛杉矶的城市包容性还是相对较强,吸纳了大量外国的人才,成为全球文化产业人才的最重要的聚集地。洛杉矶城市历史较短,并没有深厚的历史传统,但是从另一个角度来看,这也使得洛杉矶没有历史的重负,文化创新能力非常强。对于离岸文化中心来说,继承历史或弘扬优秀文化传统并不是一种不可改变的责任甚至成为一种束缚,发掘其他文化的优秀资源,创作以其他文化元素为基础的作品是一件正常而且容易的事情,而以此来占领其他文化市场更是有利可图。

第三,文化传播辐射范围广。洛杉矶崛起为著名文化都市的过程也正是大众传播普及的过程,广播、电影、电视、网络等不断革新的传播工具,为洛杉矶的文化商品向全世界推广提供了有力支撑。在全球放映的影片中,好莱坞电影占85%。即使在重视市场保护的欧盟,来自好莱坞的大片也占据80%以上的市场份额。如果将通过盗版影碟和网络下载来观看电影的观众考虑进去的话，实际比例可能还会更高。由于具备强大的营销能力、推广能力、交易渠道，离岸文化中心所面对的市场不局限于本地，可能是资源来源地，也可能是世界其他更加广阔的市场领域。

第四，跨文化的交流沟通更为便捷。强势的国际货币可以和不同货币进行自由兑换，很多小币种之间没有建立起直接兑换的机制，于是可以借助强势国际货币作为它们之间相互兑换的中介。同样地，在文化领域也存在类似的问题，由于语言的障碍，学习强势文化语言的人数相对较多，很多国家的文化产品由于语言的限制难以广泛地传播，往往通过翻译成为主流语言之后才能为更多人所知。迈阿密、洛杉矶等离岸文化中心聚集大量不同族裔的人才，再通过作为主流语言的英语为中介，可以相对容易地开发利用各个不同国家的文化资源，也使得跨文化的沟通推广更为便捷。

可以看到，离岸文化中心在更高的层面上实现了"两头在外"，具有强大的消化吸收能力，充分利用外来文化资源和要素；同时，具备广阔的传播流通能力，能够将文化商品辐射到本土以外的广大地区。离岸文化中心有着丰富的内涵与鲜明的特征，与一般的文化对外贸易、实物商品的加工贸易以及离岸金融中心等既有相似之处，又存在着很大的差异，通过相互比较，我们可以更加深入揭示离岸文化中心统筹开发利用国际文化资源和市场的突出特征与独特作用（见表1-3）。

表1-3 离岸文化中心的特征

	离岸金融中心	一般文化贸易	实物加工贸易	离岸文化中心
"两头在外"	√	×	√	√
主导性	√	×	×	√
跨文化	×	√	×	√

二、跨越文化差异的障碍，进行独特开发创作

离岸文化中心和离岸金融中心一样，都是要面对国外客户运作国外资

源，离岸金融中心面向国外客户处理外币资产，离岸文化中心利用国际文化资源开发国际文化市场。在全球化的推动下，金融资本在国际的流动更加频繁，离岸金融中心开展吸收非居民的资金，服务于非居民的金融活动（混合型的离岸金融中心同时也向本国居民提供服务），提供高端的增值服务，是"两头在外"的业务。离岸金融中心处理的国外资源是外汇，货币作为最抽象的商品符号，具有最高的通约性，可以看作是抽象价值之间的交换，因此可以畅通无阻地实现交换，不同国家和地区的社会文化差异对于货币价值的交换和实现没有任何影响。

离岸文化中心"两头在外"的要素和市场最明显的特征就是"跨文化"，需要处理的是外来的国际文化资源，面向的是国际文化市场，或者同时也面向国内市场，但是海外市场所占比重更大。与一般实物商品的功能特征突出，尤其是货币的抽象价值符号属性相比，文化商品的生产和传播需要面对不同国家的文化差异，文化资源的多样性决定了离岸文化中心需要克服的困难，包括语言的理解障碍、沟通中受众文化心理的差异等，都会导致利用国际文化资源和开发国际文化市场中面临着文化折扣问题。如果能够克服文化沟通中的障碍因素，在开发国际文化资源时，结合自己的文化特点，形成各具特色的文化产品，反过来又成了离岸文化中心的成功之道。很多文化生产者并不仅仅是简单地翻译国外文化资源，而是根据自己的文化特长进行改编和再创作，形成多样化的表现形式，使得丰富的文化遗产能够传播到更多的国家和地区，并在不同的时期保持着生机和活力。因此，形成自己的特色和优势，面向国际市场主动策划发掘各类资源，有特色地开发利用国际文化资源进行文化生产，成为离岸文化中心最基本的特征。

三、双向连接国际文化资源和国际文化市场

离岸文化中心与文化贸易都需要跨越文化的障碍，两者都是将文化商品销往国际市场。但是，在文化对外贸易中，出口的文化产品一般都是基

于国内文化情境，开发利用纯粹的本国文化资源生产文化产品销往国际市场，在产品开发和设计时往往首先针对的是国内市场需求，在国内销售之后再推向国外市场。很多出口的文化产品仅仅是进行语言上的翻译，或者制作国内国外略有差异的版本，很少有针对国外市场进行本地化的改编和再创作，更不用说主动根据国际市场需求进行主动策划设计。

离岸文化中心同时连接着国际文化资源和市场，可以看作是特殊的文化贸易。与普通的对外文化贸易相比，离岸文化中心利用的文化资源也来自国外，因此，需要同时面向国际文化资源和国际文化市场，主动将两者连接起来，这对于文化生产者而言，利用国际资源的能力和开发国际市场的能力同样要求很高。在这个双向连接的过程中，离岸文化中心开发利用文化资源的形式多种多样，不同的国家和地区各有擅长的文化艺术形式以及各具特色的表现风格，可以结合自己的文化特点和优势进行开发和表现，由此从不同的角度赋予文化资源更加丰富的内涵，在融合中推动创新。而对于国际市场的受众来说，不同国家的创作方式各异，可能带来既熟悉又陌生的感觉，尽管是熟悉的题材，可同时又是陌生的表现形式，比纯粹陌生的异国文化产品相对更容易接受。

四、主导文化生产价值链，获得创造性的增值

离岸文化中心与实物商品的加工贸易同样具有"两头在外"的特征，资源来自境外，同时产品销往境外。在经济全球化的推动下，各种生产要素实现了世界范围内的优化配置，加工贸易是一国利用本国生产能力的优势，进口料件加工为成品后再出口的一种国际贸易方式。实物商品加工贸易的资源和市场的"两头在外"的特征，即接受境外订单生产所需的全部或者至少部分原物料从境外进口，并在保税状态下生产出成品再出口，在加工环节中料件保税，获得加工增值。加工贸易具备了直接利用国际资源的特征，但是，加工贸易的发展是以纳入贸易伙伴主导的全球价值链为条件的，一般在全球价值链上的国际分工地位相对较低，利用国际资源也

是被动的。① 价值链的主导者将不同的生产环节配置在成本最低的国家和地区，因此在实物商品的加工贸易中，加工方往往是以加工制造环节的劳动力成本优势为基础被动地接受订单，对国际市场的开发和营销，对原材料和技术的使用都没有决定权，获得的价值增值也相对较低。

离岸文化中心开展文化生产所需的文化资源与实物商品的原材料有着巨大的差异，文化商品的生产与普通实物商品的加工更是天壤之别。文化资源的"加工"环节的复杂程度要远远高于实物原料的加工，其增值部分的优势并不是简单的生产制造成本低，更重要的是对国际文化资源的开发能力、对国际文化市场的拓展能力以及对文化产品的创新能力。因此，离岸文化中心的"加工"环节的增值也远远高于实物商品的加工贸易，与此相应的是国际文化市场的开发难度更大，风险也更高。同时，离岸文化中心并不是简单接受国外发包商的订单，而是针对国际市场的需求主动策划创作文化产品，并根据实际需要吸收和利用外来文化资源，在开发利用国际文化资源和市场上更具有主动性，也能够掌握价值增值和利润分配的主动权。

一个国家的文化产业发展壮大起来之后，必然会更多地考察发掘世界各国的文化资源并开拓国际市场。不仅仅是文化企业希望抢占更多的世界市场份额，对于文化影响力不断增强的国家，也会用自己的视角去观察和了解世界范围的不同文化。文化商品具有双重特性，从商业的角度来看，这是获取更大利润的一种方式；从文化的角度来看，这也是保存和传播多元文化的重要渠道。离岸文化中心的这些特征，正可以在建设"一带一路"中，充分发挥独特优势，统筹国际国内两个市场两种资源，为加强国际文化交流与合作、推动中华文化走出去做出特殊的贡献。

---

① 冯雷：《进口贸易是通向贸易强国的关键——转变外贸发展方式的战略研究》，载《国际贸易》2014 年第 12 期。

第二章

"一带一路"建设中的文化交流合作与离岸文化中心

丝绸之路是起始于古代中国，连接亚洲、非洲和欧洲的古代商业贸易路线，最初的作用是运输中国出产的丝绸、茶叶、瓷器等商品，在两千多年的发展历程中，逐步演变成为古代东方与西方之间在经济、政治、文化等方面进行贸易和交流的主要道路，为人类的共同繁荣做出了重要贡献。根据运输方式的差别，广义的丝绸之路又分为陆上丝绸之路和海上丝绸之路。唐代中期以后，海上丝绸之路取代陆路成为中国对外贸易交流的主要通道，在宋元时期发展成为范围覆盖大半个地球的东西方经济文化交流的重要载体。

随着中国改革开放取得巨大成就，经济保持强劲增长，中国在国际舞台上的地位和影响日益提升。2013年，中国国家主席习近平在访问中亚和东南亚时提出了建设"一带一路"（丝绸之路经济带和21世纪海上丝绸之路）的倡议。2015年3月28日，国家发展和改革委员会（简称为"发改委"）、外交部、商务部联合发布了《推动共建丝绸之路经济带和21世纪海上丝绸之路的愿景与行动》（简称为《愿景与行动》）。"一带一路"倡议提出四年多来，全球100多个国家和国际组织积极支持和参与"一带一路"建设，联合国大会、联合国安全理事会等重要决议也纳入"一带一路"建设内容，"一带一路"建设逐渐从理念转化为行动，从愿景转变为现实。2017年5月14—15日，第一届"一带一路"国际合作高峰论坛在北京举行，奏响中国与"一带一路"沿线国家合作共赢新乐章。"一带一路"倡议的提出，是我国根据全球形势深刻变化，统筹国内国际两个大局，着眼实现"两个一百年"奋斗目标和中华民族伟大复兴的中国梦做出的重大战略决策，对于我国完善对外开放战略布局，推动中国与更多国家和地区开展全方位合作，共谋发展、共同繁荣，都具有重大深远的意义。在建设"一带一路"的进程中，应当坚持文化先行，通过进一步深化与沿线国家的文化交流，促进区域合作，实现共同发展，让命运共同体意识在沿线国家落地生根。[1]

---

[1] 蔡武：《坚持文化先行建设"一带一路"》，载《求是》2014年第9期。

第二章 "一带一路"建设中的文化交流合作与离岸文化中心

第一节 文化交流合作新使命

"一带一路"建设的重要内容之一就是进一步深化与沿线国家的文化交流,促进区域合作,实现共同发展。加强人文合作,促进交流对话,对于继承优秀传统、推动民心相通、扩大对外开放、密切经贸合作、塑造国家形象,都有着重要意义。

一、继承优秀传统的创新方向

沿着丝绸之路开展文化交流合作有着悠久的历史传统,通过丝绸之路进行的文化交流特点是双向的互动交流,体现了世界不同文化之间的交流融合,有助于人类社会的共同进步和发展。借助丝绸之路,中国对外输出了以丝绸和瓷器为代表的大量商品,造纸术、印刷术、火药和指南针这四大发明也传到了世界各地,对世界文明的进步与发展起到了不可磨灭的作用。中国的思想文化对日本、朝鲜等东亚文化圈的国家乃至欧洲都产生了深远的影响。通过丝绸之路,中国优秀文化源源不断地输出,外来物产和文化也不断涌入中国,促进中国文化的进步。我国古代通过丝绸之路在与西域乃至更远的国家之间的文化交流中获益良多,石榴、葡萄等物产都是沿着丝绸之路从西域传入内地,许多带有"胡"字的农作物,如胡椒、胡萝卜、胡桃、胡豆、胡瓜、胡蒜等,都是从西域传入的,这些名称一直保留到现在。在唐朝著名的"十部乐"中,西域音乐就占五部。西汉时,佛教通过丝绸之路传入中国,后来还有景教、祆教和摩尼教等相继传入。古老的中国文化与印度文化、波斯文化、阿拉伯文化、古希腊文化和古罗马文化建立了联系,为不同国家、民族和文明之间相互学习、相互借鉴、相互促进提供了重要舞台,丰富了丝绸之路沿线各国的物质文化生活与精神文化生活，推动各国人民共同创造了享誉世界的辉煌历史。

文化交流互鉴是推动文化发展的根本途径，文化合作是促进文化创新的重要力量。在全球化不断推进的当下，不同国家、民族、宗教和文化之间的交流与合作需要更加深入。古代丝绸之路为促进东西方的思想交流和文化交融起到了不可磨灭的历史作用，也为当今世界各国进一步加强交流与合作奠定了坚实的历史传统。今天在新的时代条件下建设"一带一路"，不仅需要沿线各个国家与民族在深厚的交流传统基础上，继续开展不同文化之间对话，夯实各国相互交流合作的社会根基，还需要以开放包容的心态相互学习借鉴，取长补短，共同发展，合作共赢。文化的交流传播能力已经成为国家文化创新能力的重要因素，文化创新不仅需要对本国传统文化的继承与发扬，也需要对不同国家和民族文化优秀精华的学习和吸纳。在"一带一路"建设中，应当大力继承和弘扬古代丝绸之路文化开放交流的优秀传统，通过文化交流与合作，为传承优秀文化搭建重要的平台，汇聚来自不同国家的知识和智慧，共同分享发展经验与先进理念，为文化的融合与创新增添生机与活力，把中华优秀传统文化以对外交流的方式向世界推广开来，把继承优秀传统文化又融合时代精神的文化创新成果传播出去，切实增强中国的文化软实力。

二、推动民心相通的切实保障

我们既要深刻认识到"一带一路"建设的战略意义和发展前景，也要看到推进"一带一路"建设的艰巨性和复杂性。"一带一路"沿线国家民族和宗教众多，经济发展水平差异显著，语言文化风俗各异，法律制度等都各不相同，各国人民都有着各自的利益诉求，对待"一带一路"的态度也可能会有疑虑。尤其是沿线国家许多是发展中国家，部分国家政治立场和战略利益之间还有一定的分歧，部分地区地缘政治不稳定、冲突不断，这都给"一带一路"建设带来了一定风险。因此，要针对沿线不同国家千差万别的情况深入细致开展工作，争取各国民众的理解和支持。

"国之交在于民相亲,民相亲在于心相通",而实现民心相通,最首要而有效的手段就是文化交流。

进一步深化与丝绸之路沿线国家的文化交流与合作,加强人民友好往来,增进相互了解,才能为民心相通提供切实的保障。以利相交,利尽则散;以心相交,成其久远。文化具有潜移默化、润物无声的重要作用,文化交流具有强大的融合力、感染力和引导力。加强丝绸之路沿线各国文化交流与合作,并以此为载体,将各国优秀文化成果及"和谐发展、和平共处"的理念传播出去,可以使不同文化背景、不同宗教信仰、不同发展阶段的各国、各地区、各民族、各阶层人民增进沟通交流,相互理解尊重,从而起到消除偏见、化解歧见、增信释疑、增进共识的效果,夯实我国同沿线国家合作的民意基础,让命运共同体意识在沿线国家落地生根,从而增强对"一带一路"建设的心理接受和文化认同。

三、扩大对外开放的重要内容

中国是在不断的对外开放交往中走向世界的,改革开放以来,我国经济持续快速发展,取得举世瞩目的成就。现在,我国进出口总额已为世界第一,同时,我国也是世界第一大吸收外资国。根据"一带一路"的走向,陆上依托国际大通道,以沿线中心城市为支撑,以重点经贸产业园区为合作平台,共同打造新亚欧大陆桥、中蒙俄、中国—中亚—西亚、中国—中南半岛等国际经济合作走廊;海上以重点港口为节点,共同建设通畅、安全、高效的运输大通道,为进一步扩大中国与沿线国家的开放与合作提供更有力的支撑。虽然我国与沿线国家的经贸合作已达到一定水平,但同时也要看到,在文化领域的开放与合作相对于经贸领域而言,还有很大的提升空间。

文化交流合作是扩大对外开放的重要内容,经济贸易为文化交流建立了良好的市场基础,可以更好地将对外开放扩大到教育、科技、文化、旅游等各领域的合作。"一带一路"作为面向各国互利合作的共赢之路,是构建区域开放与合作新模式，推动区域合作向更大范围开放、更宽领域拓展、更高水平升级的重大战略创新。这就要求我们加快对外开放优化升级，转换增长动力和竞争优势。因此，在推动对外经济合作的同时，还应该大力推进对外文化交流与合作，推动文化发展与沿线各国深度融合。我们应利用中华文化丰富多彩的资源，以书籍、电影、电视、音乐、表演等多种文化艺术形式为载体，不断强化和加深同丝绸之路沿线国家的联系和合作，将对外开放向更宽领域和更高层次迈进。

四、密切经贸合作的有力支撑

改革开放以来，中国经济快速与世界经济联为一体，与世界各国的经贸合作越来越密切，内容越来越丰富，在商品生产和贸易等方面已经取得了很大的成就。总体来看，我国的对外贸易规模呈现出总额持续增长的趋势，还取得了对外贸易方式创新、进出口商品结构优化、贸易伙伴多元化、服务贸易稳步提升、自由贸易区建设进展顺利等多方面显著成绩。从世界经济和国际贸易的发展趋势来看，我国还必须进一步丰富经贸合作的内容，发展更高层次的开放型经济，文化与经济相互交融、与科技结合日益紧密，加强对外文化交流正成为促进经贸合作的有力支撑。

文化正成为推动经济增长的重要力量和综合国力竞争的重要因素，特别是文化产业作为新兴产业，已成为国民经济发展的重要产业，文化产品和服务的贸易正成为国际贸易的重要组成部分。文化产业的价值链条长、带动力强，是与整个三次产业发展密切相关的产业，文化产业中的对外贸易与合作本身就是国际贸易的重要内容。加强文化交流与合作，建立和完善文化产业国际国内合作机制，能够促进各国、各地区文化产业优势互补，积极推动沿线国家在更大的国际平台上谋划文化产业协同发展。一方面，文化贸易是经贸合作的重要内容，可通过挖掘文化内涵，逐步与商业运作相融合，拉动相关文化产业的发展，成为新的增长点，反哺经济贸易合作；另一方面，大力发展文化产业也是未来经济具有重大潜力的方向，

第二章 "一带一路"建设中的文化交流合作与离岸文化中心

文化产业可以作为我国通过"一带一路"拓展对外经贸合作的重要抓手。通过发展文化产业，创造更加丰富、更高质量的文化产品和文化服务，积极推动文化交流与文化贸易，尤其是以创意创新为核心的创意产业，有助于推动经济发展方式转变和产业结构转型升级。加强"一带一路"沿线国家文化交流与合作，能够为进一步密切经贸合作提供有力支撑，让更多体现中华文化特色、具有较强竞争力的文化产品与服务走向国际市场，进一步发挥中华文化影响力，巩固提升中国在世界舞台上的角色和地位，最终实现社会效益与经济效益的双丰收。

五、塑造国家形象的有效手段

在当今全球化的背景下，国家品牌和形象不仅深刻影响到本国民众个体对于国家共同体的认知和认同，从而关系到民族凝聚力和归属感，更会影响到其他国家民众对于本国以及本国物质产品、精神文化的接受和评价，进而影响甚至决定一个国家及其人民在世界上的地位。国家形象与国家利益密切相关，它是一国"软实力"的重要内涵，可以对其他国家公众心理和行为产生潜移默化的影响，甚至产生比经济、军事更加显著的效果。随着中国融入国际社会程度的不断加深，有效提升中国的国际形象具有越来越重要的意义。对于"一带一路"建设的顺利推进来说，良好的国家形象具有尤为重要的战略意义。

文化是一个国家和民族宝贵的无形财富，也为塑造国家形象提供最丰富的内容资源和有效的手段。作为一个拥有着悠久历史和灿烂文明的古国，中国可以从传统文化中提炼出具有时代价值的要素，通过加强文化交流塑造新颖的国家形象，向世界展示文化内涵与特质，表现民族魅力与自信，彰显大国担当与风范。随着近年来我国在推动中华文化走出去方面做出的一系列重大部署，文化对于中国国家形象的塑造和推广发挥了重要作用。在建设"一带一路"的时代背景下，通过加强中华文化与世界各国的交流、合作与互鉴，可以让越来越多富有民族特色、浓缩历史传统、蕴含思想精粹的中华文化精品走向世界，让越来越多的外国民众接触到中华优秀传统文化，让"一带一路"更加体现中国发展的包容共享、普惠兼济，以"中国智慧"丰富人类文明，塑造好文明大国的整体形象。通过文化交流与合作，共同打造政治互信、经济融合、文化包容的利益共同体、责任共同体和命运共同体，促进各国人民相遇相知，感受到中国富有亲和力的民族文化特征和国家形象，不断加深对中国的了解和认同，切实提高我国在国际社会的影响力与亲和力。

第二节　文化交流合作新机遇

"一带一路"的建设带动沿线国家民众对中国商品和文化产生了日益强烈的需求，随着中国对外开放程度的不断加深和各项建设的稳步推进，文化交流与合作也逐步确立了更加健全的保障机制、更加完善的合作网络、更加坚实的平台和更加丰富的活动内容，为中国与沿线国家进一步开展文化交流合作提供了良好的发展机遇。

一、创造更强烈的需求

随着中国经济持续高速发展，在一系列重大国际问题上发挥重要作用，国际地位不断提高、国际交往日益扩大，"一带一路"倡议的提出，为中国赢得越来越多的海外关注，也激发了世界人民对中国文化的好奇与热情，越来越多的外国民众表现出对中国文化的强烈兴趣，其他国家对我国文化产品和服务的需求也将不断增长，为中国与沿线国家文化交流与合作创造了更强烈的需求。这是加快推动国际文化交流合作，积极推动中国文化产品走出去的重要历史机遇。

随着"一带一路"的建设不断推进，中国与沿线国家的经贸合作日益密切，汉语越来越受到各个国家的重视，越来越多的海外受众对中华文化产生浓厚兴趣，并渴望通过学习中文深入了解中国文化。在丝绸之路沿线国家，乃至全球范围，正在掀起一股学习汉语的热潮。据国家汉语国际推广领导小组办公室（简称为"国家汉办"）统计，目前海外约有1.5亿人在学习汉语，许多国家学习汉语的人数以每年增长50%甚至更快的速度在增长。与此同时，海外越来越多的学校将中文纳入学习课程，甚至将中文作为国家考试体系的内容，如俄罗斯计划在2020年将汉语作为外语科目纳入俄罗斯国家统一考试体系。"一带一路"的建设为中国文化与世界各国的交流与合作带来了前所未有的发展机遇和空间，沿线国家民众通过学习汉语和中国文化，具备主动认识和了解中国的能力，也更容易接受中国文化和中国形象，为"一带一路"倡议提供了积极有力的文化保障。

中国吸引了世界各地的留学生，他们是文化交流的重要主体之一。因应教育国际化不断发展的趋势，我国建立了较为完善的来华留学招生、教学、管理、服务和就业的法规政策体系，形成了较为完善的政策链条，提升了来华留学的吸引力。尤其是"一带一路"倡议提出以来，来华留学生的生源国有了新变化，沿线国家的来华留学生不断增加，成为国家战略人才和人脉储备的重要渠道。据教育部数据显示，2016年在华留学生生源国家和地区总数为205个，创历史新高，沿线64国在华留学生共207746人，同比增幅达13.6%，高于各国平均增速。① 与此同时，中国政府奖学金杠杆作用持续显现，奖学金向周边国家和"一带一路"沿线国家倾斜，"一带一路"沿线国家留学生获奖学金的学生占比达61%，比2012年提高了8.4个百分点。以21世纪海上丝绸之路的重点合作对象东南亚地区为例，近年来，我国不断深化与东盟国家的教育合作，双方互派留学生接近20万人次，仅广西就与东盟各国近200所院校建立了合作关

---

① 中华人民共和国教育部：《"一带一路"沿线国家来华留学生数据增幅明显》，中国网，http://www.moe.edu.cn/jyb_xwfb/xw_fbh/moe_2069/xwfbh_2017n/xwfb_170301/170301_mtbd/201703/t20170302_297943.html。

系。2016年,中国在东盟国家的留学生超过12万人,东盟在中国的留学生超过8万人。① 中国还积极举办各类培训、会议,邀请沿线各国专家学者参与研讨共同问题,促进人才相互学习与经验交流。吸引"一带一路"沿线各国的留学生,让世界各地更多的青年人近距离体验中国的文化和思想,为进一步深化教育以及更广泛人文领域的交流,创造了有利的条件,有利于鼓励更多青年人才投入到"一带一路"的建设中,促进各国民心相通,加强和拓展各领域合作,为建设"一带一路"做出积极贡献。

一方面,"一带一路"的建设进一步提升了我国的国际影响力和中华文化的吸引力,激发了世界各国人民对中国文化的兴趣与需要,促使更多国家的人民前往中国进行学习或旅游;另一方面,我国对外开放程度的进一步扩大也推动着越来越多的企业和个人以自信的面貌走出国门、走向世界,"一带一路"为我国人民提供了更广阔的世界视野,搭建了更便利的国际交流平台。借助"一带一路",中国人可以走得更广、更远,在与世界的对话中为中华文化注入更多生机与活力。

二、形成更健全的机制

全球化的时代,我国与世界各国之间的经济文化交流日益密切,"一带一路"倡议提供了合作共赢的框架,为文化交流合作奠定了更坚实的制度基础和更健全的机制保障。"一带一路"倡议提出四年多来,按照《愿景与行动》确定的路线图,"一带一路"建设起步顺利、开局良好。中国与沿线国家高层互访频繁,政府、议会、党派、地方友好往来持续升温,达成了一系列共识,中国与40多个国家和国际组织签署了合作协议,与30多个国家开展机制化产能合作。在2017年"一带一路"高峰论坛期间,还签署了一批对接合作协议和行动计划,与60多个国家和国际组织共同发出推进"一带一路"贸易畅通合作倡议。尤其是在文化领域,

---

① 马勇幼:《"一带一路"倡议在东盟》,载《光明日报》2017年9月27日。

中国本着开放和透明的原则,积极与"一带一路"沿线国家间开展对话、达成协议,文化交流与合作机制日益完善,合作内容更加丰富多元,沿线各国高层交往更加密切,民间文化交流稳步推进,各国民众认同感持续增强。

"一带一路"的建设是一个漫长曲折的历史进程,需要不同国家的长期合作,因此,必须走上机制化的对话与合作之路,以确保合作的长期性、稳定性和有效性。自"一带一路"倡议提出以来,沿线国家国际合作机制化水平不断提升。在政府层面,截至 2016 年年底,中国已与"一带一路"沿线国家签订 318 个政府间文化交流合作协定、执行计划及互设文化中心协定,与 24 个沿线国家签订学历学位互认协议;23 国文化部长或代表受邀出席"丝绸之路文化部长圆桌会议"并通过了《敦煌宣言》,标志着"一带一路"文化交流与合作机制化建设迈上了新台阶。①

中国也积极与各国充分利用并深化现有合作机制,继续完善双边、多边、区域合作机制。目前,已建立一系列的国际人文交流会议机制,包括上海合作组织成员国文化部长会晤、中美人文交流高层磋商、中俄人文合作委员会、中法高级别人文交流机制、中英高级别人文交流机制、亚欧会议文化部长会议、中印尼副总理级人文交流机制、东盟—中日韩文化部长会议、中国—东盟文化部长会议、中日韩文化部长会议等,以及中国—中东欧国家艺术合作论坛、中澳文化对话、中国—东盟文化论坛、中欧文明对话会等国际性论坛活动。在这些文化交流会议和论坛的推动下,中外双边、多边文化交流与合作成果丰硕,"一带一路"文化交流合作机制化水平全面、快速、平稳提升,有效促进了中外文化领域的全面合作。

三、建立更完善的网络

构建和完善文化交流合作网络是推动"一带一路"倡议实施的重要

---

① 韩业庭:《以文化为媒 促合作交流——"一带一路"人文交流与合作取得新进展》,载《光明日报》2017 年 4 月 4 日。

举措，需要坚持服务"一带一路"倡议的核心目标，遵循互信共赢的合作原则进行宏观布局，加强区域内外重要文化交流活动的协调与互动。文化部正在积极推动与"一带一路"相关国家的文化机构共同建立 5 个合作联盟，包括丝绸之路国际艺术节联盟、丝绸之路国际剧院联盟、丝绸之路国际博物馆联盟、丝绸之路国际美术馆联盟和丝绸之路国际图书馆联盟，密切联系与合作，进一步推动"一带一路"沿线国家之间的文化交流与合作。

丝绸之路国际艺术节联盟的前身是在 2015 年 10 月由中国上海国际艺术节与捷克布拉格之春音乐节、以色列艺术节等共同发起的"一带一路"艺术节合作网络，吸引当时来自 18 个国家和地区的 22 个艺术节和机构参加，在各合作网络成员的推动下，达成多项双边合作协议，其中中国原创优秀节目"走出去"演出合作意向达 80 多个。2017 年 10 月 20 日，在艺术节合作网络的基础上，"丝绸之路国际艺术节联盟"在上海正式成立，共有 32 个国家和地区的 124 个艺术节和机构加入该联盟。该联盟将定期举办论坛、培训、专业研讨会等学术交流活动，大力培育艺术创作、管理人才，为艺术作品的交流展演、合作制作、人员互通和其他经营领域的合作创造条件，为参与"一带一路"艺术领域的国际合作提供更丰富的机会和广阔的空间。

丝绸之路国际剧院联盟是由中国对外文化集团公司倡议发起，并于 2016 年 10 月成立的大型多边性国际化演艺产业平台，旨在提升各成员所在国家和地区的文化艺术水平，为推进区域文化艺术合作做出积极贡献。首批共有来自中国、美国、英国、法国、俄罗斯等 21 个国家和地区及 2 个国际组织的 56 家成员单位加盟，均为重要文化机构与标志性演艺场所，成员单位年演出场次总量超过 3 万场，年观众总量超过 2400 万人次。现已发展到国外 43 家、国内 27 家共计 70 家主流剧院、文化机构、知名演出团体，其中既有英国伦敦南岸艺术中心、广州大剧院这样的艺术殿堂，又有匈牙利布达佩斯艺术宫、乌克兰国家大剧院、西班牙马德里皇家剧院这样的综合性文化艺术中心，还有俄罗斯圣彼得堡国家卡贝拉音乐厅、立

第二章 "一带一路"建设中的文化交流合作与离岸文化中心

陶宛国家话剧院这样的专业性剧院，也有法国国立剧院联盟、欧盟"一带一路"欧中文化旅游委员会等机构组织。该联盟还纳入了一些正在发展中的剧院，并将与遍布全球的海外中国文化中心展开全面合作。① 该联盟以开放、包容、共商、共建、共享为行动纲领，加强信息沟通与合作，推动优质文化资源互换共享、合作开发，积极为"一带一路"沿线国家的文化创造与文化交流搭建一个世界性舞台。

丝绸之路国际博物馆联盟于 2017 年 5 月由中国博物馆协会丝绸之路沿线博物馆专业委员会联合国际丝绸之路研究联盟和丝绸之路国际博物馆友好联盟等组织共同发起。在此之前，来自丝绸之路沿线 14 个国家的 59 家博物馆已于 2016 年 9 月发出《丝绸之路国际博物馆友好联盟西安宣言》，为丝绸之路国际博物馆联盟做铺垫。该联盟致力推动"一带一路"沿线地区国家博物馆的合作，探索在丝绸之路沿线国家和地区开展文化遗产领域的主题展览、信息共享、联合研究、专业人员交流和人才培养，加强各博物馆与相关国际机构和组织之间的联系与合作，促进博物馆事业发展。

丝绸之路国际美术馆联盟主要由中国美术馆牵头负责。2014 年起，中国美术馆便着力推进与"一带一路"沿线国家美术领域的交往合作，目前馆藏来自相关国家美术作品 800 余件，包含俄罗斯、白俄罗斯、巴基斯坦、乌克兰、吉尔吉斯斯坦、埃及、孟加拉国、伊朗等国的油画、版画、雕塑、陶艺、漆画等。丝绸之路国际美术馆联盟致力于推动美术馆领域学术和人员交流，通过组织论坛、展览、研修等促进不同文化间的对话与合作，为"一带一路"沿线及更多国家的互信理解与民心相通做出努力。目前，中国美术馆已与新加坡国家美术馆，俄罗斯艺术科学院，白俄罗斯国家美术馆，俄罗斯圣彼得堡国立列宾美术、雕塑与建筑学院等签署合作协议，建立了馆际展览、人员、学术交流机制，进一步巩固双边交流

---

① 张婷：《五大联盟：推动"一带一路"文化交流合作机制化》，载《中国文化报》2017 年 5 月 15 日。

的优势成果。

丝绸之路国际图书馆联盟则主要由中国国家图书馆等单位牵头负责。图书馆是承载历史记忆、保护和发展文化典籍的重要场所，也是文化交流的重要基地，丝绸之路沿线各国图书馆可以在联盟的框架下充分利用数字化的技术和手段，促进各国之间的文献交流与文化资源的合作共享，共同搭建图书馆领域文化资源的共建、共享平台。

文化部将以文化交流合作联盟等一批重点项目为抓手，切实推进沿线各国间的文化交流与务实合作，有效提升文化交流与贸易的市场化、多元化、集约化水平，将文化交流合作网络推向更广阔的新阶段。除此之外，"一带一路"国际智库合作联盟、媒体传播联盟、音乐教育联盟、学术出版联盟等也于近年内相继成立，从不同领域切入推进沿线国家文化各领域的务实合作。建立健全这些文化交流和合作联盟，将为机制化、网络化推动和延伸"一带一路"文化交流与合作提供坚实保障，使文化"走出去"项目能够有更宽广的网络延伸到更多国家，影响更多人群，实现文化艺术资源的更充分利用和更深入交流，也为中外艺术团体和机构实现信息共享，推动文化资源流通，切实增强各国文化交流互鉴创造条件。

四、打造更坚实的平台

海外中国文化中心是中国对外文化交流合作的重要平台，已建成及正在筹建的海外中国文化中心在海外积极开展各种文化交流活动，为国外民众了解中国历史、社会、文化等方面的真实内容提供了机会。在"一带一路"背景下，海外中国文化中心成为一个个各具特色的丝绸之路文化窗口，为我国与世界各国不断探索新的合作与发展模式、开展对外文化交流搭建了新的渠道，成为对外文化工作实现科学发展的新抓手。

海外中国文化中心用国际化语汇讲述中国故事、传播中国文化、展示中国形象，积极开展各种文化交流活动，使驻在国人民有机会近距离接触中国的历史文化传统与当代伟大成就，提升外国民众对中国的认知与认同。截至2016年12月,我国在欧洲11国、亚洲10国、非洲5国、大洋洲3国和拉丁美洲1国共建立了30个中国文化中心,海外中国文化中心全球网络初步形成,其中在"一带一路"沿线国家设立的文化中心数量达11个。① 仅2016年,各海外中心举办文化、艺术类活动就超过100场,让当地民众零距离感受中国文化,全方位了解中国改革开放以来在经济、政治、文化、社会、生态等方面所取得的伟大成就。

在现有海外中国文化中心的基础上,中国还与拉脱维亚、摩洛哥、以色列、埃塞俄比亚、塞内加尔、印度尼西亚、巴林、秘鲁、约旦、葡萄牙、智利11个国家签署了设立文化中心政府间文件,预计到2020年,海外中国文化中心总数将达到50个以上。此外,目前我国已有34个省(区、市)参与海外中国文化中心部省年度对口合作计划,文化部也探索调动和发挥地方省(区、市)力量参与海外中国文化中心建设,部省共建的模式也为探索海外中国文化中心的多模式发展提供了更多的选择。海外中国文化中心与驻在国政府合作开展的各项活动既丰富了我国文化走出去的内容与形式,也为中外民间文化交流合作提供了重要平台,以思想交流推动多元文明互鉴,以窗口效应传扬丝绸之路精神,在中外文明对话中起到了桥梁作用。

五、举办更丰富的活动

在深入挖掘沿线各国的人文资源与优良传统的基础上,中国与"一带一路"沿线各国举办了一系列丰富多彩的文化交流活动,拓展文化交流合作的内涵与形式,开创文化交流合作新局面,从而在平等双向互动中更好地构筑民心工程的基础。近年来,中国与"一带一路"沿线各国签署政府间文化交流合作协定及各类执行计划,民间交流密切、合作内容丰

---

① 叶飞、陈璐:《2016,绘就中外文化交流合作的壮美画卷》,载《中国文化报》2016年12月29日。

富,文化年、艺术节、电影周和旅游推介等多种形式的文化活动频繁登场,品牌效应日益增强。借助海外中国文化中心、"丝绸之路国际艺术节(西安)"、"海上丝绸之路国际艺术节(泉州)"、"丝绸之路(敦煌)国际文化博览会"等平台,打造"欢乐春节"、"丝绸之路文化之旅"、"丝绸之路文化使者"、"一带一路"艺术创作扶持计划、"一带一路"文化遗产长廊建设计划等品牌活动,中国与沿线国家的文化交流内容形式与合作水平迅速深化。值得一提的是,我国的"欢乐春节"已成为覆盖面最广、参与人数最多的中外文化交流旗舰项目。2016年,"欢乐春节"在全球140个国家和地区的400余座城市举办了包括专场演出、广场巡游、庙会、展览、影视放映、美食互动等10多个种类的2100多项文化活动,不但吸引多国政要亲赴现场,更激发了各国民众极大的参与热情,海外受众超过2.5亿人次。①

丰富的活动内容与形式使得中国与沿线各国之间的文化交流与合作更加充实,有力引导和推动了各国文化交流活动的广泛开展,促进了国际文化交流平台的建设,满足了各国人民多层次的精神文化需求,大力推动了我国文化设施和文化队伍建设。通过充实活动内容,创新活动形式,拓展活动影响,拓宽活动覆盖面,沿线国家人民对中国优秀文化的兴趣不断提升,参与各类文化交流活动的热情日益高涨。

第三节 文化交流合作新挑战

"一带一路"为中国与世界各国文化的交流与合作提供了更多机遇和平台,但是也要看到,在中华文化走出去与世界各国交流时,我们的文化

---

① 叶飞、陈璐:《2016,绘就中外文化交流合作的壮美画卷》,载《中国文化报》2016年12月29日。

第二章 "一带一路"建设中的文化交流合作与离岸文化中心

产品形式、文化资源利用、国际市场开发、文化交流模式等方面还存在许多不足,在世界文化的竞争中还面临着激烈的挑战。

一、文化折扣有待克服

文化折扣是指因文化背景差异,国际市场中的文化产品不被其他地区受众认同或理解而导致其价值的减低,这是文化产品区别于其他一般商品的重要特征。不同国家之间不同的语言、文化背景、历史传统等差异,都有可能导致各国受众在理解和接受异国文化商品和价值体系时产生一定的障碍,因此普通文化产品在国际市场上对其他国家受众的吸引力会有所降低,甚至显得难以被接受。在"一带一路"建设中,沿线各国文化、民族、宗教众多,在进行对外文化交流合作时,文化商品比普通商品的跨国贸易受到更多的限制,因此文化交流与合作对受众以及文化企业的知识基础、接受能力都提出了较高要求。

当今世界,部分发达国家的文化产业相对发达,其文化产品在跨文化传播中消解文化折扣方面具有一定的优势,而中国文化产品对国外许多受众而言仍存在着较高的文化折扣。这一方面加大了对外文化交流与合作的难度,另一方面也影响了文化产品的市场收益。由于文化折扣的存在,我国文化产业在"走出去"的过程中,为了解国外受众的需求,往往需要经过长期而复杂的市场调研,这无疑也增加了企业的运营成本和经济风险。有的文化企业为了加快国际市场的开拓而采取与外方合作的形式,但是难以占据主导地位,而国际市场收益的很大部分都由合作方收取。[①] 更进一步地,文化折扣影响了国外受众对我国文化产品的需求,导致市场收益低,国际竞争力弱,使得文化交流与合作的效果大打折扣。

积极采取措施降低文化折扣度,进一步扩大中国文化产品在世界范围

[①] 徐福山:《文化折扣与文化产品"走出去"的路径选择》,载《光明日报》2015年4月6日。

的接受范围和程度，充分提升经济效益和社会收益，有利于中国与"一带一路"沿线国家文化交流与合作的效果提升，推动"一带一路"的长期稳定建设。在中国文化产业国际化仍处于初级阶段的情况下，应当努力探索降低文化折扣的传播方式，稳步进入国际市场，扩大国际合作。在保有民族特色的前提下，文化产品可在主题类型、生产制作、表现形式、传播渠道等方面积极贴近国际受众的需求，尽量减少文化折扣的影响，进而增强中国文化产品与服务在国际市场上的竞争力。同时，我们也要看到，由于文化差异的因素，文化折扣也是相对客观的长期存在，降低文化折扣并非简单地迎合国外观众的口味，或只是满足西方观众的"东方化"想象，而归根结底是为了扩大中国文化的影响力。随着中国综合国力的提升和文化影响的增强，中国文化产品的国际吸引力将会越来越大，在国际主流市场所遭受的文化折扣度也会不断降低。

二、表现形式有待创新

随着经济和技术水平的不断提升，文化领域的创新不断涌现，3D电影、动漫、网游、手游、网剧、弹幕、实景演出、VR①体验等各种新型文化产品、新的艺术形式、新的业态层出不穷。尤其是随着互联网技术以及移动通信技术的蓬勃发展，电脑及智能手机的快速更新换代，新媒体和社交网络在全球范围内迅速普及，人们通过书籍、报纸、电视等传统媒体接收信息的渠道发生了颠覆性的变化，同时也正在改变越来越多国际受众的文化需求模式。以互联网为代表的新媒体在对外文化传播中的地位逐渐上升，借助互联网，各种不同种类的媒体可以融合在一起，形成巨大的传播平台，满足人们多样化的文化需求。

与世界对中国文化的强烈需求和传播方式的日新月异相比，我们的大

---

① VR（virtual reality），即虚拟现实。虚拟现实技术是一种可以创建和体验虚拟世界的计算机仿真系统。

量文化产品的表现形式仍以传统形式为主,出口的文化产品也大多为以传统文化为内核产品,如手工艺品等,这些产品附加值较低,且未能充分体现当代我国文化产业具有的潜在价值。出口的图书、电影、电视等内容产品中,很大一部分也是以历史、民俗为主要内容的作品或古典著作,反映当代中国现实的作品相对较少。此外,我国在对外文化交流时借助流行文化产品的载体来传播传统民族文化的能力相对较弱,创新表现形式还有很大的提升空间,有待与国际化元素和手段进一步结合,包括利用高科技手段以及创新表现形式等。其他一些国家例如韩国借助影视剧《大长今》的流行宣传了韩国的民族服饰;日本在巴西里约奥运会闭幕式上的"东京八分钟"表演没有出现樱花、和服、茶道、歌舞伎等日本传统文化元素符号,却用马里奥、叮当猫、皮卡丘等动漫游戏角色全方位、多角度地展示了日本战后的文化发展成果,兼具文化情怀与科技感,取得了较好的传播效果,这些成功的经验都值得学习和借鉴。一些文化产品对高科技的利用与结合还不够,以杂技为例,随着时代的发展,国际市场上的马戏和杂技演出日益呈现出数字化、科技化的新趋势,在内容和形式上都带给观众耳目一新的感受,而我国杂技创作和表演在这方面起步较晚,近几年来也开始有意识地进行这方面的尝试,注重提升对高科技手段与文化创意的结合运用。

中国在推进对外文化交流与合作中,唯有不断创新,才能满足国际受众不断变化的实际需要,从而在对外文化交流合作中精准发力。作为文明古国,中国拥有着京剧、功夫、旗袍、民族乐器等无数富有价值的文化名片,但要在继承和发扬传统文化符号的基础上,更加注重处理好民族性与世界性、传统性与现代性的关系,结合演艺、影视、音乐、动漫、游戏、综艺等当代受众喜闻乐见的表现形式,充分利用语言推广、文化贸易、展览会、体育赛事、旅游节等多种方式,进一步融合传统媒体与新媒体手段,不断完善国际合作渠道,充分激发创新创作活力,让中华文化在海外获得更多共鸣。我们要立足内容开发与形式创新,推动文化和科技深度融合,深入挖掘民族文化资源,结合传统元素与时代精神,融合民族特色与世界潮流,创造更多"中西合璧"的文化产品,用更加亲和、更易理解的方式讲好中国文化故事,促进中外文化交流。

三、国际市场有待开拓

随着经济全球化的发展,国际文化产品和服务的流通规模日益扩大,文化贸易借助国际市场成为国际文化交流与合作的重要手段,国际市场也成为检验文化交流合作效果的重要指标。文化贸易不同于一般的货物和服务贸易,它不仅考虑经济效益,实际上也有传播国家的文化内涵、价值追求、制度理念等内容的功能。[①] 当代的国际文化竞争和文化传播很多方面都有赖于文化产品和文化企业,而一个国家的国际文化贸易市场是否发展良好则从侧面反映出该国在国际文化交流与合作中的实际成果,国际文化贸易额越高的国家之间搭建的文化交流和合作之桥就有可能越坚实、越长远。

世界文化产业的市场庞大、增长迅速,但是我们也要看到,在世界跨文化贸易的格局中,发展中国家的出口较为集中在劳动密集型的手工艺产品和文化商品,文化内容含量并不高,而发达国家出口的更多是利润更高、文化内容含量更丰富的核心文化产品。尽管近年来我国国际文化贸易有了较大幅度的增长,但是文化贸易在我国对外贸易中的比重仍然偏低,是我国文化建设的一个薄弱环节,尤其在核心文化内容领域仍然存在巨大的逆差,并且有扩大的趋势。从文化产业国际市场情况来看,与发达国家相比,中国文化出口企业的国际竞争力较为薄弱,文化企业在国际文化市场中所占的份额仍很小。例如,我国在影视、音乐、图书、报纸、期刊等文化产品方面近几年来都面临较大贸易逆差,且有些进出口数量和金额比值呈现扩大趋势,需要引起高度重视。细分国别对象来看,我国与美国、欧洲国家等发达国家的文化贸易逆差更为明显。例如,在图书版权贸易方

---

① 王晓晖:《提高文化开放水平》,载《光明日报》2013年11月20日。

面，尽管近年来我国内地对外输出版权有了较大增长，对香港、台湾地区甚至实现了输出大于引进，对日本、韩国、新加坡等国的版权输出也有明显增长，但仍低于引进数量，尤其是对美、英、德、法、加等发达国家的输出则远远低于引进数量。这表明我国内地在国际文化市场开拓上，较集中在港澳台地区和一些中华文化传播和影响范围内的亚洲国家，对其他地区文化市场尤其是欧美发达国家文化市场的开拓还远远不够（见表2-1）。

表2-1 近年来我国新闻出版类文化产品的进出口情况

类别	年份	2013年			2014年			2015年		
		进口	出口	进出口比(%)	进口	出口	进出口比(%)	进口	出口	进出口比(%)
图书	数量（万册）	857.89	1737.58	0.49	977.81	1465.75	0.67	1418.78	1278.75	1.11
	金额（万美元）	12054.66	5216.38	2.31	12588.38	5060.59	2.49	14499.25	5221.67	2.78
期刊	数量（万册）	397.14	215.68	1.84	396.68	188.07	2.11	357.66	240.35	1.49
	金额（万美元）	14620.06	744.85	19.63	14232.07	544.35	26.15	14323.10	461.64	31.03
报纸	数量（万份）	1106.51	39.59	27.95	1164.36	35.60	32.71	1035.31	33.53	30.88
	金额（万美元）	1373.92	51.17	26.85	1561.13	44.73	34.90	1735.18	43.43	39.95
音像制品、电子与数字出版物版权	数量（万盒）	28.51	12.12	2.35	13.44	9.58	1.40	11.62	11.98	0.97
	金额（万美元）	20022.34	2346.96	8.53	21000.13	2214.41	9.48	24207.67	2542.97	9.52
	数量（种）	18167	10401	1.75	16696	10293	1.62	16467	10471	1.57

数据来源：历年《全国新闻出版业基本情况》。

　　文化贸易是各国文化交流与合作的重要方式之一，而国际市场贸易份额则在一定程度上显示出国际文化交流的程度。在"一带一路"的建设中，我们要以市场为导向，以产品和服务为载体，积极扩大文化贸易往来规模，打造一批具有核心竞争力的国际知名文化企业，摆脱本土消费的生产倾向，积极从国外文化市场的角度开发文化产品，实现更高的文化产品成交率，推动更多文化产品和服务走出去。同时，不断拓宽国际市场范围，在继续与发达国家保持密切合作的同时拓展与东南亚、南亚、中东、中亚等沿线国家和地区的文化合作，更好地适应"一带一路"建设的需要，让中华文化赢得当地人民的喜爱，也借此实现文化产品在国际市场的最大效益。

四、内外资源有待统筹

在全球化的推动下，中国积极参与全球分工，国际国内这两个市场与两种资源的国际大循环理论是我国对外贸易发展战略的重要理论支撑。统筹国际国内两个市场，也是中国文化产业发展到一定阶段的必然要求和必然选择。① 国家越来越重视加快发展文化贸易，并出台了一系列文件给予大力支持，如2014年3月国务院发布的《关于加快发展对外文化贸易的意见》提出要"统筹国际国内两个市场、两种资源，……在更大范围、更广领域和更高层次上参与国际文化合作和竞争，把更多具有中国特色的优秀文化产品推向世界"。在文化产业全球化发展趋势日益明显的环境下，统筹两个市场、两种资源对于促进国际文化贸易，推动文化产业发展，促进文化交流与合作都有着重要的意义。

加入WTO（世界贸易组织）以来，我国的对外开放程度不断提升，在全球分工中的地位也不断攀升，统筹国际国内两个市场、两种资源取得了巨大成就，对世界各地自然资源的利用和国际商品市场的拓展已经取得了较大进展。但是，在文化产业领域，我国文化产业统筹两个市场、两种

---

① 李怀亮：《文化"走出去"须统筹国际国内两个市场》，载《现代传播》2015年第7期。

资源的能力相对薄弱，开发国际文化市场还远远不够，利用国际文化资源还很不足，与我国的经济实力和大国地位不相匹配。但是，文化领域单纯借鉴商品领域的经验是不够的，因为实物商品的使用价值不会因不同国家和民族的消费者而有所差别或损耗，而文化产品在跨文化传播中需要面对更多挑战。在国际文化贸易领域，我国进口国外的文化商品数额非常庞大，但是较少注意开发利用国外的文化内容资源，商业开发能力相对欠缺。这主要还是因为我国的文化产业发展与发达国家相比还存在一定差距，文化生产能力还不够强，尤其是没有将国际文化资源与国际文化市场相联通，以强大的文化生产能力加工利用国际文化资源来拓展国际市场。

因此，文化产业在利用两个市场、两种资源时需要注意到模式、方法等方面的巨大差异，这需要更高的统筹能力，也需要更多的创新思考。未来，中国文化产品出口要借鉴货物出口的成功经验，在文化产业领域深入统筹国际国内两个市场、两种资源，争取更多地开发利用国际文化资源。同时，加强文化出口平台和渠道建设，通过"买船出海""借船出海"等方式，进一步拓展国际营销网络，完善海外网点布局，使更多文化产品进入国际市场，内外结合、均衡着力地推动我国文化产业健康稳定发展。

五、商业模式有待协调

世界主要国家普遍采用贸易和投资的方式，推动本国文化走出去，实现文化交流与合作的目的。事实也证明，文化产品"卖出去"比"送出去"效果更好。面对文化事业加快向文化产业转变的趋势，要着力构建充满活力、富有效率、更加开放、有利于文化发展的商业模式和体制机制，精心研究国外观众的价值取向、生活习俗、历史文化、审美情趣，探索和发展文化交流合作的新形式、新方法、新品种、新区域，力求社会效益和经济效益的双丰收。①

---

① 唐天标：《大胆实践 创新文化走出去模式》，载《人民日报》2012年3月13日。

目前，我国优秀文化产品出口主要还是"送出去"和"推出去"的模式，而不是"卖出去"的模式，开辟海外受众市场的商业运作能力亟待加强。由于交流合作模式、内容及策略的局限性，我国对外文化传播效果还有待提升。长期以来，我国对外文化交流和合作是以政府为主体而展开的，高度重视政府间的文化交流，且主要集中非市场化、非营利性的模式，较少从市场角度去考虑中国文化产品走出去的问题，因此，中国文化产品的国际影响往往局限于外交场合。与此同时，成熟的国际文化合作渠道与平台相对欠缺，市场化、商业化的文化交流与合作模式仍然处于次要地位，并未完全进入世界文化市场，文化对外贸易在我国对外贸易总体结构中的比重也较小。文化"走出去"基本上是由政府主办，比较倾向于宏大叙事，更多"接地气"的文化产品和个性化的文化服务尚有待开发。同时，由于对海外受众缺乏精准定位和深入了解，且缺少负责开拓海外演出、展览等文化产品服务的策划、营销类专业机构，因此，许多对外文化输出活动的传播效果大打折扣，难以令人满意。更重要的是，由于操作模式缺乏市场化运作机制，部分文化产品和相关机构未能与国外需求有效对接，甚至反令外国受众对文化产品的内容产生误读。

面对"一带一路"文化交流合作新形势，我国正在转变思路、扩展内容，丰富交流合作的模式，增加商业运作模式的比例。面对"一带一路"沿线各国需要开展更多文化领域的交流与合作，政府和市场应将优势资源进行组合，真正做到把政府引导与商业运作结合起来，把政府交流与企业合作结合起来，把文化交流与文化贸易结合起来，不断拓宽对外文化交流合作的模式与途径，构建多渠道、多形式、多层次的文化交流合作格局，共同生产出优秀文化产品推向国际市场，以满足各国民众不断增长的跨文化消费需求。许多文化产品与服务都可以通过市场化的精心包装后推向海外市场，通过成熟的社会化、市场化运作模式来实现文化传播社会效益和经济效益的双丰收，从而取得更为理想的交流效果。

第四节 文化交流合作新格局

改革开放以来,我国的对外开放从沿海到内陆、从局部到全面、从单一到多元不断深化推进。在建设"一带一路"的背景下,全方位、多层次、宽领域的对外开放格局正在形成。文化交流与合作逐步呈现出新的格局,交流对象不断扩大,合作内容更加丰富,多元主体联动,区域特色突出,渠道网络拓展,中国文化正在更广范围内、更高层次上与世界各国深化交流合作。

一、扩大交流合作对象

"一带一路"重大倡议将古老中国的文明智慧延续到了全球发展进程中,这条全新的对外开放路线所涉及的许多国家,都曾与中国有着深厚的历史文化交流。许多"一带一路"沿线国家是发展中国家,与它们的交流和合作大大拓宽了对外开放的广度和深度。也只有与沿线各国开展全方位的文明交流互鉴,才能真正推动人类文明进步和世界和平发展。

从国际文化交流合作来看,发达国家在核心文化产品和服务贸易领域占据绝对优势,我国文化企业和文化工作者已经与许多发达国家建立了比较密切的交流合作关系,未来还需要继续与发达国家知名文化企业合作,取长补短,积极学习、吸收先进发展经验。同时,我们也要看到,加强与发展中国家的开放和合作是"一带一路"倡议的重要内容。沿线很多国家经济发展水平较低,基础设施普遍落后,我国不仅要积极开展商品贸易,更重要的是要帮助这些发展中国家建立自身的"造血"机制。在文化领域就是要促进各国文化生产能力的提升,消除文化产业增长瓶颈,形成共谋发展的良性格局。在"一带一路"背景下的文化开放合作格局中,我国在继续加强与发达国家和地区经济合作的同时,要更加重视与发展中国家和地区在投资、科技、基础设施等方面,尤其是文化领域的合作,把握文化产业各个环节在世界各国之间分工与合作日益密切的趋势,进一步加强与沿线发展中国家的文化交流与贸易合作,通过技术指导、联合制作、服务外包等形式积极推动国际分工与合作更加深入,帮助沿线发展中国家共同开发利用丰富的文化资源,提高文化生产加工能力,进而形成一个面向包括发达国家和发展中国家在内的全方位对外开放格局,实现区域互利共赢。

二、丰富交流合作内容

当前,我国在文化领域国际合作中的主要内容是文化交流活动,包括各类表演、展示、文化节庆活动等,真正从产业层面开展的合作并不多,对市场效益的考虑也较少。在推进"一带一路"建设的过程中,我国的国际文化交流与合作正在转变思路、扩展内容,对外文化交流与合作正在从传统较为单一的文化交流活动转向文化交流与文化贸易并重,并进一步拓展到文化服务、文化资本等文化资源和要素的交流与合作。

越来越多的文化企业注重以流行文化形式为载体,开发文化商品,开展对外文化贸易,新闻出版、影视作品、舞台表演、动漫网游等新形态文化商品的开发生产不断增加。例如,走出国门的新闻报刊《中国日报海外版》等、电影《英雄》等、大型音乐杂技剧《你好,阿凡提》等、动漫产品《大圣归来》等、游戏《王者荣耀》等。同时,文化企业更多地尝试中外合作共同创作文化商品,不断加深文化交流与合作的程度。以影视业为例,中外合拍的影片正在从表层的"协作"向深层的"合作"转变,中方在加大投资力度的同时,获得了越来越大的监督剧本创作和拍摄等方面的权力。

在传统文化商品的基础上,文化服务的水平和质量不断提升,合作范围不断扩大。文化产品除了仍以传统形式为主之外,大量融入现代文化元素与形式，除常见的文艺形式如歌舞、杂技、戏曲、文物展览外，还以文化旅游、演艺娱乐、工艺美术、创意设计、数字文化作为重点领域，加强与"一带一路"沿线各国在文化资源保护与开发领域的合作。我们应积极顺应"互联网+"发展趋势，推进互联网与文化产业融合发展，为跨越国界提供文化服务创造更便利的条件。同时，文化服务不再只停留在官方政府之间，而开始通过"一带一路"文化交流合作平台建设，让国际文化交流由国家宏观层面落实到民众层面，塑造更多有影响的文化交流活动品牌。

从文化资本来看，中国对外文化交流与合作中的资本运作模式更加多元化。除了政府的财政投入机制之外，逐渐有更多社会力量及企业等多方参与投资，丰富文化资本来源，为"一带一路"文化项目提供多元化、社会化、市场化的金融服务。文化部也设立了"一带一路"文化交流专项资金，完善财政投入机制，鼓励社会力量参与，引导社会资本投入"一带一路"文化发展建设。

在"一带一路"框架下，中国对外文化交流与合作的领域越来越宽，内容日益丰富，通过开展更多文化产业的交流合作，以新理念、新形式将各国优势文化资源相结合，共同生产出优秀文化产品推向国际市场，满足各国民众不断增长的跨文化消费需求。

三、联动交流合作主体

长期以来，在我国对外文化交流合作中，政府都扮演着主导性角色。积极推动文化交流与合作固然是政府应该承担的职责，但是，市场机制的作用也有待进一步发挥，企业的积极性也应该调动起来，只有这样才能具备长期持续发展的动力。同时，文化交流与合作离不开国际化的文化企业，一个国家是否拥有一批外向型文化企业，尤其是"文化航母"，直接决定着该国在世界文化市场体系中的地位和影响。

在"一带一路"建设的背景下，我们要通过政府与民间多元化主体联动,鼓励企业和社会机构等积极开展各种形式的文化开放与交流活动,推动形成多层次、立体化的文化对外开放格局。《文化部"一带一路"文化发展行动计划(2016—2020年)》提出"政府主导,开放包容"原则,要发挥政府引领统筹作用,充分发挥国内各省(区、市)优势,鼓励社会力量积极参与、共同建设;以"市场引导,互利共赢"为原则,兼顾各方利益,遵循国际规则和市场规律,充分发挥市场在资源配置中的重要作用,调动各方积极性,将文化与外交、经贸密切结合,形成文化交流、文化传播、文化贸易协调发展态势,实现互利共赢。

在文化交流合作中要理顺政府、市场和企业之间的关系,要重视政府的主导作用、企业的主体作用和市场配置资源的基础作用,使三者有机统一起来。① 应该大力推动体制机制创新,政府通过制定实施政策与制度进行管理和服务,为文化产业的发展营造良好环境,同时不断完善市场体系,健全市场机制的基础性配置作用,充分发挥各类企业的积极性,鼓励更多有实力的企业积极走向国际市场,开展国际化经营,打响中国文化企业品牌。在此过程中,要进一步理顺文化行政部门与所属企事业单位的关系,适当下放文化行政管理部门的部分权限,通过引进购买服务、招标等办法,让社会团体、中介机构、文化院团等主体积极承担对外文化交流服务。应进一步鼓励社会资本进入文化领域,激发各类主体的积极性、主动性和创造性,形成服务与管理相辅相成、相互促进的良好局面。应充分发挥文化企业的主体作用,更多地考虑发挥市场因素的积极作用,遵循文化产业发展的规律推进国际文化产业合作,确保可持续发展。

四、深化交流合作特色

中华文化具有丰富而立体的内涵,在文化对外开放的深化进程中,各

---

① 任一鸣:《国际文化交流:理念创新与实践的战略思考》,载《毛泽东邓小平理论研究》2010年第12期。

个地域和城市的文化特色也愈发凸显出来。在国际文化交流合作的总体框架下，各个地区和城市的形象与文化软实力也不断提升，在我国文化对外交往大局中扮演重要的角色。

不同的地域文化竞相展现各自的独特魅力，从不同侧面代表着中国走向世界舞台。我国地域辽阔，这就决定了我国对外文化交流合作具有层次性和区域性的特征。推动区域性国际文化交流与合作，不仅能以特色文化推动地方发展，从整体上扩大中国文化影响力，还可以提升全民文化素质，增强民族凝聚力。《文化部"一带一路"文化发展行动计划（2016—2020年）》中明确指出，支持"一带一路"沿线地区根据地域特色和民族特点实施特色文化产业项目，在推动"一带一路"对外文化合作交流时，应该结合区域或城市自身实际，找好文化市场定位，发挥区域特殊优势。

区域或城市文化的特点是在比较中显现的，不同地区因不同的自然条件、生产对象和社会结构等呈现出不同的文化历史和文化特色。我们需要着力挖掘独具特色的地方文化，焕发区域文化发展的生命力，增强区域文化发展的承载力，如在对外文化贸易往来方面，上海、北京以及珠江三角洲等文化产业较为发达的地区要加强创意文化产品和服务的输出，而新疆、青海、云南等具有浓郁民族特色的省份可从加强文化产品与服务的民族性特色入手，与"一带一路"沿线国家开展文化交流与合作。① 我们应综合区域文化发展实际和特色，进行差异化发展，结合历史传统与当代价值提供独具特色、彰显地方精神的文化产品和服务，提升区域文化发展的竞争力和影响力，走出一条既有时代特征又具地方特色的文化发展道路。

五、拓展交流合作渠道

在中国文化对外传播和交流的过程中，目前仍以本国渠道为主，与国

---

① 付再学：《一带一路建设中对外文化交流机制研究》，载《人民论坛》2016年第4期。

际主流渠道的合作停留在较为浅层平面的单一销售途径。当代国际受众大多借助西方媒体了解中国信息,西方媒体牢牢占据着国际舆论场上的主导性地位,我国媒体的国际话语权不够强势,对进一步讲好中国故事、传播中国文化构成了限制。目前,我国已拥有一些全球传播渠道的品牌主流媒体,比如《中国日报》《中国新闻周刊》《今日中国》等主流刊物都推出了面向海外读者的多语种版本。以中国出版物为主导,借助海外当地主流发行渠道进行销售,是中国媒体拓展海外发展空间的尝试,但在扩展中国影响力方面所起的作用还比较有限。

在"一带一路"的文化交流合作中,中国应以更加积极和开放的态度,加强文化出口平台和渠道建设,通过"买船出海""借船出海"等方式积极与国际主流渠道合作,进一步拓展国际营销网络,完善海外网点布局,推动文化产品更多地进入国际市场。随着中国文化产业国际竞争力的提升,越来越多的中国优秀文化产品已经具备进入国际主流销售渠道的潜质,而如何进入国际主流媒体和渠道正是中国文化"走出去"亟待解决的问题。我们应在文化产品推广方面实现多媒体联动整合,打造跨国立体传播营销平台,塑造一批我国知名文化品牌,提高国际认同度和影响力。应鼓励中外文化传媒企业加强合作,共同开拓国际销售渠道,加大与国际媒体的交流力度以及与新兴媒体进行深度融合,让更多的中国优秀文化产品以更快捷、方便的方式与世界各国读者见面,推动中外文化传媒企业开展深度合作,共同开拓国际市场,实现互利共赢。

近年来,"一带一路"沿线国家媒体间的合作逐步深化。2016年7月,人民网等来自全球五大洲的16家媒体集团宣告成立"一带一路"国际新媒体联盟,旨在通过新媒体推动媒介创新,加强技术互鉴,逐步建立各国媒体信息和资源共享机制,增强多元文化共融,促进互信包容。媒体的合作实现了从座谈交流到联合采访再到产品衍生的递进,合作规模不断扩大,覆盖范围由点到面,领域拓展由浅入深,目前主要有会议会谈、联合采访、影视制作、联盟协作、研修交流以及产品研发等多种合作形式,我国的媒体正在逐步与国际主流媒体从顶层设计、表现形式、传播渠道、创意营销等多个方面进行深度融合与广泛合作,为促进文化交流与合作拓展更多的渠道。

第五节 建设中国特色离岸文化中心的重要意义

在"一带一路"建设背景下,中国与世界文化的交流合作将会日益密切。面对文化交流合作的新使命、新机遇、新挑战、新格局,建设具有中国特色的离岸文化中心,主动发掘和利用世界各国的优秀文化资源,加强与沿线各国开展多元文化合作,共同生产出优秀的文化产品推向国际市场,对于加快中国文化走向世界,促进世界文化的融合与创新,助推"一带一路"建设,都有着至关重要的意义。

一、承担新使命,促进文化开放融合

在全球化的大背景下,各个国家和地方文化都有着走向世界的机会。但在信息爆炸的时代,大量的优秀文化资源可能会被淹没在海量的信息中。任何文化资源所有者,无论是个人、城市还是国家,都面临着如何将优秀的文化信息资源转化为受众欢迎的文化产品并为更多人所知晓的难题。如果不能进入全球主流媒介渠道,再优秀的文化资源也将乏人问津。而对于大多数文化资源持有者来说,本身并不具备足够的生产、制作和传播的能力,只有借助离岸文化生产才能够使优秀文化在更广泛范围得到传播。讲述苏格兰独立英雄华莱士的电影《勇敢的心》就是一个典型的案例。《勇敢的心》的主人公威廉·华莱士在历史上确有其人,15世纪时吟游诗人亨利曾根据其事整理出长达11卷的凯尔特语传奇史诗《华莱士之歌》,但在世界范围内的知名度并不高。美国派拉蒙影业公司在将此拍成电影的过程中,选用美籍爱尔兰裔澳大利亚著名电影人梅尔·吉布森担任

该片的导演、主演和制片人，主要演员还包括法国的苏菲·玛索、美国的帕特里克·麦高汉等，主要取景地是在爱尔兰米斯郡。应该说，单凭苏格兰自身的文化产业是很难制作出这样一件文化产品的，更达不到将自身历史文化故事向全世界广泛宣传的效果。美国好莱坞发挥了离岸文化中心的功能，通过这部和现实中的苏格兰几乎毫无关系的电影，客观上成功实现了对苏格兰的宣传和推广（尽管可能与真实的历史存在一定出入），中国以及其他国家的很多观众都将这部电影作为认识苏格兰的桥梁；而苏格兰的历史、文化和形象也由此传播到全世界，甚至在2014年苏格兰举行独立公投期间，该片再度成为苏格兰博取同情和支持的民族文化符号。

建设中国特色离岸文化中心，能够以开放促进合作，加强中国与沿线国家之间的交流，通过互相学习、融合创新，共同开发具有鲜明特色的文化产品，使得更多不同文化尤其是原本少有人知的文化走向世界。世界范围内包括"一带一路"沿线的许多国家和地区由于语言使用人群少，文化产业相对不发达，尽管拥有非常丰富的文化资源，但却难以实现向世界更多受众传播的目标。通过依托离岸文化中心开展文化生产的方式，借助更强大的文化产品生产者和更广泛流行的语言及媒介，能够使本土的民族文化超越地域局限，传递到更广阔的范围。我国在这方面已经有一些成功的案例，例如，在中柬两国文化部的共同支持下，云南文投集团投资与柬埔寨索玛集团有限公司合作打造的《吴哥的微笑》是一台反映柬埔寨历史文化的大型歌舞剧，全剧选取吴哥最具代表性的文化意象和元素，利用现代手法加以创新演绎，自2010年公演以来受到广大游客和观众的好评。在建设"一带一路"过程中，我们要着重加强与发展中国家的合作，充分发挥我国文化产业在理念、技术、人才等领域的优势，帮助广大发展中国家开发利用其丰富的文化资源，携手合作共同开发文化资源，生产特色文化产品，帮助其文化向国内和国际市场实现更广传播，这也是建设"一带一路"实现共同发展的重要内容。

二、把握新机遇，推动文化走向世界

推动中华文化走出去，提高国家文化软实力，关系到我国在世界文化格局中的定位，关系到我国国际地位和国际影响力，也关系到"两个一百年"奋斗目标和中华民族伟大复兴中国梦的实现。推动中华文化"走出去"，是增强国家文化软实力、在综合国力竞争中赢得主动的迫切需要，是营造良好外部环境、塑造良好国家形象的战略选择，也是促进各国文化交流互鉴、维护人类文明多样性的必然要求。[①] 但是，目前总体而言，中华文化的国际影响力还不强，与世界第二大经济体的国际地位还不相称。我国文化贸易尽管顺差巨大，但是在对外输出的文化商品和服务中实物产品多，核心文化内容产品少，展示传统文化的产品多，反映现实的产品少，很多产品都是基于国内市场和文化情境开发的，对于国际市场的针对性和适应能力不强。与世界文化产业大国相比，我国文化输出的创作和生产与国际市场衔接不够，对国外文化资源的掌握和文化要素的利用仍显不足，这也是我们在推动文化"走出去"过程中成效有限的重要原因之一。

建设中国特色离岸文化中心，可以将中国的文化特色与世界各国的文化资源相结合，生产出更多与国际受众对接的文化产品，更有效地推动中华文化走向世界。面对世界各国民众学习了解中华文化的强烈需求，我们在推动中华文化与国际接轨的时候，一定要注意创新形式，更好地把握不同国家民众的文化背景和心理需求。建设离岸文化中心，培育一批具有国际竞争力的外向型文化企业，鼓励文化生产者更加深入地了解各国消费者的文化心理特点，把握世界不同国家文化市场的需求开展文化生产，有利于文化生产者全面发掘利用国内国外两种资源，将各国文化元素尤其是中国文化元素以各种不同的方式组合创新，创作出既有中国特色又受国际市

---

① 刘奇葆：《大力推动中华文化走向世界》，载《光明日报》2014年5月22日。

场欢迎的文化产品,为中国文化注入持久生命力的同时,更广泛地推动中国文化以多种形式走向世界。

三、迎接新挑战,加强国际文化合作

每个国家都拥有着丰富的文化资源,但是,大多数人都没有能力直接接触外国文化精品,而总要通过各种中介包括语言翻译、表现载体等的呈现和转化才能获得认知。各个文化中的神话传说、民间故事等文学资源都是人类共同的财富,在时代发展和文化传播与交流的过程中,不断地被不同文化创作者以新的表现方式进行演绎、表达、再创作,并借此在不同文化中传播开来。例如,起源于希腊的神话传说随着历史的发展不断向世界传播,并在不同国家被无数次地改编创作为小说、戏剧、电影、电视、动漫等形式,早已超越希腊的国界而成为人类共有的财富。以现存的古希腊戏剧中演出和被改编得最多的《美狄亚》(Medea)为例,这是欧里庇德斯(Euripides)于公元前431年创作的悲剧,在古罗马时期,著名哲学家、文学家塞内加(Seneca)以此题材创作了同名悲剧;到了文艺复兴时期,法国古典主义戏剧家皮埃尔·高乃依(Pierre Corneille)也以此题材于1635年创作了悲剧。意大利作曲家凯鲁比尼(Cherubini)创作了歌剧《美狄亚》,1797年在巴黎首演,该剧被认为是戏剧音乐的里程碑。进入现代以来,美国作曲家巴伯于1946年创作了一部独幕芭蕾舞剧,将这个故事编成一部由8首乐曲组成的管弦乐组曲。随着电影这种大众文化形式的兴起,意大利著名导演帕索里尼(Pasolini)于1969年将这个故事搬上银幕,丹麦导演拉斯·冯·提尔(Lars Von Trier)于1988年拍出了另一部电影。不仅在西方,中国国内也出现了中国版本的《美狄亚》,早在1989年,河北省河北梆子剧院就排演了河北梆子《美狄亚》的第一版(后来北京河北梆子剧团也排演过),导演是中国古希腊戏剧专家罗锦鳞,该剧运用中国传统戏曲的演绎形式来表现古希腊悲剧,还曾赴欧洲巡演,受到热烈欢迎。可以说,历史上不同国家的文化生产者并不仅仅是简单地

第二章 "一带一路"建设中的文化交流合作与离岸文化中心

翻译原作,而是根据本国文化基础及自身文化特长进行改编和再创作,使得宝贵的人类文化遗产能够传播到更多的国家和地区,并在不同的时期保持生机和活力。

建设中国特色离岸文化中心,有助于我们以开放的心态学习、借鉴和吸收各国文化的精华,更加主动地引入高品质的优秀文化产品和资源,进一步加强与各国在文化领域的合作。同时,将世界优秀文化资源与我们自身的文化生产优势相结合,创作出新的文化产品,也是实现文化融合与创新、提升与丰富自身文化的重要手段,可以带动我国文化产品向国际化水平靠近,推动中华文化不断向前发展。文化总是在开放、交流与碰撞中融合创新,文化的创新不仅需要对自己传统文化的继承与发扬,也需要对优秀外来文化的学习和借鉴。由于历史等原因,我国文化领域吸收利用外来资源的能力相对经济领域而言还有更大的提升空间,这也就更需要我们主动鉴别甄选,去其糟粕,取其精华。在建设"一带一路"的进程中,我国与沿线国家之间的文化开放与交流更加频繁,必然会有更多世界各地文化商品和文化资源竞相进入中国。在不侵犯知识产权的前提下,跨越国界利用国外文化资源进行离岸文化生产,可以让各国文化经典在不同国家间得到更广泛的传播。凭借不同国家各自独有的文化表现能力,离岸文化生产也能够促进文化资源与不同文化表现形式更加紧密地结合,促进文化融合发展与创新进步。

四、开创新格局,引领多元文化交流

不同语言之间的沟通问题是国际文化交流和贸易中需要克服的重要障碍之一。如果任意两种不同语言的文化产品之间交流都要通过直接翻译,那么将会耗费过于浩大的人力、物力和财力,甚至有些使用人数相对较少的语言可能难以找到能够直接翻译的交流者。但是,如果以一种更为通用的语言作为中介,则可以大大降低交易的成本,当代社会中英语正是凭借学习使用人数众多的优势,发挥着重要的文化中介功能。对文化资源本身

来说，跨越国界的离岸文化生产有利于促进不同文化之间的交流。在未来多元文化的交流中，中文应该发挥更加积极的文化交流和贸易中介作用。随着中国经济崛起和文化影响不断增强，世界各国许多民众都希望更直接地了解中国，因此引发了世界范围内的学习汉语需求的持续升温，"汉语热"在很多国家和地区都成为普遍现象，这也为建设离岸文化中心提供了有利条件。

建设中国特色离岸文化中心，有助于推动中文发挥不同文化之间交流中介的功能，提升中文在国际文化交流和传播中的地位，在多元文化交流中发挥引领作用。通过开展离岸文化生产，用中文作为工具加强与其他文化的交流，生产更多结合当地文化元素的产品，可以为学习中文的外国友人提供更丰富的文化产品，吸引和帮助更多人更加便利地学习中国语言与文化，并让不同国家和民族的中文使用者更广泛地相互了解与沟通。尤其在"一带一路"建设进程中，发展离岸文化生产有利于推动中文成为沿线国家之间跨文化交流与贸易的中介，使得更多沿线国家较少人使用语种的文化产品也能够借助中文为更多人所认识，这也是中国建设文化强国、促进国际文化交流的重要责任。

根据"一带一路"建设的需要，立足各地文化发展的实际，广州具有明显的基础和优势，可以争取率先开展离岸文化中心建设工作，为推动文化交流与合作启动创新实践。

第三章

广州建设离岸文化中心推进21世纪海上丝绸之路文化交流合作

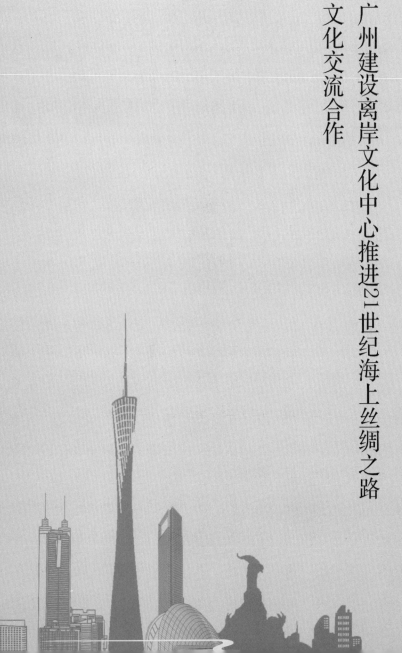

"一带一路"倡议,既是对古代丝绸之路伟大历史贡献的传承与弘扬,也是全球化时代中国与世界创新合作模式、建设命运共同体的新实践。推进"一带一路"建设重大战略决策,对于构建开放型经济新体制、形成全方位对外开放新格局都具有重大深远的意义。广州作为重要的国家中心城市,海上丝绸之路的重要始发港之一,参与"一带一路"尤其是21世纪海上丝绸之路的建设既是重要职责,也是重大机遇。文化交流合作是21世纪海上丝绸之路建设的重要内容,广州应该继承优秀传统,发挥现实优势,瞄准未来需要,以建设21世纪海上丝绸之路文化交流合作新枢纽为总体目标定位,并在此定位引领下,抓住重点领域突破,深化改革、全面创新,建设离岸文化中心,为推动21世纪海上丝绸之路文化交流合作做出独特贡献。

第三章　广州建设离岸文化中心推进 21 世纪海上丝绸之路文化交流合作

第一节　文化交流合作是广州推进 21 世纪海上丝绸之路建设的重要内容

"一带一路"倡议是全球化背景下重新塑造国际合作格局的新通道，推动东西双向开放，促进基础设施互联互通，扩大文化交流合作，激活区域发展活力与合作潜力，形成了前所未有的全方位对外开放新格局。广州作为历史海上丝绸之路的重要始发港之一，一直是中外文化交流与合作的重要门户。当前，广州作为国家中心城市，在全球城市体系中地位不断上升，代表国家更深度地参与到国际的经济文化合作中。在 21 世纪海上丝绸之路建设的文化交流合作中，广州有着深厚历史传统，也有明显现实优势，要在未来承担起光荣使命。

一、历史传统深厚

广州作为古代海上丝绸之路的重要起点之一和长盛不衰的商贸古港，对外贸易历史悠久，是中外文化交流的重要门户。伴随商业贸易和人员往来的东西文化交流融汇，为建城 2200 多年的广州积淀和汇集了丰厚的历史文化底蕴。

早在西汉时期，中国的岭南沿海地区就与印度通过海路相通，班固的《汉书·地理志》记载了西汉时中国官方商船从合浦、徐闻等港前往南海诸国的行程。从《史记·货殖列传》记载的"番禺亦其一都会也，珠玑、犀、玳瑁、果、布之凑"，可见秦汉时期，广州与海外已有了一定程度的交往。广州对外贸易始于秦汉，兴于唐宋，明清达到鼎盛，广州长期与东南亚、印度、阿拉伯、非洲、欧洲等国家或地区进行经贸活动，在 13 世纪往来的国家和地区超过 140 个。随着广州在海上丝绸之路的主港地位奠定以及城市经济和文化繁荣发展,广州不仅是海内外商人的交易之所,更是官员、使节、商人、传教士往来甚至侨居之地,由此成了中西文化融汇交流的窗口和传播中心。佛教、伊斯兰教和基督教这世界三大宗教相继传入广州,真谛译经、达摩开宗、智药立寺,书写了佛教在中国传播的重要篇章;伊斯兰教创始人穆罕默德的大弟子艾比·宛葛素建造了中国第一座清真寺——怀圣寺,使广州成为伊斯兰教在中国传播和发展的重要站点;英国传教士马礼逊进入广州翻译《圣经》及传教,开启了基督教来华的宣教史。除了宗教文化以外,广州还先后汲取了印度、阿拉伯和欧美的哲学、文学、医药学、数学、天文学、美术、工艺、音乐、舞蹈、雕塑、建筑艺术、近代自然科学和社会科学等精华并向内地传播扩展,对中国的经济贸易、城市建设、社会生活和文化发展等多方面都产生深远的影响。中外文化交汇催生发展了岭南文化的新形态,最为显著的就是广州传统手工技艺与世界各国的艺术形式交流融合,牙雕、玉雕、木雕、广彩、广绣等产品形成了别树一帜的广式风格,沿着海上丝绸之路远销海外,参与构建西方对中国的文化想象。

广州作为贯穿海上丝绸之路从始至终的重要始发港和主要枢纽港,在经济交往的同时逐渐发展成为中西文化交流互动的窗口,中西思想文化、科技文化、语言文化以及文学艺术等在此碰撞、交汇和融合,并由此向内外扩散延伸,持续繁荣千余年,为这座城市带来了丰富的文化遗存和深厚的文化积淀。对外文化交流合作几乎贯穿于广州整个城市的发展史,在21世纪海上丝绸之路建设的新时期,广州应当继承历史传统,更加积极地推动文化交流与合作,提升国际影响力,将城市深厚的历史文化底蕴转化为现实的发展要素和亮丽的城市名片。

二、现实优势明显

作为广东省省会以及华南地区的政治、经济和文化中心,广州被定位为重要的国家中心城市,在全国的地位稳固,也一直是对外经贸合作与文

第三章 广州建设离岸文化中心推进 21 世纪海上丝绸之路文化交流合作

化交流的重镇。改革开放以来，广州领风气之先，得开放之利，经济总量跃升为全国第 3 位，并将这一地位保持至今已 28 个年头。2008 年 12 月，国务院正式批复《珠江三角洲地区改革发展规划纲要（2008—2020 年）》，明确了广州的"国家中心城市"定位。2010 年 2 月，住房和城乡建设部发布的《全国城镇体系规划纲要（2010—2020 年）》明确广州作为唯一非直辖市的国家中心城市。2016 年 2 月，国务院批复原则同意《广州市城市总体规划（2011—2020 年）》中，广州被定位为"广东省省会、国家历史文化名城，我国重要的中心城市、国际商贸中心和综合交通枢纽"，国家中心城市的定位更进一步，成为"重要的国家中心城市"。

2015 年 3 月，国家发展和改革委员会、外交部、商务部联合发布的《推动共建丝绸之路经济带和 21 世纪海上丝绸之路的愿景与行动》，被称为"一带一路"路线图。其中明确了我国各区域、各城市在国家"一带一路"战略中的定位和发挥的角色作用。广州在其中共被提及 3 次，包括广州南沙作为开放合作区，以及加强沿海城市港口建设，强化国际枢纽机场功能，说明广州参与国家"一带一路"战略的主要平台是自贸区、港口和空港，广州将在国家新一轮对外开放格局中扮演重要角色，发挥重要作用。《中华人民共和国国民经济和社会发展第十三个五年规划纲要》明确提出建设北京、上海、广州等国际性综合交通枢纽，广州的综合交通枢纽定位被冠以"国际性"前缀，对外开放的国际性战略地位进一步提升。

广州在全球城市体系中的地位也不断上升，已经跻身世界一线城市之列。在全球经济体系中，广州与全球经济的联系高度紧密，是跨国公司特别是高端生产性服务业企业的总部聚集地，无论是国际友城、驻穗领馆、外国商会数量，还是机场的国际航线密度与吞吐量均居国内领先地位。随着投资环境和产业升级稳固提升，广州具备了迈向全球城市的实力。从知名综合性城市指数历年排名来看，广州近年来名次稳步上升，经过多年建设和积累，2017 年在各项城市排名中的表现普遍出现了具有显著意义的极大跃升。全球化和世界城市研究网络（GaWC）公布的 2016 年世界城市分级排名中,首次将广州纳入世界城市分级中的第一层级,在全球361个城市中位列第40,成功从Beta+级晋级Alpha-类,已成为国际权威研究机构认可的"世界一线城市"。英国Z/Yen集团编制的"全球金融中心指数"第21期于2017年3月发布,首次将广州纳入正式榜单,广州在全球的金融中心中排名第37位,并被给予"国际性金融中心"的定位;在9月发布的第22期中又将广州的排名提升5位,排第32位。此外,在科尔尼公司"全球潜力城市指数"和2thinknow智库的"全球创新城市指数"等多个国际权威排行榜中,广州排名均大幅度上升。以上城市排名研究无论是综合的或是单项的,对广州在全球城市中所处的位置判断都大致相同,即广州近年来城市发展迅速并取得了显著进步,正逐步进入世界城市体系划分中的第一层级,步入迈向全球城市的发展轨道,这也说明世界城市研究机构对于广州城市资源雄厚、发展均衡、活力充沛、前景良好的高度认可。

广州作为全球城市网络中具有重要国际影响力的区域性枢纽城市,经济基础雄厚,文化底蕴丰富,国际化水平高,代表国家在21世纪海上丝绸之路的文化交流合作中发挥积极作用具有非常明显的优势。

三、未来使命光荣

"一带一路"沿线国家众多,文化、宗教、民俗情况复杂,文化交流合作是促进不同国家和民族沟通心灵和情感的桥梁纽带,是"一带一路"建设中"民心相通"必不可缺的助推剂。只有通过进一步深化与沿线国家、地区的文化交流与合作,增进相互了解和传统友谊,才能夯实中国与沿线国家合作的民意基础和社会基础,促进区域合作与共同发展。在21世纪海上丝绸之路的建设中,广州积极推进文化交流与合作,是作为国家中心城市代表国家参与国际竞争、分工与合作的重要职能与使命。《中共广州市委贯彻落实〈中共中央关于全面深化改革若干重大问题的决定〉的意见》指出:"要深化对外开放,要积极参与建设21世纪海上丝绸之

第三章　广州建设离岸文化中心推进 21 世纪海上丝绸之路文化交流合作

路。"广州要在对外开放新格局和 21 世纪海上丝绸之路建设中承担新的和更加重要的职能，要立足比较优势、找准城市定位、彰显地方特色，推进文化交流与合作，是一条与国家中心城市战略定位和世界文化名城建设目标相适应的对接道路。

面向未来发展，广州提出了建设枢纽型网络城市的战略目标。2016年 8 月 5 日，中共广州市委十届九次全会通过了《中共广州市委　广州市人民政府关于进一步加强城市规划建设管理工作的实施意见》，为枢纽型网络城市建设提供了"路线图"和"施工图"。全会指出，随着全球化、信息化持续深入推进，城市交通网络、信息网络、产业网络、创新网络、人才网络、生态网络逐步完善，全球人流、物流、资金流、信息流加速集聚扩散，城市的枢纽带动力和网络连通性直接决定城市的国际影响力和竞争力。建设枢纽型网络城市，优化城市形态，凸显城市特征，强化城市功能，促进要素自由流动、资源优化配置，将为巩固和提升国家重要中心城市地位提供强大支撑。2016 年 12 月 26 日，中国共产党广州市第十一次代表大会召开，提出广州要统筹推进"五位一体"总体布局和协调推进"四个全面"战略布局，牢固树立和贯彻落实新发展理念，适应把握引领经济发展新常态，以提高发展质量和效益为中心，以推进供给侧结构性改革为主线，大力实施创新驱动发展战略，高水平建设国际航运中心、物流中心、贸易中心、现代金融服务体系和国家创新中心城市，强化枢纽型网络城市功能，提高全球资源配置能力，推动国家重要中心城市建设全面上水平。广州提出建设枢纽型网络城市，正是适应全球城市发展新趋势，传承广州城市发展脉络，实现国家赋予广州的城市定位，推动国家重要的中心城市建设全面上水平的内在要求和可行路径。

21 世纪海上丝绸之路建设的倡议为古代海上丝绸之路赋予了新的时代内涵。两千年前的广州用船橹、风帆将中国与世界连接在一起，推动了世界经济文化的交汇和文明的嬗变；两千年后的广州在全方位对外开放的新格局下，充分发挥国家中心城市作用，代表国家积极参与国际合作，要用现代化的空港、海港强化中国与世界的联系，用产业、人才、资本、技术等高端要素形成强大的吸附功能和辐射功能,进而扩大经贸、文化、人员的往来,瞄准建设枢纽型网络城市的战略目标,围绕对外文化交流与合作,积极发挥枢纽功能,为新时代的海上丝绸之路建设增添文化动力。

第二节 广州建设21世纪海上丝绸之路文化交流合作新枢纽的目标定位

广州自古便是中外文化交流的重镇,在国家新一轮对外开放格局和21世纪海上丝绸之路建设中,作为国家中心城市,广州应把握历史机遇,结合枢纽型网络城市建设的目标,以建设21世纪海上丝绸之路文化交流合作枢纽城市作为参与21世纪海上丝绸之路建设的目标定位。文化交流合作枢纽要求广州立足提高文化开放水平,把调动国内力量与借助国外力量结合起来,全面扩大对外文化交流,吸收各国优秀文明成果,促进文化相互借鉴,真正实现互补、互利。在表现形态上,要从过去的单向输送转向双向交流合作,积极推动广州文化商品、文化资源、文化要素自由跨境流动;在枢纽内涵上,要侧重引领和推动海上丝绸之路沿线不同国家、不同民族、不同文明走上兼容并蓄、互利共赢的和平发展之路;在建设导向上,要以加快文化体制改革为动力,以完善人文合作机制为保障,以重大文化交流项目为抓手,建立健全多渠道、多形式、多层次的对外文化交流体系。广州要在综合枢纽功能的基础上,在文化保护、文化交流、文化生产、文化服务、文化贸易等领域,发挥联络中外、互通有无的作用,形成独特优势,力推中国文化走向世界,引进外国优秀文化辐射全国,在此基础上吸收世界多元文化的精华融汇创新、塑造特色、自成风格,从而提升中国文化在世界的影响力。具体而言,可以在以下具体领域中实现枢纽功能作为总体目标定位的支撑。

第三章 广州建设离岸文化中心推进 21 世纪海上丝绸之路文化交流合作

一、分定位一：文化活动的交流枢纽

在国际文化交流中，具有亲和力的文化活动先行，广州对外文化交流的活动丰富、成效明显，规模不断扩大、领域更广、层次和水平更高，影响力也在不断提升。广州要着力提升自身的国际感召力、亲和力、影响力，以海纳百川、兼容并蓄的形象和姿态融入 21 世纪海上丝绸之路建设中，营造有利于开展各类文化交流活动的城市氛围和外部条件。广州要积极发挥已有一批国家级、国际级活动项目的优势，如中国（广州）国际演艺交易会、羊城国际粤剧节、中国国际漫画节、中国（广州）国际纪录片节、中国国际儿童电影节、中国音乐金钟奖等，进一步提升国际化程度。同时，加强与"海丝"沿线国家合作，引进国际知名度高、品牌影响力大的文化项目、文化活动及机构。进一步拓宽渠道和途径，推动广州高水平的文化品牌"走出去"，提升品牌的辐射力、影响力和国际化发展水平，多维度、多层次构建"海丝"沿线文化活动的交汇点，使具有不同文化背景的文化活动在保留各自基本形态的基础上融汇创新，中外文化在这座城市进行和谐对话、交流交融、互学互鉴，积淀形成新鲜多元的文化因子，为 21 世纪海上丝绸之路注入更多文化活力。

二、分定位二：文化产品的贸易枢纽

随着"一带一路"倡议的实施，文化贸易额不断增加，文化贸易在对外贸易中的作用越来越重要。当前，我国文化产品出口还是以实物类商品为主，在核心文化服务上还存在很大提升空间，文化贸易还需要加大"走出去"的步伐。广州应充分发挥千年商都积淀的基础和优势，将传统商品贸易中的优势延伸到文化产业领域，在 21 世纪海上丝绸之路的对外文化贸易中抢占有利地位，打造文化贸易的枢纽。悠久的商都历史，规模庞大的"广交会"，优良的交通条件，让广州成为中国乃至世界重要的贸易中心。各类专业市场遍布全市,各类文化产品开展贸易并形成了规模效应,1993年,中国最早的"艺博会"——首届中国艺术博览会即在广州举办,广州国际艺术博览会、中国(广州)国际演艺交易会、中国国际漫画节、中国(广州)国际纪录片节等已发展成为广州文化产品交易的重要平台。广州在未来要加快对外文化贸易结构的优化调整,把握文化商品和服务跨国流动日益频繁的趋势,积极搭建文化产品的对外交易平台,扶持文化贸易中介机构和平台,整合全市重要文化会展资源,擦亮"广州文化产业交易季"品牌,并积极推动设立广州的文化交易博览会,打造对外文化贸易中心,让全国各地丰富多彩的文化商品通过广州走向海上丝绸之路沿线各国乃至全世界,同时也吸引世界各国的优秀文化产品经由广州传播到全国。

三、分定位三:文化资源的配置枢纽

随着经济全球化的趋势不断加快,文化产业在不同国家或地区之间的分工和协作不断深化,以便更有效地利用各地的文化资源。哪个城市可以在全球范围内有效地聚集、配置并激活文化资源,哪个城市就能够有效拓展海外市场,在全球化竞争中抢占先机。广州需要在文化产品贸易的基础上向文化生产要素拓展,大力发展专业的文化资源要素的中介机构,创新商品交易和资源配置方式,拓展图书影视内容版权、创意设计理念、形象与造型、文化产权股权等交易对象,打造国际文化资源进入中国,以及中国文化资源走向世界的重要枢纽。广州需要不断提升其在世界城市体系中的辐射能力和对全球文化资源的配置能力,在文化生产要素的国际化配置中发挥更加积极的作用,以优质的服务吸引各国文化资源要素以广州为基地进行交流和配置,最终转化为文化产品,为国际文化交流与合作做出积极贡献。

四、分定位四：文化精品的创新枢纽

在文化生产和服务的产业链条不断扩展并向国际化延伸的趋势下，文化产品的创新与创作，还需要资源和市场之间的枢纽中介来实现有效的对接。在传统海上丝绸之路的重要商品——外销瓷的策划和生产中，广州就曾经扮演沟通国际市场与国内资源的中介角色，创造性地生产出既有中国风格又符合国外市场需求的产品。在21世纪海上丝绸之路的文化交流合作中，广州应在促进文化活动交流、文化产品贸易、文化资源配置基础上，进一步打造外向型文化精品的创新枢纽，沟通国外和国内交流渠道，充分掌握国际市场的实际需求和审美偏好，抓住具有普遍感召力的主题，把握最佳交流时机，引导国内的相关资源策划、定制相关的文化商品和服务，从而将国外的文化需求和国内的文化生产连接起来，策划创作更多适应国际文化需求的文化精品。在融合不同来源、不同类型、不同表现形式的文化资源的基础上，吸引来自不同国家的各类从事文化创作的个人、企业和机构，以广州为基地开展文艺创作活动，尤其是跨文化的文化创作活动，助推融合世界优秀文化特色的中国文化产品走向世界。

五、分定位五：文化产业的合作枢纽

在全球化的推动下，不同国家的文化产业加强合作，共同创作文化产品是大势所趋。在这方面，中国的文化产业逐步走出国门并开始了许多积极尝试，例如与捷克、哈萨克斯坦、俄罗斯、阿联酋、沙特等多国国家电视台或重点企业合作拍摄了《熊猫和小鼹鼠》《阿廖沙和龙》《阿拜之路》《孔小西与哈基姆》等多部动漫作品，未来在文化产业领域的合作还将不断增加。广州应积极推动文化体制改革创新，争取中央支持成为在文化领域对外开放合作的政策试点，打造面向海上丝绸之路沿线国家的文化产业开放与合作枢纽，并以此为基础，在文化业态、文化内容、文化传播等领域不断开展合作创新。积极推动文化与科技、金融、商贸、旅游等领域的融合与创新,探索在新的经济、技术、商业条件下文化新业态的发展。积极尝试新风格、新内涵、新形式,鼓励创作具有时代特征、岭南风格的中华文化精品。充分利用新媒体、新渠道、新平台,探索文化对外开放与合作的新模式,不断提升文化产业的国际竞争力和文化对外开放合作的水平和效益,更好地推动中国与"海丝"沿线国家文化产业共同发展与进步。

第三节 广州推进 21 世纪海上丝绸之路文化交流合作的重点领域

广州作为岭南文化中心地、海上丝绸之路发祥地、近现代民主革命策源地和改革开放前沿地,在文化积淀上有自己的特色,同时现代文化建设也取得显著成就。结合 21 世纪海上丝绸之路建设的需要与"海丝"沿线国家的实际,广州可以选择以下重点领域采取有效措施,积极推进与 21 世纪海上丝绸之路沿线国家的文化交流与合作。

一、文化遗产

文化遗产主要包括有形文化遗产和无形文化遗产。历史上的海上丝绸之路留下了丰富的文化遗产,具有研究、收藏、利用、展示、交流、传播、娱乐和休闲体验等多种功能。文化遗产在对外文化交流合作中能够发挥巨大价值,深入发掘、整理、保护、研究、利用海上丝绸之路文化遗产,不仅可以深化世界对海上丝绸之路历史的认识,也可以在"海丝"沿线国家和地区搭建互相认识了解、促进民心相通的桥梁。

第一,充分发挥"海丝"申遗牵头城市地位,积极争取申报世界文化遗产。在中国多年引领和推动下,中、吉、哈三国联合提交的"丝绸之路:长安—天山廊道路网"项目在 2014 年被列入联合国教科文组织世界文化遗产名录,成为第一个以联合申报的形式成功列入世界遗产名录的丝绸之路项目。陆上丝绸之路申遗成功后,海上丝绸之路申遗也提上了重要议程。作为国内"海丝"申遗的牵头城市,广州应该借鉴陆上丝绸之路申遗的成功经验,积极探索与"海丝"沿线国家文化部门和文化机构的交流与合作机制,根据海上丝绸之路文化遗产的特点,在申遗途径和模式方面进行创新,参考申遗标准对沿线国家和城市的重要文物、遗迹、景点进行研究考察,共同开展规划编制、本体保护和环境整治等工作,将已被国家文物局正式公布为"世遗预备名录"状态的项目继续向前扎实推进,条件成熟时提交申遗报告,争取尽早申遗成功。合作申遗的过程也是国家之间、地区之间的文化进行深层次交流合作的过程,广州在申遗过程中所起的协调、示范和表率作用,对提升城市的国际整体形象和文化影响力,建设 21 世纪海上丝绸之路文化交流合作枢纽城市具有积极意义,也为下一阶段全方位、宽领域、纵深化交流合作奠定了坚实基础。

第二,积极推动与"一带一路"沿线国家和城市的文博单位联网合作。"一带一路"沿线国家和地区历史文化资源丰富,许多文博单位藏品丰富、研究成果丰硕。文化部推动的丝绸之路国际博物馆联盟已于 2017 年 5 月"国际博物馆日"期间成立,同时,各地博物馆已积极开展与"一带一路"沿线国家的文博机构合作交流。海上丝绸之路历史上在沿线国家留下了丰富的历史文化遗存,广州可依托各种对外交往面广点多的优势,与"海丝"沿线国家的各类文化遗产、遗址、博物馆等文博单位建立友好关系和合作机制,重点推动开展"海丝"沿线国家博物馆间的信息沟通、学术交流、陈列策划、文物保护、文物修复、管理营销、社会服务和展览互助等工作,特别是水下考古、水下文物保护等具有鲜明"海丝"特色领域的合作,加强博物馆之间的互换展览、合作办展、合作研究、人员互访,精心设计策划"海丝"相关主题的展览,根据实际条件准备不同层次的展品,借力3D、VR、AR[①]等现代科技,全方位地构建立体式的展陈、观看体验,为"海丝"沿线国家的人民奉献更丰富精美的展览和展示,增进沿线各国人民之间的了解和认同。

第三,加强非物质文化遗产(简称为"非遗")的活化传承。广州有着丰富的非物质文化遗产,传统音乐如广东音乐、传统舞蹈如狮舞、传统戏剧如粤剧、传统美术如"三雕一彩一绣",以及众多传统技艺、传统医药项目都有着深远的影响力。广州可以充分发挥在非遗传承保护和开发利用领域的优势,加强与"海丝"沿线国家开展合作,促进非遗领域的交流互访,通过经常开展双向的推介、展览、研讨、体验培训和交易活动,推动共享各国在非遗领域取得的突出成果与先进经验,进而有利于非遗项目更好地活化传承。通过设立非遗工艺研发、设计、创意基地等,挖掘丰富的"海丝"文化内涵,重点推出一批历史上在"海丝"沿线国家深受欢迎、中国特色鲜明的非遗项目,与创意设计行业融合发展,打造一批具有广泛影响力的品牌,带动广州乃至全国非物质文化遗产的国际化发展。

二、影视出版

图书、电影、电视等形式的文化产品是文化产业的核心产品和文化对外贸易的重点内容,兼具高度的经济效益与社会效益,也是不同国家和文化之间开展对话和交流的重要形式。

第一,支持推动图书影视出版作品出口"海丝"沿线国家。广州要加强"海丝"沿线国家和地区图书影视出版界的交流合作,形成出版资源互通、渠道共建共享、内容共同开发、产业共同发展的合作新局面。在精心研究"海丝"沿线国家公众的文化需求和偏好后策划选题,鼓励本

---

① AR(augmented reality),即增强现实技术,是一种实时地计算摄影机影像的位置及角度并加上相应图像、视频、3D模型的技术,这种技术的目标是在屏幕上把虚拟世界与现实世界结合并进行互动。

土出版机构与海外出版传播机构采用合作建设等形式设立海外出版发行基地，支持相关中介机构和经纪公司的业务，开展图书影视出版作品海外推广过程中的规划、咨询、协调和评估等工作，鼓励畅销的图书影视出版作品针对不同"海丝"沿线国家开展有针对性的销售推广。培养和储备一批既懂本土文化、文学艺术又精通"海丝"沿线国家语言的翻译人才，与沿线各国出版机构合作互译出版图书和影视产品，在满足国人了解沿线国家历史、文化、风俗、现实等迫切需求的同时，也助推更多优秀的图书影视出版作品更顺畅地"走出去"，走进海外读者的视野和生活。支持广州优秀图书影视出版企业参加海外知名展会，积极发挥中介作用，将国内优秀的图书影视作品有计划、有规模地向沿线国家市场推广，助推中华优秀文化走向世界。

第二，打造辐射"海丝"沿线国家的版权贸易中心。广州应利用"国家版权贸易基地"规划建设成为面向全国、辐射海外的版权作品登记中心、版权综合交易市场和版权资本运作平台的契机，大力推动全市文化创意产业的版权市场化，引进沿线国家和城市文化部门、知名文化艺术企业与机构的进驻和参与，汇聚广播影视、新闻出版、文学艺术、动漫游戏等各领域版权作品资源和需求信息搭建供需平台，创新版权服务模式，衍生版权产业新业态。积极开拓面向"海丝"沿线国家的版权贸易业务，开发建设集登记、搜索、挂牌、展示、交易等功能为一体的线上版权交易平台，将"国家版权贸易基地"打造成为"海丝"沿线国家颇具影响力的版权产业集聚区，引领拉动图书、影视音像制品和数字出版产品产业加速发展，将广州打造成为中国面向"海丝"沿线国家的版权贸易窗口和首要平台。

第三，与"海丝"沿线国家合作推进图书影视作品数字化。信息技术的进步与普及使得影视出版作品的对外传播更加便捷与开放，广州要高度重视数字技术在推进21世纪海上丝绸之路文化交流合作中的重要作用，与沿线国家合作推动信息技术等高新技术在图书影视领域的广泛应用，促进沿线国家文化内容以及产品的数字化转化和开发，加快文化产品的生产、传播、消费的数字化进程,构建多维度的交互平台、应用终端和传播渠道,加强文化内容与数字技术结合,培育新兴文化业态。培育一批以信息化服务、数字化生产、网络化传播为特点的高科技文化企业,走出国门与沿线国家文化机构开展合作,对广州本土以及"海丝"沿线国家的各类文化资源尤其是文献资源进行数字化转化、开发和引进输出,扩展其传播的深度与广度。

三、演艺娱乐

演艺娱乐业是满足人们的休闲、娱乐、放松等需求的行业,是文化产业中的重要组成部分。文娱演出表现形式多样、内涵丰富,在对外文化交流中深受民众欢迎,发挥着非常积极的作用。

第一,推动沿线国家共同打造常态化文化交流合作平台。广州应积极与沿线国家文化部门和文化机构建立合作交流联系与机制,围绕海上丝绸之路主题共同策划举办艺术赛事、音乐节、文化季等综合演艺文化国际交流项目,每年定期在广州举行活动,打造具有国际吸引力的常态化文化交流合作平台。深入挖掘现有广州文化交流重大品牌项目潜力,在中国(广州)国际演艺交易会、中国音乐金钟奖、广州国际艺术博览会、中国(广州)国际纪录片节、羊城国际粤剧节等重大项目中加大"海丝"元素的比例,广泛邀请"海丝"沿线国家和地区的艺术机构、艺术人才来穗参赛、展演、交易,策划海上丝绸之路专场或主题单元,每届活动可邀请文化交流合作的重点国家作为主宾国,设立3~4个以"海上丝绸之路+城市名"命名的专用区域,参考"世博会"的模式,提供场所,搭建舞台,集中展示主宾国和重点城市的历史文化和演艺精品,促进各国演艺机构、艺术团体和艺术人才在广州充分交流和创新。借助大型文化艺术交流活动举办期间的宣传效应,利用广州市成熟的文化设施,在博物馆、文化馆等地举办以海上丝绸之路为主题的文博展览、非遗培训、人文讲座等活动,宣传和推广"海丝"相关文化主题内容,进一步展示广州文化吸引力。

第二，鼓励与沿线国家的民间文化艺术交流与合作。广州应鼓励国有转企文化艺术院团和民营文化艺术企业开展人员互访、赴外展演、剧目引进、国际培训等对外交流合作。支持推动广州文化艺术机构、文化艺术工作者与沿线国家和城市的相关机构和专业人士建立长期稳定的合作交流机制，共同创作内容国际化、具有吸引力和生命力的精品力作，打造深受沿线国家人民喜爱、经久不衰的精品剧目。依托广州文化艺术资源，发挥已形成的木偶、杂技、粤剧等特色演艺品牌的辐射效应，一方面加快海上丝绸之路主题原创性演出作品的创作，另一方面对现有精品剧目精心挑选，将一批展现岭南文化精髓、广州城市发展风貌的文化作品、剧目打包，有计划、有步骤地在21世纪海上丝绸之路沿线重要节点城市开展巡回展演，借助巡演活动也向沿线国家民众宣传广州城市形象。大力发展文化艺术经纪机构，通过信息发布、活动合作、活动策划、项目营销、贴身服务等方式，为"海丝"沿线国家和城市的人民带来更多的文化盛宴。

第三，推动文艺展演相关产业在沿线国家扩大发展空间。广州应促进演艺产业与娱乐业的融合健康发展，积极在沿线国家推广具有中国特色、健康向上和技术先进的娱乐方式和娱乐业态，增强中国娱乐业在沿线国家市场的吸引力，扩大娱乐业发展空间。加快演艺与旅游休闲、工艺美术、创意设计等相关产业的融合，丰富旅游演艺产品，在沿线国家培育旅游演艺市场，设计开发演艺衍生产品。鼓励具有自主知识产权的新型音响、灯光和舞台技术装备等文化展演相关产业的重点企业在"海丝"沿线国家拓展销售市场，提升品牌影响，构建沿线国家销售网络和服务体系，参与国际产业链分工，不断提升"广州制造"的影响力。

四、文化创意

文化创意产业是以创意理念推动文化内容与科技形式、时尚展现等深度结合形成的产业集群，其范围广泛覆盖广播影视、创意设计、动漫游戏、网络视频、新媒体、数字出版、文化旅游、文化遗产开发、工艺美术等领域，是引领文化产业发展和文化消费潮流的新兴业态。

第一，推动与沿线国家合作设立文化创意产业园区和孵化器。广州应鼓励成功的创意企业通过试点合营、托管经营、承包经营等方式到海上丝绸之路沿线城市设立创意园区海外分园或独立办园，搭建"海丝"沿线国家文创企业交流合作的国际化服务平台，开展文创企业孵化、项目对接、投融资服务及物业租赁等项业务。通过经常开展双向的推介、展览、研讨、培训和交易活动，将广州创意产业研究经验与中国创意资源、人文资源与海上丝绸之路沿线国家和城市的当地资源有机结合，转化人文合作成果，形成完整的从人文合作到创意产业最终输出优秀文化产品的生态链条。依托大学院校、社科研究机构，总结研究广州创意产业发展的经验及创意产业集群发展模式，向海上丝绸之路沿线的重点城市分享研究成果和发展经验，搭建平台，牵线搭桥。以文化创意园区和孵化器建设为平台与契机，更多输出体现中国文化特色的创意产品，成为展示中国当代文化的橱窗。

第二，合作开展传统工艺的现代化改造。广州应鼓励传统工艺企业和从业者与"海丝"沿线国家的同行交流合作，充分发掘文化元素和地域特色，在传承传统技艺的同时，相互融合、相互借鉴，不断开发新技术、新工艺、新产品，促进保护传承与创新发展密切结合，发展现代工艺。鼓励沿线国家的工艺企业和从业人员互访流动、聚集发展，支持广州的工艺企业和从业者与沿线国家的同行合作推进传统工艺产品与创意设计、现代科技和时代元素融合，通过文化创意增加工艺品的文化含量和科技含量，提高工艺品的附加值，增强市场竞争力。

第三，开展文化创意营造生活美学空间的合作。广州应鼓励文化创意企业和文化创意从业者与沿线国家同行增加合作交流的广度和深度，相互学习借鉴将文化创意在面向生活的各个方面进行泛化与渗透。在广州和其他沿线城市选定一些有历史、有传承的区域，发现和还原其中的吸引力要素，保留与活化作为共同财富的文化内核，扶持打造特色鲜明的创意产业集聚街区，让具有历史文化底蕴的社区因为文化创意而重焕光彩。通过这种合作，广州的文化产业既可汲取"海丝"沿线各国博大精深的文化养分，又可融入前沿的时尚元素和审美趣味，在促进产业新业态、商业新模式诞生的同时，以文化创意的方式丰富生活样式、营造轻松和谐的生活生态空间，提升生活品质。

五、会展节事

会展节事主要包括会议、展览、节庆、赛事、活动等集体性活动，不仅是世界各国人员交往、思想碰撞、文化交流平台，也可以提升举办地城市形象，更是汇聚信息、人才、资金等要素，推动城市文化发展的重要力量。

第一，提升现有文化会展节事活动辐射沿线国家的水平。广州应积极承办高端国际会议，尤其是以"一带一路"为核心议题的高端多边国际会议，以及围绕文化遗产、图书、文博、档案、影视、表演等主题的国际会议。引进沿线国家文化部门、行业协会、商会等机构来穗办展办会，促进文化领域的资本、人才、技术等要素的高速流动，带动文化交流、文化传播、文化贸易协调发展，实现互利共赢。创新文化会展节事的运作模式，选择有实力的文化会展企业和机构承办原有由财政投入的文化会展品牌，增强活动的活力和可持续性，积极鼓励将会展节事品牌影响力覆盖至沿线国家，通过完善健全会展评估和反馈机制检验承办成效。在各项会展节事活动中突出"海丝"相关元素及内容，增设面向海上丝绸之路沿线国家的专题、专场，促进文化会展与旅游、城市建设、商贸合作的融合，切实提升文化会展活动的交易功能和作用，提高办会效益。

第二，加强与沿线国家文化会展行业的交流与合作。广州应鼓励会展企业和机构与沿线国家的会展企业和机构开展定期交流和相互推广，探寻双方乃至多方合作机会与模式。支持国际会展巨头来穗设立区域总部、办展机构，在做大做强本土高端会展品牌的基础上，着力申办和引进一批有利于扩大会展目的地城市影响力的国际知名会展活动,推动广州成为"海丝"沿线具有国际竞争力和较高知名度的会展目的地城市。借助国际文化会展业的交流与合作,加强信息沟通、人才交流和培养提升,共同研讨文化会展业新趋势和新问题,不断创新文化会展合作模式,实现资源共享,互相支持对方的重要会展项目,推动广州文化会展业走向高端化、品牌化和专业化。支持各类会展企业在"海丝"沿线选择具有区域辐射作用的城市搭建专业展会平台,组织广州的文化遗产、演艺娱乐、文化创意、动漫游戏等文化优势行业的重点企业开展专题巡回展,在帮助广州企业了解海外市场需求的同时,也为海外机构、企业、团体的投资或合作交流提供平台。

第三,推动文商旅融合,大力发展体验型"海丝"文化节庆活动。广州应加强对文化节庆活动的规范引导,把"海丝"文化作为核心符号加以挖掘、包装,发掘节庆文化内涵,提升节庆文化品质,培育若干参与度高、对"海丝"沿线国家吸引力大的节庆活动品牌,并有针对性地向"海丝"沿线国家进行旅游形象宣传推广。积极推动文商旅融合发展,重视借助各种商业手段、旅游形式展示多元文化,通过欢乐轻松的节庆氛围,让沿线国家民众有更多机会了解中华文化,也让国人更深入了解沿线不同国家的多样文化。依据节庆活动的不同主题,联合沿线国家策划开发相关联的旅游产品和线路,共同规划、联合建设、共同经营、共同赢利,创新开发环海邮轮、陆海联运等跨境文化旅游产品,推出如"海丝史迹之旅""岭南文化之旅""千年商都之旅""多元宗教之旅""美食体验之旅"等文化与旅游相结合的精品线路,力求给外国游客更加丰富优质的旅游消费选择,通过旅游扩大文化的传播和消费,提高广州节庆和旅游活动的影响力与美誉度。

六、学术研究

学术交流是文化交流的重要载体,也是文化传播的有效渠道。广州应

第三章　广州建设离岸文化中心推进 21 世纪海上丝绸之路文化交流合作

通过学术交流推动文化交流与合作，建立健全中外学术交流机制，加强与国内外具有影响力的研究机构、专家学者的交流与合作，在更高水平、更深层次的思想上架起文化沟通的桥梁，把握高端的思想文化阐释权和话语权。

第一，鼓励国内及沿线国家学者以广州为对象开展学术研究。广州可设立海上丝绸之路人文学术交流合作发展基金，鼓励扶持国内及"海丝"沿线国家学术机构或学者以广州为对象的历史文化研究、以广州为案例的城市发展研究等多视角综合研究。鼓励资助国内及沿线国家学术机构与专家发表和出版研究广州的作品，增强海内外学界对广州"海丝"历史和现实问题的关注度，扩大广州在"海丝"沿线国家的知名度，为广州经济社会发展和城市建设管理中出现的问题提供多向度的解决思路。鼓励广州科研机构联手国内以及沿线国家学术机构和个人在文化艺术创新、宗教与民俗、文化融合、城市文化发展、非物质文化遗产保护与传承等重点文化领域开展合作研究，扩大研究成果的影响并积极推进合作成果的社会化转化。

第二，联络沿线国家研究机构建设广州研究资讯网络。丝绸之路丰富的历史文化和建设"一带一路"的现实问题为学术研究提供了不竭的研究资源。广州应鼓励当地的高校或社科研究机构设立 21 世纪海上丝绸之路的研究机构，与沿线国家的高校或社科研究机构围绕海上丝绸之路的历史、经贸合作、文化交流等进行合作研究，共建共享研究网络，在已有的数据、案例、文献等研究成果收录的基础上，设计、调研、采集数据，建设数据库，为中国以及沿线国家的城市发展决策提供第一手的数据、信息与资料方面的支持与服务。

第三，策划举办"海丝"沿线国家城市智库论坛。智库机构不仅具有专业研究能力及对政府和公众影响力方面的优势，而且具有独立、超脱的地位，可以发挥国家间政策沟通协调的桥梁作用。广州智库积极与沿线国家和城市智库合作，争取建立常态化智库对话交流与合作研究机制，联合"海丝"沿线国家发起设立"海丝"沿线城市智库论坛，广泛邀请沿线城市政府官员以及从事经济、社会、环境、文化等研究的多学科专家学者，研究"海丝"沿线城市发展中共同面临的重大问题，探索共同发展、互利共赢的路径，分享发展的经验，密切城市之间的交流。通过组织年会、讲座、研讨会、调研和学术交流等活动进行对话交流，搭建信息共享、资源共享、成果共享的交流合作平台，合作研究21世纪海上丝绸之路领域各方面共建规划和工作机制，以及沿线国家有关"海丝"建设的重大问题，为沿线国家双边、多边合作提供决策咨询服务，共同为推进21世纪海上丝绸之路建设贡献更多智慧。

第四节 广州建设离岸文化中心对推进文化交流合作的重要作用

作为当代中国改革开放的前沿阵地，广州在21世纪海上丝绸之路的对外开放新格局中担负起推进文化交流合作的重任。建设离岸文化中心，并以此为载体大胆开拓、勇于创新，有助于广州建设文化交流合作新枢纽，为推动中国与"一带一路"特别是海上丝绸之路沿线国家和地区的文化交流合作做出新的独特贡献。

一、弘扬开放传统，开创文化交流合作崭新局面

广州自古以来就是文化对外开放交流的窗口，尤其是近代以来，广州以创新求变的特质，在中国与世界文化交流合作中发挥着无可比拟的作用，书写了绚丽的篇章。在国家"一带一路"建设深入推进的新历史时期，广州建设21世纪海上丝绸之路离岸文化中心，有利于把握宏观机遇，全面融入、主动对接国家战略，弘扬博采众长、兼容并包的优秀开放传统，从更高层面继续推动文化开放，吸收国外优秀文化资源，开创中国对

外文化交流合作的全新局面。广州发挥21世纪海上丝绸之路文化交流与合作新枢纽的功能,以离岸文化中心为重要平台,积极引进海上丝绸之路沿线国家乃至全球优秀文化,在交流与合作中推动中华文化大繁荣大发展,实现中华文化与世界文化的交汇并荣。

二、担当交流门户,引进优秀文化对内推介辐射

历史上,广州作为世界经济文化的交汇地,外国人在广州购买来自全国各地的商品,从广州这里认识中国文化;经由广州进口的商品销往全国,更重要的是外来的思想、观念和时尚经由广州向全国传播。广州建设21世纪海上丝绸之路离岸文化中心,有利于进一步加大开放力度,继续充当学习世界优秀文化的门户,积极引进海上丝绸之路沿线国家地区乃至全球的文化产品、文化人才、文化资源和文化要素进入国内相关领域,加强消化吸收再创新,促进国内文化技术、产品、服务质量和档次的提升。广州以离岸文化中心为基础打造国际化合作平台,可以集聚全球高端文化资源要素,形成国际竞争新优势,深度参与国际竞合,为建设枢纽型网络城市的发展战略提供强大支撑。

三、增强传播力度,面向世界展示中华文化魅力

中国的崛起吸引着世界的目光,也引发了世界对中国文化的热情。21世纪海上丝绸之路的建设将进一步提升我国的国际影响力,更进一步增强中华文化的吸引力。广州一直是中华文化对外传播的重要平台,更加要把握好中国文化走出去的最佳历史机遇。广州建设21世纪海上丝绸之路离岸文化中心,有利于提升中心辐射能力和传播能力,在辐射华南、影响东南亚的基础上,向辐射全国、影响亚太迈进,让包括岭南文化在内的全国各地的文化精品都通过广州走向世界。广州要在文化的交流借鉴与合作发展中,利用离岸文化中心创作出更多具有国际影响力、感召力、亲和力的

文化精品，讲好广州故事、中国故事，不断升级传播技术手段，全方位拓展海外传播的平台和渠道，努力传播当代中国价值观念，向世界真实、全面地展示一个有着悠久历史和灿烂文化，同时又充满活力、开放自信的中国。

四、引领融合创新，培育岭南风格世界文化名城

文化总是在交流、碰撞中融合创新，岭南文化以农业文化和海洋文化为源头，在其发展过程中不断吸收和融汇中原文化和西方文化，逐渐形成海纳百川、有容乃大的胸襟和博采众长、兼收并蓄的传统，同时也造就了广州多元文化共生共存的良好形态和融合能力。21世纪海上丝绸之路是中国文化与世界文化融合创新之路，广州与沿线国家地区之间的文化交流与融合将更加频繁。建设21世纪海上丝绸之路离岸文化中心，有利于广州发挥岭南文化兼容并蓄的优秀特质，主动学习高品质的优秀文化产品和资源，一如既往地以开放的心态借鉴和吸收各国文化的精华，将海外优秀文化成果和文化资源与中华文化、岭南文化自身的文化优势相结合，创作出更多独具特色的文化产品。在广州代表国家参与世界的文化交流、传播与合作中，离岸文化中心有助于推动塑造新时代的岭南风格，培育具有独特气质的文化名城，引领中华文化融合创新，走出一条独具特色的文化发展之路，在中国文化创新发展的历史上承担起伟大使命，谱写精彩篇章。

第四章

广州建设离岸文化中心的条件与战略

建设21世纪海上丝绸之路，需要大力推动互联互通，深化与沿线国家的交流合作，搭建更多政治的、经济的、文化的等全方面、多层次、立体化的开放平台。广州作为重要的国家中心城市，具备建设离岸文化中心的良好条件，应把握机遇，厚植基础，以开放促发展，从不同层面构建离岸文化中心，为推进21世纪海上丝绸之路文化交流合作提供创新平台。

第四章 广州建设离岸文化中心的条件与战略

第一节 广州建设离岸文化中心的基础与优势

广州作为历史海上丝绸之路的重要始发港之一,在改革开放的进程中发展成为国家中心城市,文化产业蓬勃发展,在建设21世纪海上丝绸之路的进程中,率先建设离岸文化中心,推动中华文化的世界传播,有着坚实的基础优势。

一、千年商都传统悠久

2000多年以来,广州一直是中国对外贸易的重要港口城市。在秦汉时期,中国船队就从广州出发,远航至东南亚和南亚诸国通商贸易。从古至今,无论国家是处于开放状态还是闭锁状态,广州作为国际知名的东方大港历久不衰,一直是中国对外开放交流的重要窗口和门户。

(一)开放不衰的通商口岸

广州是中国古代对外贸易和文化交流的海上丝绸之路的重要起点,作为中国最早的对外通商口岸,在东西方经济文化交流过程中发挥了重要作用。广州在秦汉时就是繁华都市,与海外有了一定的交往;三国时期,广州与东南亚开展了频繁的贸易和人员往来;南北朝时,广州凭借发达的海运,逐步发展成为东方的国际贸易中心。唐代开辟深水航线,从广州起航经南海、印度洋沿岸到达红海地区,该航线被称为"广州通海夷道",全长14000公里,这是16世纪前世界上最长的远洋航线。至宋元时期,陆上丝绸之路受阻,广州对外贸易的门户地位愈显突出。明清海禁期间,广州是当时中国唯一的对外通商港埠,十三行成为海上丝绸之路繁荣发展的历史巅峰。鸦片战争以后,广州及珠江三角洲地区最早受到西方资本主义的影响，工业文明由此向全国扩展开来。中华人民共和国成立后，第一届中国出口商品交易会于1957年在广州开幕，广州担任新时期中国打破封锁走向世界的重要通道。近30年来，广州继续充当改革开放的前沿阵地，奠定了在全国外贸发展、对外开放的领军地位。在2000多年发展历程中，从公元3世纪的海上丝绸之路主要出发点，及至唐宋时期的中国第一大港、世界著名贸易港口，再到明清时期全国唯一的对外通商口岸，相对其他沿海港口，广州始终承担着国家对外通商的重大使命，与海外的经济、文化交流合作从未间断，广州作为商贸中心的历史源远流长、经久不衰，形成了"千年商都"的美誉。总的来看，从秦汉直到现代，不管国家是处于开放状态还是封闭状态，作为对外港口的广州历久不衰，对外开放交流的历史悠久、传统深厚，为在建设21世纪海上丝绸之路中进一步扩大开放、走向世界奠定了良好基础。

（二）文化贸易的历史经验

海上丝绸之路贸易中的主要商品——瓷器，具有高信息量、高吸引力、高附加值等特征，是古代典型的文化商品。在瓷器的对外贸易中，广州发挥着文化门户的重要作用，沟通内外渠道，把握国外客户的需求，让国内的瓷窑进行定制化的生产，著名的外销瓷就是其中的典型。广州作为对外贸易的最大口岸，汇集了众多外商，一些商行开始直接接受外商的订货，许多瓷器的装饰图案依照外商从欧洲带来的样品由中国画工精心摹绘，"纹章瓷"由此在欧洲盛行起来，并由此产生的巨大需求，也催生了广州出现专门承接欧洲订货业务的门店。洋商可以与广州的商人签订协议，指定瓷器的种类、造型、式样等，商人再将订单发往千里之外的景德镇进行烧制。后来，广州的行商们凭借着信息、渠道上的优势，主导了定制瓷器的生产，他们雇佣工人、培训画工，将景德镇烧制好的白瓷胎运至珠江口，就地进行彩绘和二次加工，生产出符合国际顾客独特需要的商品。在沟通国外需求与国内生产的过程中，还诞生了"广彩"这种极具岭南特色、体现广州文化门户功能的特殊商品。作为广州彩瓷初期产品的珐琅彩具有高贵艳丽的特色，深受西方贵族与富商的喜爱，一些王室贵族甚至派官员专程来广州采购，后来进一步发展为由欧洲商人带来彩瓷的图样由中国制造商按要求制造。"广彩"艺人继承明代彩瓷的传统特色，再吸收西洋画法的技艺，绘上具有岭南地方特色的图案，逐渐形成独特的岭南艺术风格。"广彩"瓷器是从中西贸易的外销瓷中，由艺人适应国外王室贵族的需要，逐步发展起来的一种独特的艺术彩绘瓷。它一方面继承了我国传统彩绘艺术的风格，另一方面又吸收了西洋绘画的艺术精华，称得上中西文化交流的结晶。可以说，广州在沟通内外的文化贸易领域，具有丰富的历史经验，也曾创造出独特风格的文化产品。

（三）改革开放的先行阵地

由于体制改革的需要，中央在改革开放之初就赋予广东多项特殊政策，为广东地区营造了一个有别于全国体制的环境，激发出地方政府发展本地经济的巨大动力。作为广东省省会城市，广州是广东改革开放的中心，以敢为人先的精神，运用中央赋予广东"先行一步"的特殊政策和灵活措施，闯入旧体制、旧观念的禁区，在众多领域创造出无数个第一，第一批个体户、第一批商品房、第一间五星级酒店、第一家超级商场、第一个现代购物中心、引进第一部"好莱坞大片"，等等。改革开放30多年来，广州对外开放，吸引外资，对内实行一系列改革，进一步调整生产关系，实现了从高度集中的计划经济体制到充满活力的社会主义市场经济体制的重大转换。广州借助改革开放释放的巨大活力，成为全国经济实力最强的城市之一。特别在商贸发展方面，广州一方面推行价格改革和流通体制改革，把搞活流通作为经济体制改革的突破口，引入市场竞争机制，建立大市场，发展大贸易，促使商品市场繁荣兴旺，打造了一批商业街、步行街、专业街，发展了一批综合性、专业性批发交易场所；另一方面，运用国家给予的特殊政策和灵活措施，充分发挥毗邻港澳、海外华侨众多的地缘与人缘优势，积极发展外向型经济，积极开拓国内国外两个市场，有效地促进了全市经济社会的发展。改革开放过程中，广州凭借其传承千年、积淀深厚的商业文化底蕴，成功地把区位优势转化为开放优势、产业优势，由"千年商都"向"现代商都"嬗变，商贸发展的基础和优势明显。

（四）开放包容的城市特质

作为中国自古以来重要的世界性贸易城市，长期开放和商业往来的传统塑造了广州开放包容的城市特质。广州是岭南文化的中心地，基于独特的地理环境和历史条件，岭南文化以农业文化和海洋文化为源头，在其发展过程中不断吸取和融汇中原文化和西方文化，逐渐形成兼容并蓄的特点和风格特征。岭南地区在历史上发生过三次大移民，大量来自中原地区和其他地区的移民进入岭南，对岭南的文化以及社会生活的方方面面都产生了重大影响，促进了南北文化的融合。从古到今，特别是明清及至近代，本土文化与外来文化在广州这座城市不断相互撞击、融合，广州也在不断吸取和融汇中原文化和海外文化中发展壮大，逐渐形成开放性、务实性、包容性、多元性等特质，以海纳百川的文化气度，接纳一切的优秀文化，既不盲目崇拜，也不照单全收，而是根据自身的历史和现实进行变通和创新，既保持了岭南传统文化的独特性，也兼具博采众家之长的文化多样性。在推进21世纪海上丝绸之路建设的新历史时期，中华文化与世界文化的交流更加深入，广州所具有的开放包容的城市特质，使得它在未来更有机会把握时代趋势来建设离岸文化中心，吸收世界优秀文化元素，创新发展多元文化，在文化创新、文化交流、文化传播等方面将发挥更加积极的作用，成为中国与世界商品贸易的主要平台，也成为中国思想、中国观念与世界对话的桥梁和纽带。

二、外向经济特色鲜明

改革开放以来，广州抓住对外开放的战略机遇，先后建设了经济技术开发区、高新技术产业开发区、保税区、出口加工区、国家新区和自贸试验区等开放平台,充分利用国内外市场和资源,大力发展外向型经济,吸引境外资金、技术、人才和管理经验等生产要素实现集聚,成为代表国家参与国际分工、合作和竞争的主要力量。

(一) 对外贸易规模效益持续优化

综观广州对外贸易史,广州始终承担中国对外贸易的桥头堡作用,是闻名世界的外贸强市。特别是改革开放以来,广州充分利用邻近港澳的区位优势和政策"红利",对外开放走在全国前列。广州抓住2001年中国加入世界贸易组织(WTO)的重大机遇,对接国际规则、国际惯例,打造起国际化市场规则体系与营商环境,投资和贸易的国际化水平明显提升,对外贸易规模更是不断升级扩大,进出口贸易总额由2001年的230亿美元跨越式发展达到2016年的1293亿美元。尽管近年来,国际贸易整体低迷、增速放缓,中国货物贸易进出口总值亦连续两年有所下降,但广州面对复杂多变的国内外经济环境,在外贸新业态快速发展的拉动下继续保持稳中有进:2016年外贸进出口总额达8541.02亿元,增长2.83%;贸易顺差1776.5亿元;新设外商投资企业1757家,增长23%;实际利用外资57亿美元,增长5.26%(见表4-1);对外投资中方协议投资额52.8亿美元,增长10.7%。① 广州与"一带一路"沿线国家的贸易往来日益密切,广州与"一带一路"沿线国家的进出口总额达2160.9亿元,占全市外贸进出口总值的1/4,第121届"广交会"接待来自"一带一路"沿线国家的采购商超过8万人,占境外采购商总人数的45%。

---

① 广州市社会科学院课题组:《广州城市国际化发展报告2017》,社会科学文献出版社2017年版。

表4-1　2011—2016年广州对外经济贸易变化情况

（单位：亿美元）

年份	进出口		出口		进口		外商直接投资	
	总值	增速（%）	出口值	增速（%）	进口值	增速（%）	实际利用外资金额	增速（%）
2011	1161.68	12.0	564.74	16.7	596.94	7.8	42.70	7.31
2012	1171.67	0.9	589.15	4.3	582.52	-2.4	45.75	7.14
2013	1188.96	1.5	628.07	6.6	560.89	-3.7	48.04	5.01
2014	1305.90	9.8	727.13	15.8	578.77	3.2	51.07	6.31
2015	1338.68	2.5	811.67	11.6	527.01	-8.9	54.16	6.05
2016	1293.09	-3.4	781.77	-3.7	511.32	-3.0	57.01	5.26

来源：《广州统计年鉴2017》。

说明：2016年广州进出口总值以人民币计价为正增长2.83%，由于汇率变动因素，以美元计价则为下跌3.4%，进口与出口值都存在相同情况。

随着近年来转型升级步伐的加快、外贸结构的不断优化完善，广州的传统贸易方式逐步被新兴贸易方式取代，以往在外向型经济体系中长期占有重要地位的加工贸易比重持续下降，一般贸易已在总量和占比上全面超越加工贸易。特别是近几年，以跨境电商、旅游贸易、保税贸易、租赁贸易为主的其他贸易方式进出口迅猛增长。2016年，广州跨境电商公共服务平台功能模块从原有的4个发展到12个，涵盖海关、检验检疫、外汇、税务等21个部门的相关业务，全市跨境电商进出口146.8亿元，增长1.2倍，占全国跨境电商进出口总值的29.4%，规模居全国各试点城市首位；全市旅游购物出口1269.5亿元，增长18.1%；保税物流进出口696.5亿元，增长24.5%。融资租赁发展稳步上扬，全市融资租赁企业从2013年的53家增长到2016年年底的293家，注册资金总额高达800亿元，合同金额超1000亿元。外贸新经济、新产业、新模式的蓬勃发展，为广州对外经贸的发展带来新动能。

（二）外资集聚效应进一步增强

改革开放以来，凭借地缘优势、华侨的人脉优势以及国家赋予的特殊政策，广州不断增强城市对外资的吸引力和容纳力，成为中国实际利用外资最多的城市之一，截至2016年年底，累计投资落户广州的外商投资企业达2.28万家，注册资本高达865.26亿美元。2016年，共有1757家外商投资企业落户广州，同比增长23%，思科智慧城、通用电气（GE）国际生物园、中远海运散货总部、富士康等一批世界500强企业重点项目成功落户（见图4-1）。数量不足全市企业总量2%的外商及港澳台投资企业，贡献了全市规模以上工业总产值及增加值的60%，以及全市规模以上工业高技术产值的75.5%；涉外税收占全市总税收的四成左右。2017年，仅上半年广州就新设外资企业1129家，增长38.9%；合同外资78.8亿美元，增长28.9%；实际使用外资37.1亿美元，增长4.2%。上述指标显示出广州对国际资本的集聚效应明显强化，对外资企业的吸引力逐年提升。

广州连续5年蝉联福布斯中国大陆最佳商业城市榜首，世界500强企业中有288家在广州投资兴业，其中120家把总部或地区总部设在了广州，总投资项目近800个。广州正从"千年商都"迈向国际商贸中心，成为备受全球资本青睐的创业投资热土。

（三）对外经济合作不断深化

广州企业近年"走出去"的步伐明显加快，对外投资总量和区域持续扩大，投资领域进一步拓宽。2016年，全市经备案、核准的对外直接投资项目有263个，较2011年增长1.6倍；中方协议投资额为52.83亿美元，较2011年大幅增长12.2倍，同比增长10.71%；对外直接投资额为22.28亿美元，同比增长58.03%（见表4-2）。

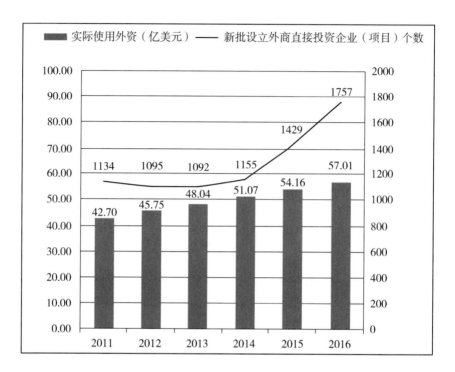

图 4-1　2011—2016 年广州吸引外资情况

表 4-2　2016 年广州对外投资情况

内容	单位	累计	去年同期	同比增长
新增企业（机构）	个	263	252	4.37%
中方协议投资额	亿美元	52.83	47.72	10.71%
对外直接投资额	亿美元	22.28	14.01	58.03%

来源：《广州统计信息手册 2017》。

投资区域不断扩大。截至 2016 年年底，广州企业累计向全球 80 个国家（地区）投资设立了 1208 家非金融类境外企业（机构），中方协议投资额达 171.7 亿美元。在"一带一路"倡议带动下，广州与"一带一路"沿线国家和地区的投资合作持续升温。2016 年，广州企业在沿线国家投资设立企业（机构）新增 31 家，中方协议投资额 8.05 亿美元，广州累计在"一带一路"沿线国家投资设立企业（机构）166 家，中方协议投资额合计 21 亿美元。

投资领域趋于多元化。广州企业对外投资的领域涵盖广泛,以房地产业、批发和零售业、教育、租赁和商务服务业、信息传输、软件和信息技术服务业等第三产业为主体,能源资源开发、设备制造、加工制造、农林牧渔、研发、物流等行业也各有涉入。广州企业 2015 年在海外设立了 8 个电商项目,中方协议投资额达 4440 万美元。同时,广州企业越来越多地在海外设立研发中心,如金发科技、香雪制药、达安基因等 10 多家企业都在海外设立了研发机构。

三、文化产业基础雄厚

广州是文化历史名城,是岭南文化的中心城市,历史赋予了这座城市深厚的文化底蕴。领改革开放风气之先的广州,在改革开放过程中不仅经济社会发展走在全国前列,文化产业发展也走在全国前列。广州市具备发展文化产业的地理区位、文化市场、政策体制、人文资源等条件与优势,随着民众的文化需求总量大幅度增长,文化产业在三大产业中的比重迅速提高,成了广州经济发展过程中不容忽视的支柱性产业。

(一) 文化产业总量规模庞大

广州在全国率先开展文化体制改革,积极推动文化产业发展,经过多年努力,全市文化产业发展态势良好,新业态不断涌现,产业规模继续扩大,形成了较为雄厚的产业基础,文化产业在全国大城市中处于领先地位。"十二五"期间,广州文化产业增加值年均增速达到 12.2%,增长率均高于同期 GDP 增长率。2015 年,全市文化产业实现增加值 913.28 亿元,占全市 GDP 的比重提高到 5.05%,文化产业支柱地位进一步增强(见图 4-2)。① 2015 年,广州文化创意产业从业人数为 34.43 万人,有

---

① 尹涛等:《广州文化创意产业发展报告 2017》,社会科学文献出版社 2017 年版。

羊城创意产业园、长隆国家文化产业示范基地、广州高新区文化与科技融合示范基地、北京路文化核心区等较具规模的文化产业基地和园区、特色街区超过60个。广州聚集了大批文化企业，形成了行业门类齐全的文化产业体系，涵盖新闻出版发行服务、广播电视电影服务等10个大类，工业设计、动漫、电影电视广播和录像等50个中类以及120个小类，新闻出版发行、文化专用设备制造、文化创意和设计服务三大行业优势明显。

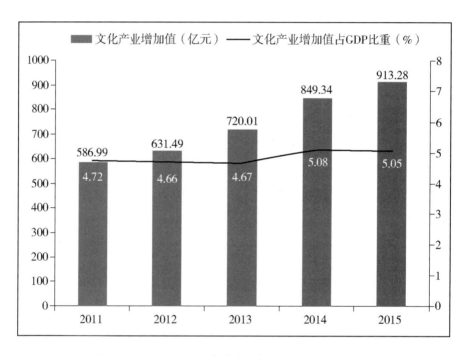

图4-2　2013—2016年全市文化产业增加值变化情况

来源：历年《广州文化创意产业发展报告》。

在文化产业发达的基础上，广州的文化对外贸易也获得长足发展，文化产品进出口均得到稳步增长。2015年，广州文化产品进出口额为136.14亿美元，其中文化产品进口额为66.40亿美元，出口额为69.74亿美元，广州已成为我国文化对外贸易的重要城市之一，具备较强的对外文化输出能力。文化领域也成了吸引外商投资的新增长点，2016年，广州市利用外商直接投资文化、体育和娱乐业的合同外资金额达 28831 万美元，增长了 20.6 倍；实际使用外资金额 4037 万美元，增长了 40.6 倍。

（二）重点骨干企业实力不断增强

通过整合优质资源，广州培育了一批拥有自主知识产权和文化创新能力、核心竞争力强的大型文化企业集团，已经发展成为文化产业的重要力量。广州在国内外主板市场上市发行股票的文化类企业多达 24 家，在国内创业板上市企业 1 家，"新三板"市场上市企业 90 家。其中，广州珠江钢琴集团被誉为"全球最大的钢琴制造商"，累计钢琴产销超过 200 万架，销售辐射全球 100 多个国家和地区，国内市场占有率达 35% 以上，全球市场占有率超过 1/4，持续保持全球钢琴产销规模第一的市场地位。广州的知名新闻出版品牌众多，影响力不断提升。世界品牌实验室发布的 2016 年"中国 500 最具价值品牌"排行榜中，传媒品牌中前 12 位就有 5 个在广州，分别是《广州日报》、广东广播电视台、《南方日报》、《南方都市报》、《南方周末》，其中《广州日报》以 268.36 亿元的品牌价值继续稳居中国报业品牌第 2 名，连续 23 年广告收入位居中国报纸媒体第 1 名。央视市场研究（CTR）的读者调查数据显示，《广州日报》年平均每期读者规模仍高达 577 万人次，稳居全国报纸榜首。广州的一大批重点文化骨干企业成长起来，龙头引领和支撑功能进一步显现，将成为文化产业走出去的主力军。

（三）文化交流平台和品牌立体多元

广州举办了一系列国际性的文化交流活动，许多已经在国内外形成了较有影响力的品牌。中国（广州）国际纪录片节、中国国际漫画节、广州国际艺术博览会、广州国际演艺交易会、广州国际文物博物馆版权交易博览会等多个大型文化活动已发展成为具有国际影响力的文化交流平台，各项活动无论是展会规模、参与国家数量、征集作品数量还是总成交量等都不断创历史新高，成为国际社会认识和了解当代中国、当代广州的最佳载体。与此同时,广州也积极推动文化"走出去"开展国际交流。仅2016年,广州就组织了122个演出团组、1720人次赴海外开展对外文化交流,并启动"广州文化周"和"我们·广州"项目,打造对外文化交流品牌,以此为载体传播广府历史和广州故事,让国际社会民众从文化的角度更深入地认知广州,对广州塑造城市国际形象起到积极的作用。"广州文化周"活动以"许鸿飞雕塑世界巡展"秘鲁站作为开幕首次亮相海外,成为习近平主席访问秘鲁、出席APEC(亚太经济合作组织)峰会期间一个展示中国文化特别是广州元素的重要文化对外交流主题活动。"我们·广州"作为依托国际著名展会开展的城市文化推介活动,于成都第22届世界航线发展大会首次亮相,通过线上线下相结合、极具创意和互动性的活动,集中展示"千年商都"与广府文化精髓,得到70余家境内媒体大篇幅报道,《英国市场观察》《美国STAT贸易时报》等多家境外财经类媒体称赞"广彩"、民乐、粤剧服饰等非遗技艺展现出广府文化之美。

四、国际交往布局全球

广州在经贸、旅游、文化、教育、医疗卫生等领域的对外交流日渐频繁,国际合作需求旺盛,在国际组织核心层中的话语权和决策能力日益增强,参与国际规则制订、参与全球治理与合作的能力逐步提升,城市国际影响力不断扩大。

(一)友城交往广结世界朋友

国际友好城市(简称为"友城")是广州城市对外交往的重要资源和开放合作的重要平台,广州一向重视发展与国际友好城市的交往,友好城市、驻穗领馆等均位居全国城市前列。2016年,广州新增波哥大(哥伦比亚)、热那亚(意大利)2个国际友好合作交流城市以及阿联酋、赞比亚2个驻穗总领事馆。截至2016年年底,广州国际友好城市已达36个,友好合作交流城市 29 个,外国驻穗总领事馆达 55 个,国际交往遍布全球各大洲,逐步建成了规模适中、布局合理的全球友城网络。友城数量众多为广州对外开放开辟了宽广、持续和稳定的合作渠道,推动了对外经贸、文教卫体、人才培训、城市建设、社会管理服务等多领域的交流与合作,促进了城市国际化发展。广州在巩固友城网络的基础上,整合友城优势资源,积极搭建友城合作创新平台。建立了广州—奥克兰—洛杉矶"三城经济联盟",目前已在空海港、影视文化和创新产业等多领域开展实质性合作。2015 年,广州与法国里昂市共同发起了广州—伯明翰—法兰克福—里昂"四城经济联盟"倡议,进一步拓展与欧洲地区城市的合作。在深化友城交往方面,广州取得了一系列进展,加强友城经贸联系与合作,优化境外投资布局,加强友城科技交流,申报多项友城合作科技项目,加强友城教育合作,创新友城与市民接触方式,举办"国际友城市长面对面"活动等,打造了零距离接触国际友城的新平台、开展公共外交和人文交流的新载体,形成了友城交往良好格局。在 2016 中国国际友好城市大会上,广州荣获"国际友好城市交流合作奖"。

(二) 国际组织拓展交往圈层

广州高度重视国际平台在国际交往中的作用,积极与世界城市与地方政府组织(UCLG,简称为"世界城地组织")、世界大都市协会(Metropolis)、世界旅游城市联合会(WTCF)等知名国际组织和跨国机构建立友好关系,保持紧密联系,为广州争取更高曝光度、更大交际圈,在努力服务国家总体外交的同时,在制定和实施相关国际组织规则方面争取更大的话语权与参与权。世界城地组织成立于 2004 年,由地方政府国际联盟(IULA)、联合城镇组织(UTO)和世界大都市协会合并组成,是目前最大的地方政府国际组织,是开展城市外交包括地方政府国际合作最有影响力的舞台,被誉为"地方政府联合国"。在 2007 年、2010 年、2013 年和 2016 年,广州市连续 4 届在世界城地组织大会上当选为联合主席城市。广州还是世界大都市协会的创始会员和联合主席城市,该协会的亚太地区联络办公室也落户于广州。在2015年第七届亚太城市旅游振兴机构（TPO）总会全体大会上，广州以高票再次当选为会长城市，这是广州自2009年9月任第四届会长城市以来第四次当选会长城市。2012年，广州市在UCLG框架下成功创设面向全球城市和地方政府的"广州国际城市创新奖"（简称为"广州奖"），已经成功举办三届评选及颁奖活动，获得全球高度关注和认可，成功展示了广州良好的国际形象。"广州奖"聚焦全球城市创新发展范例，案例库向世界所有的城市开放，成为城市多边交往的重要平台和城市创新发展的智慧源泉。广州还以"大城市会员"身份加入"C40城市气候领导联盟"，进一步拓展广州的多边外交平台。

（三）国际会议集聚高端资源

随着广州近几年在经济、文化、社会等方面高速发展，地区辐射力和全球影响力日益增强，越来越多的国际重量级活动落户广州，尤其是举办了大量国内外各项高端国际会议，广州正在成为重要的国际会议目的地，在世界的显示度和受关注度不断提升，也借此集聚大量高端国际资源。2015—2016年，广州接连举办了近50场高端国际会议，如2016年3月的广州国际投资年会、5月的亚欧互联互通媒体对话会、6月的第五届中国（广州）国际金融交易·博览会、9月的第二届对非投资论坛、11月的世界经济论坛商业圆桌会、12月的第三届广州国际城市创新奖及2016广州国际城市创新大会暨广州国际创新节、中国海外人才交流大会暨第18届中国留学人员广州科技交流会等，平均每月就有两场重大国际会议在广州举行，主题涉及经济贸易、医疗卫生、文化教育等方面。广州还成功争取到2017年《财富》全球论坛、2018年世界航线发展大会、2019年国际港口大会等国际会议举办权，为广州发展融汇国际智慧，也为广州集聚全球高端资源提供重要载体。广州已形成高规格、宽领域、多形式的国际会议格局，通过举办各项高端国际会议，为城市的发展集聚各国政要、人才、资金、技术、信息等高端要素和资源，持续提升广州城市外交活跃度、国际地位和话语权。同时，广州也积极"走出去"参加国内外高端国际会议,提高国际显示度,频繁亮相达沃斯世界经济年会、博鳌亚洲论坛、中国发展高层论坛等重磅国际会议,充分利用国际高端平台,对接全球顶尖资源。尤其在筹备2017《财富》全球论坛期间,广州精心设计展示城市国际形象,全力推进线上线下、国际国内的全方位传播,在全球多个重要城市组织开展《财富》论坛全球路演,向世界展现了广州全方位开放发展的城市形象。

(四)海外机构延伸全球网络

广州以完善机制、用好政策、搭好平台、建好组织为抓手,与国内外组织合作搭建各类交流平台,初步形成了系统的海外工作网络,为广州推动对外交往和经济社会发展创造了良好环境。为加强海外网络建设,广州市"贸促会"利用自身优势条件和资源,在南非、土耳其、俄罗斯等国设立了16个驻外联络处,积极促进广州与联络处所在国家(地区)之间的信息交流、企业互访与商贸合作。广州市旅游局在原6个境外旅游推广中心的基础上,与南方航空公司(简称为"南航")签订战略合作协议,借助其境外办事处资源共同设立广州旅游推广中心,与南航共同运用线上线下联合推广,充分发挥旅游对城市国际交往的带动作用。2017年年初,广州驻美国硅谷、波士顿办事处揭牌成立,将充分发挥"特派使者"桥梁作用,履行"服务、联络和传播"三大职能,主动对接驻在国家和地区的科技部门、机构和企业,促进国外与广州科技创新成果、项目与人才的交流与合作,服务广州国际科技创新枢纽建设。

五、交通枢纽通达便利

重大交通基础设施对广州的城市长远发展以及提升其在世界城市体系中的地位至关重要,同时也是广州巩固提升国家重要的中心城市功能、建设枢纽型网络城市的重要助力与支撑。广州正在深入推进航空机场、码头航道、国铁干线、城际轨道、高速公路等重要交通基础设施建设,逐步实现了对外高速通达、对内便捷互通的大交通网络体系，这对广州建设离岸文化中心、提高资源配置能力、发挥城市文化交流合作枢纽作用奠定了坚实的基础。

（一）国际航空枢纽建设提高资源配置能力

广州是国家三大国际航空枢纽之一，近年来着力推进临空经济区建设，促进航空产业集聚，提高全球资源配置能力，将国际航空枢纽打造成为枢纽型网络城市的重要平台。2016年，广州在国际航空枢纽建设方面取得了以下重要进展：国际航空枢纽的8个重大工程项目先后开展及竣工，其中，第二航站楼主体结构已经基本完成；国家批准广州建设临空经济示范区；东方航空广东分公司和广东龙浩航空有限公司总部落户广州；广州还争取到2018年世界航线发展大会的举办权。

广州白云国际机场是国内三大门户复合型枢纽机场之一，是中南机场群的核心机场，也是国家确立的中南机场群中唯一核心门户枢纽机场。目前，其是南方航空的基地机场，同时，中国国航、深圳航空、东方航空和海南航空均在白云机场实行了基地化运作。2016年，广州白云国际机场旅客吞吐量达5978万人次，同比增长8.3%，稳居国内机场排名第3位（见表4-3）。其中，国际（地区）旅客吞吐量为1358万人次，同比增长19.5%，远高于总体增长率。在全球机场排名中，广州白云国际机场的旅客吞吐量超过了纽约肯尼迪机场、新加坡樟宜机场，位列世界第16位，同时在国际民航组织（ACI）测评中持续位居"世界十佳服务机场"行列。广州出发的通航点遍布五大洲，由于广州优越的地理位置，因此飞往东南亚、南亚、中东、澳大利亚、新西兰等地区的优势非常明显，航班数量和航线密集度也都比较高。所以，从全国各地飞到广州中转飞往境外的游客也越来越多。南航广州枢纽国际航班中转比例已由2009年的25%提升至近50%，形成了以广州为枢纽、飞向全球的"广州之路"。由于广州新开辟了越来越多的国际航线，因此，国际旅客吞吐量快速增长。值得一提的是，根据中国民航总局发布的最新数据，在仅次于中美的第二大远程国际航空运输市场中澳航线上,以广州白云国际机场为基地的南航力压以国内其他航空枢纽为基地的航空公司,客运量遥遥领先,这也助力广州成了中国大陆面向澳大利亚、新西兰、东南亚和南亚的第一大门户枢纽。

表4-3 2016年全国旅客吞吐量前10位机场的排名情况

城市	机场	旅客吞吐量（万人次）	同比增长（％）	2016年度排名	2015年度排名
北京	首都	9439	5.0	1	1
上海	浦东	6600	9.8	2	2
广州	白云	5973	8.2	3	3
成都	双流	4604	9.0	4	4
昆明	长水	4198	11.9	5	7
深圳	宝安	4198	5.7	6	5
上海	虹桥	4046	3.5	7	6
西安	咸阳	3699	12.2	8	8
重庆	江北	3589	10.8	9	9
杭州	萧山	3159	11.4	10	10

数据来源：中国民用航空局。

2016年,广州白云国际机场货邮吞吐量为165.2万吨,同比增长7.4％。货邮吞吐量位居全国第3位（见表4-4）,世界第19位。广州白云国际机场开通了149条航线通达全球五大洲的207个目的地城市。

表4-4 2016年全国货邮吞吐量前10位机场的排名情况

城市	机场	货邮吞吐量（吨）	同比增长（％）	2016排名	2015排名
上海	浦东	3440280	5.0	1	1
北京	首都	1943160	2.8	2	2
广州	白云	1652215	7.4	3	3
深圳	宝安	1125985	11.1	4	4
成都	双流	611591	9.9	5	5

续表4-4

城市	机场	货邮吞吐量（吨）	同比增长（%）	2016排名	2015排名
杭州	萧山	487984	14.8	6	7
郑州	新郑	456709	13.2	7	8
上海	虹桥	428907	-1.1	8	6
昆明	长水	382854	7.7	9	9
重庆	江北	361091	13.3	10	11

数据来源：中国民用航空局。

（二）国际航运枢纽建设提升全球枢纽功能

国际航运枢纽建设有力地提升了广州枢纽型网络城市的功能。2016年，广州推进国际航运枢纽21个工程项目，其中，南沙港三期建成投产，6个10万吨级集装箱泊位完工。据统计，截至2016年年底，南沙港区已建成16个10万～15万吨级集装箱泊位，1个10万吨级、5个5万～7万吨级通用泊位，11个10万～30万吨级修造船舾装泊位以及一批滚装汽车、石油化工等专业化泊位，可以满足世界最大集装箱船靠泊作业要求，年吞吐能力已达1600万个集装箱单位。广州建成内陆无水港及办事处24个，新增8个国际友好港和12条国际班轮航线。截至2016年年底，广州开通集装箱航线168条、外贸航线78条。其中，南沙作业区开通班轮航线100条、外贸航线72条。这些航线助力广州连通100多个国家和地区的400多个港口。同时，港口硬件设施不断完善，与国际航运枢纽相适应的贸易规则体系等软件建设也日益成熟，连通全球的海运网络加速成型。

从运营方面来看，虽然2016年全球经济整体运行放缓，但广州港集装箱吞吐量排名仍较2015年上升1位，2016年货物吞吐量5.44亿吨、集装箱吞吐量1886万标准箱，在全球港口分列第6位和第7位（见表4-5）。中国港口军团整体吞吐量保持微增，在全球港口货物吞吐量排位中仍继续保持领先优势。

表4-5　2016年世界港口货物吞吐量和集装箱吞吐量排名

名次	货物吞吐量前10位港口	所属国家	集装箱吞吐量前10位港口	所属国家
1	宁波-舟山港	中国	上海港	中国
2	上海港	中国	新加坡港	新加坡
3	新加坡港	新加坡	深圳港	中国
4	苏州港	中国	宁波-舟山港	中国
5	天津港	中国	香港港	中国
6	广州港	中国	釜山港	韩国
7	唐山港	中国	广州港	中国
8	青岛港	中国	青岛港	中国
9	黑德兰港	澳大利亚	迪拜港	阿联酋
10	鹿特丹港	荷兰	天津港	中国

数据来源：海事快线网站数据。

（三）陆地交通枢纽建设助力要素内畅外通

国际航运、航空枢纽建设主要是面向国际，提升广州的国际竞争力与全球资源配置能力。加大国家铁路、地铁、城际轨道、高快速路网等交通网络及配套设施建设，则更多的是面向全国，提升城市的连通性，并强化广州作为服务全国、连接世界的国家综合交通枢纽功能。目前，强大的高铁、客专及普铁的综合型铁路枢纽网络助力广州辐射大西南、长江三角洲地区、长江中游、京津冀等重要经济圈带，紧密对接国家"一带一路"、京津冀一体化发展以及长江经济带等重大战略发展机遇。值得一提的是，2016年8月，广州成功加入全国中欧国际货运班列"城市俱乐部"。"粤满欧"列车（广州—满洲里—俄罗斯）从广东国际铁路产业经济区（广州白云区大朗站）出发，经满洲里口岸出境，最终到达俄罗斯卡卢加州沃尔西诺，运输时间比海铁联运至少节省10天，运输成本只比海运高

30%，仅为空运的30%。除此之外，广州首条"穗新欧"货运班列也已经开通。2016年11月，首列"广州—南亚"班列从广东国际铁路产业经济区驶出，途经西藏，直达尼泊尔，标志着珠三角地区与南亚地区的经济合作打开了新通道。跨境货运班列的开通，意味着广州资源整合能力的进一步提升，为全球制造业基地珠三角地区甚至整个华南地区的货源，接入了一条畅通欧洲的"贸易捷径"。国际铁路线的开通运营，实质上弥补了广州国际航空和航运枢纽之外的空白，三者有机衔接，货物能够立体疏散，广州未来将真正成为连接全球的重要网络枢纽。

广州有着千年商都的优秀传统，改革开放以来发展起的特色鲜明的外向型经济和实力强大的文化产业，与世界多个国家和城市发展良好的交往关系，形成畅达的往来沟通渠道，为广州在建设21世纪海上丝绸之路的背景下建设离岸文化中心奠定了良好的基础。广州应该充分继承对外开放历史传统，发扬现实优势，准确把握国内外环境新变化，加快改革创新建设离岸文化中心，促进文化要素的跨国流通、文化资本的有序流动、文化资源的高效配置、国内外市场的深度融合，成为国际文化资源进入中国，以及中国文化产品走向世界的重要基地，为推动中华文化与世界文化的交融与创新做出新的积极贡献。

第二节 广州建设离岸文化中心的不足与挑战

我国文化产业近年来发展迅速，但是总体实力与发达国家相比还有一定差距，国际竞争力相对还比较弱，文化产品和服务出口规模较小，在一些核心文化产品和服务领域还存在贸易逆差。在这样的背景之下，广州文化产业发展尽管取得较明显的成绩，但是与国内先进地区相比，还存在许多不足，建设离岸文化中心推动中华文化走向世界也面临着诸多的挑战。

一、推动文化"走出去"的体制机制有待完善

广州文化体制改革起步较早,也取得了非常明显的成绩。早在2003年,广州就开始实施文化体制改革,2008年出台《关于继续解放思想、深化文化体制改革、推进文化事业和文化产业加快发展的决定》,2009年被授予"全国文化体制改革先进地区"称号。尽管当前文化体制改革已经取得了很大的成效,但是在新的历史时期,面对更加艰巨的历史任务,仍然需要进一步全面深化改革,进一步破除促进文化产业"走出去"的体制机制障碍。现行文化产业发展政策往往是由宣传、文化、广电部门会同财政、经贸、科技、旅游等部门依据职权分别制定的,对各自分管的文化产业领域的发展确实起到了一定的推动作用,但是相关政策之间的融合性与关联性不强,没能实现有效整合,降低了文化产业政策的系统性和执行力。在推动文化产业"走出去"领域,广州还缺少整体全面的工作规划和战略,未能深入地融入地方改革开放的总体布局,与推动文化产业发展、带动经济结构转型升级结合不够。在一些具体政策上还存在着障碍,如文艺院团赴境外演出审批环节多、程序复杂。对文化产品和服务出口单位的外汇和版税优惠、资金补助、税收减免、出口奖励等政策力度还不够大,各种支持文化产业走出去的辅助性服务和平台还比较缺乏,关于文化对外贸易的数据和信息也相对不足。与国家提出的文化体制改革、推动文化贸易和文化走出去的总体要求相比,以及与兄弟城市积极出台贯彻政策相比,广州发展文化产业推动文化"走出去"中还存在一些不足,有待进一步加强改革,出台更加积极的推动政策。

二、参与国际竞争的企业实力有待提升

要充分发挥企业主体在文化"走出去"过程中的积极作用,就必须要建设一批有较强国际竞争实力的重点文化企业。总的来看,广州重点文

化企业数量相对较少,具有较大影响力、能参与国际竞争的企业数量更少,实力还有待提升。

一是重点文化龙头企业较少。文化市场活动的主体是文化企业,如果缺乏有实力的文化龙头企业,就不可能充分地利用好各种文化资源,形成强大的融合引领能力,更难以承担"走出去"的任务。尽管广州文化产业已初具规模,但是真正具有实力的文化龙头企业较少。以中国沪深股市的上市公司为例,在中国证监会对上市公司的分类中,在文化、体育和娱乐业(门类号R)下,文化业有新闻和出版业(大类号85),广播、电视、电影和影视录音制作业(大类号86),文化艺术业(大类号87)等大类。根据2016年第4季度的分类结果,三个大类共有上市公司45家(见表4-6),除了南方传媒,都不是广州的企业。广州本地的几家文化类上市公司,粤传媒和省广股份在分类中属于第72大类"商务服务业",珠江钢琴和奥飞娱乐属于第24大类"文教、工美、体育和娱乐用品制造业"。按照证监会行业分类标准,当上市公司某类业务的营业收入比重大于或等于50%时,则将其划入该业务相对应的行业;当上市公司没有一类业务的营业收入比重大于或等于50%,但某类业务的收入和利润均在所有业务中最高,而且均占到公司总收入和总利润的30%以上(包含本数)时,则该公司归属该业务对应的行业类别。证监会分类结果显示,粤传媒、奥飞娱乐等文化类广州地区上市企业的主营业务收入可能相对多元,而导致文化服务收入并不占主导地位,从这个角度上看,广州还缺少严格意义上的文化行业上市公司。广州还有另外一些文化企业,以中小型民营企业为主,赢利能力、收益稳定性均不足,财务指标难以符合交易所上市条件,因此,在文化产业领域的重点龙头企业相对较少,没有能够形成具有较强竞争实力的企业集团。

表4-6 2016年文化、体育和娱乐业A股上市公司

85 新闻和出版业	000504 000793 600229 600633 600880 601811 601999	*ST生物 华闻传媒 城市传媒 浙报传媒 博瑞传播 新华文轩 出版传媒	000607 300148 600373 600757 601098 601900 603999	华媒控股 天舟文化 中文传媒 长江传媒 中南传媒 南方传媒 读者传媒	000719 300364 600551 600825 601801 601928	大地传媒 中文在线 时代出版 新华传媒 皖新传媒 凤凰传媒
86 广播、电视、电影 和影视录音制作业	000156 000892 002502 300133 300336 600088 600977	华数传媒 星美联合 骅威文化 华策影视 新文化 中视传媒 中国电影	000665 002071 002739 300251 300426 600136 601595	湖北广电 长城影视 万达院线 光线传媒 唐德影视 当代明诚 上海电影	000802 002343 300027 300291 300528 600715	北京文化 慈文传媒 华谊兄弟 华录百纳 幸福蓝海 文投控股
87 文化艺术业	000673 300144	当代东方 宋城演艺	000681 600576	视觉中国 万家文化	002699	美盛文化

数据来源：中国证监会《2016年4季度上市公司行业分类结果》。

二是文化企业的辐射能力不够强。广州文化产业在全国的影响力和知名度相对较弱，近年来也缺少有影响力的优秀作品。在城市之间的竞争中，其他城市的一些文化机构，例如湖南卫视、浙江卫视等地方电视台，近年来凭借一些优秀的节目、精彩的电视剧内容等红遍大江南北，在全国的影响力迅速提升。在全国电视台的收视排名中，中央电视台系列占据了半壁江山，还有很多地方卫视展开激烈的竞争，广州地区电视台在排名上并不占优，位于广州的广东卫视在省级卫视排名中仅列第14位。如果说从制作数量上还有南方电视台勉强可以挤入前10名的话，从影响力来看，广州甚至包括整个广东地区在"2014—2015电视剧制作公司影响力排名"（见表4-7）中没有一家能够进入前30名。在全国的电视剧制作领域，曾经引领一时风潮的"粤派"已经相对衰落了。

表4-7　2014—2015电视剧制作公司影响力排名

排名	制作公司	排名	制作公司
1	新丽影视	16	安徽广播电视台
2	浙江华策	17	DMG娱乐
3	上海剧酷	18	上海新文化
4	北京唐德	19	华视影视
5	慈文影视	20	大唐辉煌
6	欢瑞世纪	21	泓霆影业
7	上海辛迪加	22	上海唐人
8	上海耀客	23	山东影视传媒
9	山东卫视传媒	24	东阳欢娱
10	本山传媒	25	浙江金溪影视
11	梦幻星生园	26	南京军区电视剧艺术中心
12	北京华录百纳	27	上海华萍
13	海润影视	28	尚世影业
14	北京世纪伙伴	29	四川星空影视
15	东阳长城	30	北京鑫宝源

三是企业参与国际竞合程度不深。要在全球范围内充分地利用文化资源，形成国际竞争力，必须培育一批有能力进行跨国文化生产和经营、参与国际竞争合作的大型文化公司。目前，广州文化产业仍然存在着企业业务单一、抗风险能力弱、行业集中度低等突出问题，文化企事业单位总体实力还不够强。企业的自主创新能力不够，尚未形成比较完整的能够适应国际市场的整体策划创新能力、市场拓展能力，具有国际影响力、体现广州原创能力的产品还不够丰富，缺乏可以将丰富文化资源变为畅销文化产品、品牌和名牌的创意者、生产者和资源整合者，出口经营的积极性不高。特别是与北京、上海、深圳等先进城市相比（见表4-8），从文化出口重点企业来衡量，广州具有国际竞争力的文化企业数量较少，实力也相对较弱。

表4-8 主要城市国家文化出口重点企业数量

城市	2011—2012年	2013—2014年	2015—2016年
北京	72	60	70
上海	39	35	33
深圳	23	20	17
广州	16	13	11
宁波	12	9	9
天津	7	9	9

总的来看，由于在文化产业领域缺少龙头企业，具有较强影响力、体现广州原创能力的文化内容产品生产不足，导致文化产业对周边关联产业的辐射带动效应不强，走向国际市场开展竞争还面临较大挑战，在推动文化国际交流合作方面的动能相对不足。

三、适应国际市场的内容产品相对较少

文化产业参与国际市场竞争的核心在于内容，目前广州文化产品内容生产存在着"偏硬、缺软，偏旧、缺新，偏仿、缺创"的问题，满足国际市场需求的内容产品相对较少。

一是文化内容生产相对不足。尽管广州的文化产业发展态势良好，产业增加值也占到GDP一定的比例。但是，文化产业的产值主要是文化类商品的制造，而核心文化内容的生产还不够丰富。以电视剧这种最为大众化的文化产品为例，在20世纪80、90年代，广州作为改革开放的前沿阵地，在电视剧领域也创新争先，推出了《公关小姐》《外来妹》《情满珠江》《英雄无悔》《和平年代》等一大批脍炙人口的经典名作，不仅轰动全国，也在电视圈内形成京、沪、粤三足鼎立之势，粤派电视剧辉煌一时。但是，后来由于各种原因，人才流失，也缺少新的资本投入，粤派电视剧从辉煌走向衰落，在新的竞争格局中逐渐被甩下。近年来，随着网络

的普及、视频网站的推广，电视剧在原有的电视频道之外获得了全天候的播放能力，成为最具影响力的文化内容产品。大量热播电视剧在全国形成强大的影响，甚至走出国门受到国外观众的追捧，同时也带动了周边产业的发展。但是，仔细看来，近年来热播的电视剧中却看不到广州的身影，在北京、上海这些传统电视剧制作中心之外，江苏、浙江、湖南等地的制作机构迅速崛起，推出了很多影响广泛的作品。从2016年的制作数量来看，广东电视台旗下的广东广视传媒有限公司勉强挤入前五（见表4-9），但获得的三次发行许可其实是同一部电视剧——《外来媳妇本地郎》，尽管该剧是播出时间最久、播出集数最多的电视剧，但尚局限于广东地区，广州并没有出现真正很有全国影响力、引发收视热潮的现象级作品。

表4-9 2016年度全国国产电视剧获得发行许可数量分布

排名	制作机构	获得发行许可		
		部数	集数	集数占比（%）
1	深圳广播电影电视集团	6	220	1.48
2	浙江华策影视股份有限公司	4	177	1.19
3	山东影视制作有限公司	4	139	0.93
4	芒果影视文化（湖南）有限公司	4	113	0.76
5	广东广视传媒有限公司	3	1061	7.12
6	温州正栩影视制作有限公司	3	167	1.12
7	上海克顿影视有限责任公司	3	166	1.11
8	重庆笛女阿瑞斯影视传媒股份有限公司	3	161	1.08
9	上海耀客传媒股份有限公司	3	157	1.05
10	黑龙江广播影视传媒集团有限公司	3	148	0.99
	全国	334	14912	100

二是适应国际需要的文化产品更少。目前，我国文化出口内容大部分是工艺美术品、文教娱乐和体育设备及器材等，属于文化贸易中的"硬

件",文化"软件"即服务类项目的出口还是一个薄弱环节,核心文化产品比率较低,且以图书贸易为主,其他文化内容和服务相对较少。在内容风格上,多局限于传统文化范畴,以戏曲、民乐及杂技等的表演和文物、传统书画及手工艺品等为主,大部分都是传统积累下来的创意,展现当代文化风采的现代文化精品比较少,缺少既有中国文化元素和岭南风格,又兼具现代表现形式、时尚感强的经典作品。同时,还存在原创不足、科技含量低、缺少文化内涵和创意等问题,导致文化产品附加值低。有很多文化产品处于贴牌生产的尴尬境地,例如,虽然不少动漫企业承接了国外业务,但很多只负责产品的加工环节,核心创意策划和渠道都由海外公司操控,无法实现从代工式的"制造"向拥有自主知识产权的"创造"转变。与其他先进城市相比,广州能够推向世界的文化产品内容相对缺乏,专门研究针对国际市场的内容不多、开发不够,与其他先进城市相比,文化出口重点项目相对较少(见表4–10)。尤其是在充分发掘自身优势资源打造重点文化出口项目方面做得还很不充分,例如,在著名的传统工艺品开发上,由佛山开发执行的实用广绣出口项目(佛山市顺德区富德工艺品有限公司)获得了国家文化出口重点项目的支持,而广州的广绣企业榜上无名;广州传媒产业发达,又是著名的侨乡,但是,在对海外华侨华人的传播宣传上却缺少有力的内容项目,反而《山东侨报》境外发行及外文版发行被列入了国家文化出口重点项目。这需要广州的文化企业奋起直追,加快形成能够参与国际竞争的优势项目。

表4–10 主要城市文化出口重点项目数量

(单位:个)

城市	2011—2012年	2013—2014年	2015—2016年
北京	36	37	37
上海	8	12	15
天津	1	3	6
广州	1	3	2
深圳	5	2	1

四、具有国际影响的平台渠道相对不足

由于目前我国文化企业的实力普遍相对较弱,独立"走出去"的难度较大,因此,重大平台和渠道的建设对支撑文化"走出去"的意义重大。但是,与国内其他地区积极开拓渠道打造平台相比,广州在推动文化"走出去"的重大平台方面相对不足。

一是缺少具有影响力的对外交流合作高端平台。随着我国全方位开放格局的形成,尤其是21世纪以来,全国各地积极主动融入国家的"一带一路"建设,结合本地的区位优势在对外开放中各辟蹊径,提升了本地的对外影响力,沿海地区的对外开放地理优势正在逐渐弱化。内陆地区城市想方设法打造对外开放的平台,逐渐崛起成为对外开放的新高地(见表4-11)。如成都自2000年开始举办西部国际博览会,如今"西博会"已发展成为西部地区对外开放的最大窗口和最佳平台。2004年,由中国和东盟10国共同推动的"中国—东盟博览会"在南宁举办,广西一跃成为对东盟开放的前沿枢纽。云南立足于与东南亚、南亚国家的地缘和亲缘优势,自2007年起着力打造区域合作交流平台——"南亚国家商品展",2013年升格为"中国—南亚博览会",面向南亚、东南亚的辐射中心效益初显。2005年,东北亚投资贸易博览会在长春隆重推出,现更名为"东北亚博览会",长春借此构建中国与东北亚国家交流合作、竞争开放的长期合作平台。宁夏利用其回族自治区伊斯兰文化鲜明的特点,建立起与阿拉伯世界的联系,以"中阿博览会"打造中国向西开放的一个重要平台。

这些博览会配合国家战略,重点布局地缘上有优势的国家和地区开展国际合作,影响力不断扩大,对提升举办城市的国际影响力产生了积极的影响,极大地促进了举办地的对外交往水平。各城市以国际博览会为平台,在内容上经贸合作与文化交流并重,开展了多种形式的交往活动,获得了更多的对外交往与合作的机会,特别是针对特定区域形成了相对明显的交往优势,与传统对外交往的中心城市形成了竞争。相对而言,广州实

表4-11 各地开展区域交流与合作的国际博览会情况

展会名称	举办地	主办单位	承办单位
中国—东盟博览会	南宁	商务部与东盟各国商务部门	广西壮族自治区人民政府
亚欧博览会	乌鲁木齐	新疆维吾尔自治区政府、新疆生产建设兵团及商务部等20多个国家有关部委办局	乌鲁木齐市人民政府
中阿博览会	银川	商务部、中国国际贸易促进委员会、宁夏回族自治区人民政府	宁夏回族自治区人民政府
中国西部博览会	成都	国家发展改革委员会、商务部等15个部委和重庆、四川等西部12个省（自治区、直辖市）人民政府及新疆生产建设兵团	四川省人民政府
东北亚博览会	长春	商务部、国家发展改革委员会和吉林省人民政府	吉林省人民政府
丝绸之路博览会	西安	国家发展改革委员会、商务部、中国国际贸易促进委员会、中国上海合作组织睦邻友好合作委员会	中国国际贸易促进委员会、陕西省人民政府
中国—南亚博览会	昆明	商务部，重庆、四川、云南、贵州、广西、西藏、成都六省（自治区、直辖市）人民政府	云南省人民政府

际上缺乏具有独特优势的对外开放交流综合性平台，曾经凭借沿海、毗邻港澳所形成的传统开放优势逐渐弱化，在全国对外开放的新格局中受到的挑战日益明显。

二是文化产业走向国际缺乏有效传播推广渠道。目前，深圳、北京、上海、杭州四地的文化产业博览会，已是我国文化产业领域最有影响的国际展示和交易平台，甚至义乌文博会都是由文化部、浙江省政府主办。而广州作为著名的会展之都，缺乏文化产业类的大型会展贸易平台。广州于2011年举办了首届文化创意博览会，后来因为其层次低、展位少、影响力弱而没有继续举办，其网站也停止更新。尽管广州也有"演交会"、

"艺博会"、动漫节等专门性的平台，广州市文化行政主管部门也着力整合全市重要文化会展资源以打响"广州文化产业交易季"品牌，但是目前影响力都还比较小，特别是吸引国际市场的能力还比较弱，不能起到充分支撑文化产业"走出去"的作用。目前，境外文化市场的信息很难掌握，国内文化企业自身的国际文化市场营销运作经验相对不足，开辟海外市场的能力明显不足，如果缺少对外文化贸易的专业渠道和平台，缺少了解海外文化市场并有能力开拓海外演出、展览市场的策划、营销等专业机构，则会严重影响文化产业"走出去"的实际效果。

加强对外文化交流与合作，推动文化"走出去"，是一件具有挑战性的任务。广州既要把握自身的优势，也要清楚认识存在的不足，学习借鉴先进地区的经验，科学分析主客观条件，客观规划建设离岸文化中心的目标定位，合理制定发展战略，并逐步推动落实，为切实推进 21 世纪海上丝绸之路建设做出积极贡献。

第三节　广州建设离岸文化中心的目标与战略路径

推进对外文化交流合作是广州适应和引领文化新常态、融入 21 世纪海上丝绸之路建设、推动文化产业创新发展和转型升级的重大战略选择。广州要凭借深厚的现实基础和独特优势，努力建设具有中国气派、岭南风格、广州特色的离岸文化中心，承担起 21 世纪海上丝绸之路对外文化交流与合作的新历史使命。

一、广州建设离岸文化中心的总体定位

在古代海上丝绸之路的历史上，广州一直是对外开放的重要中心城市，尤其是在文化商品贸易以及精神特质上，广州都是当仁不让的文化门

户。"一带一路"倡议的提出，必将掀起加速对外开放、推动中华文化走向世界的高潮。广州作为国家中心城市，文化产业的总规模和发展速度都位居全国前列，应该把握历史机遇，以加快文化体制改革为动力，发挥历史传统优势，结合产业结构转型升级的趋势，进一步延伸文化产业价值链条，在文化交流、文化生产、文化贸易、文化服务等领域，发挥联络中外、互通有无的作用，形成独特优势，成为我国离岸文化生产的重要中心城市，吸收国际资源和打开国际市场的门户，助推中国文化产业走向世界，提升中国文化在世界的影响力。

（一）分定位一：发挥商贸优势，打造文化商品和要素的国际贸易中心

广州有着千年商都的美誉，作为对外商港的广州千年不衰，商贸业也一直是广州的支柱产业。文化商品和文化生产要素在全球范围内流动是当今国际文化产业发展的趋势，抽象的文化商品和要素比普通实物商品在交易中需要更多高级和复杂的知识。广州应充分发挥千年商都积淀的基础，将传统商品贸易中的优势延伸到文化产业领域，在对外文化贸易中积极抢占有利地位，打造对外文化贸易中心，让全国各地丰富多彩的文化商品通过广州走向海上丝绸之路沿线各国乃至全世界。同时，在文化商品交易的基础上向文化生产要素拓展，大力发展专业的文化贸易中介机构，创新交易方式，拓展图书影视内容版权、创意设计理念、形象与造型乃至文化产权股权等交易对象，打造中外文化要素的交易中心，在文化生产要素的国际化配置中发挥更加积极的作用。

（二）分定位二：沟通内外渠道，打造外向型文化精品策划创作中心

广州目前在传统的主要文化生产领域如广播影视、舞台表演等并不具有优势。但是，广州可以充分发挥门户作用，沟通国外国内的渠道，充分了解国际市场需求，根据国际需求在国内策划、定制相关的文化商品和服

务。在传统海上丝绸之路的重要商品外销瓷的生产中,广州就曾经扮演这样的角色。在当代文化产品和服务的产业链条不断扩展,并向国际化延伸的趋势下,要实现有效的对接还需要中介的积极作用。因此,广州应当充分发挥门户作用,打造外向型文化精品的策划创作中心,积极把握文化产业价值链条的前端,充分掌握国际市场动态,引导国内的相关资源,从而将国外的文化需求和国内的文化生产连接起来,策划创作更多适应国际文化需求的文化精品。

（三）分定位三：增强辐射能力,打造文化服务离岸外包中心

文化服务能力是文化产业的重要内容,在国际分工合作日益紧密的背景下,文化服务外包的趋势也日益明显。一些日本和欧美动漫企业在完成创意和设定后,将动画制作服务外包给中国的动漫企业。广州应当利用建设自贸区的机遇,大力承接国际（离岸）服务外包业务,特别是抓住新兴动漫、网络游戏、虚拟现实、特技制作等技术含量相对较高、服务增加值明显的环节作为外包的重点发展方向。一方面,承接发达国家文化服务的转移；另一方面,积极拓展相对优势,针对发展中国家提供相对技术含量较高而价格更具优势的文化服务。在此基础上,不断提升服务辐射能力,扩大服务半径,扩大文化服务外包在服务贸易中的比例,形成新型的文化服务离岸外包中心。

二、广州建设离岸文化中心的目标层次

文化的辐射范围有远近不同的圈层,建设离岸文化中心也可以有不同层次。广州应不断提升文化生产和贸易的能力,从区域文化层面借鉴各地文化精华,从华侨华人层面打造中国大陆与全球华人文化连接的枢纽,从跨文化层面充分利用不同国家文化资源生产跨文化精品,更进一步发展成为不同国家文化商品的交流和交易中心。

(一) 地域文化层面的离岸文化中心

广州打造离岸文化中心,首先要充分吸收和利用全国各地优秀的文化资源。广州是全国的广州,作为沟通中外的窗口,善于吸纳各地的商品进行加工输送海外。广州要充分发挥门户作用,沟通国外国内的渠道,充分了解国际市场需求,根据国际需求在国内策划、定制相关的文化商品和服务。目前,国内一些内陆和边远地区,尽管文化资源非常丰富,但是,在生产方式、传播手段、贸易平台、专业人才等方面还有很大的局限,"走出去"的能力还有很大不足。广州建设离岸文化中心,首要立足本土拓展腹地,大力发展专业的文化贸易中介机构,创新交易方式,拓展图书影视内容版权、创意设计理念、形象与造型以及文化产权股权等交易对象,让全国各地丰富多彩的文化商品和要素,通过广州走向海上丝绸之路沿线各国乃至全世界。在此基础上,增强文化生产和辐射及带动能力,积极把握国际市场需求,发挥策划创作引导作用,开发和利用全国各地的文化资源,从而将国际市场的文化需求和国内的文化资源对接匹配,策划创作更多能够打入国际市场的文化产品,让各个地域更多优秀的文化成果都能通过广州走向世界各地。

(二) 华侨华人文化层面的离岸文化中心

华侨华人遍布全世界,尤其是海上丝绸之路沿线国家华侨华人众多,他们具备海内海外两种视角,连接起海内海外两种文化,其文化需求也具有双重特性。针对华侨华人的文化交流与合作,既是实现人文合作的便利渠道,也是凝聚华侨华人的有力支撑。广州是国内大城市中华侨特色最浓郁的,又是传统侨乡中辐射能力最大的,在建设21世纪海上丝绸之路中要注重发挥特色,打造离岸文化中心,充分利用华侨华人文化资源,进而策划开发针对各地华侨华人需求的文化精品,积极举办全球性华侨华人文化奖项与活动,不断提升文化奖项与活动的权威性和影响力,引导华侨华人学习传承中华文化,参加广州举办的文化活动,并积极引介世界各地华文文化精品回流，成为华侨华人与中国连接的纽带。广州要充分发挥媒体产业发达的优势，加强与全球华文媒体的合作，打造面向"海丝"沿线国家华人为主要对象的华文媒体，以此为基础不断提升在全球华人中的影响力。

（三）跨文化生产层面的离岸文化中心

广州打造离岸文化中心，还要以开放的胸怀，凭借雄厚的文化产业基础，充分吸收利用世界各国尤其是周边国家的文化资源，以国际性的视野开发跨国性的文化商品。输出文化产品和文化服务要充分考虑跨文化交流中的障碍因素以及当地人文因素和特质，针对特定的海外目标市场进行定制或改造。要注重相关产业链的培育和打造，积极发挥代理公司和中介机构的作用，加强文化产品和服务的定制改型和专项加工。可以发挥加工贸易的优势，打造文化产业的"加工贸易"基地，招徕国外剧组、文化企业等来穗从事文化产品的后期制作等文化生产活动；积极吸引国外文化企业将中间生产环节转移到国内，发展市场在外的接单生产业务。在此基础上，提升策划创作能力，主动调研了解国际文化市场需求，发掘世界各地优秀文化资源和题材，开发设计具有原创性的文化产品打入国际市场。

（四）跨文化交流层面的离岸文化中心

文化商品和文化生产要素在全球范围内流动是当今国际文化产业发展的趋势，抽象的文化商品和要素比普通实物商品在交易中需要更多高级和复杂的知识。广州应充分利用商贸发达的优势，搭建世界文化商品贸易的平台，让更多国际文化商品以广州为平台进行交易、交流。很多国家的语言使用人群相对较少，不同小语种之间直接的交流可能存在很多瓶颈，如翻译人才的缺乏，跨文化商品之间直接交易的规模也较小。广州作为跨文化交流的离岸中心，要发挥中介功能，使用中文作为翻译的桥梁，并统一授权进行知识产权交易。广州要不断提升在世界城市体系中的辐射能力和对全球文化资源的配置能力，在文化生产要素的国际化配置中发挥更加积极的作用，以优质的服务吸引各国文化要素以广州为基地进行交流和配置，为推动国际文化交流与合作做出积极贡献。

建设离岸文化中心要立足实际，在传统对外文化贸易的基础上，加入离岸文化生产的特点，逐步提升交易集聚和辐射范围以及规模，在更高的层面上推进对外文化交流与合作的发展。

三、广州建设离岸文化中心的原则方向

广州建设离岸文化中心，应在建设21世纪海上丝绸之路的整体战略指导下，充分发挥现有基础优势，并把握以下原则方向，争取在相关领域实现突破，重新构建新一轮发展的领先优势。

（一）继承传统开拓创新

广州在海上丝绸之路历史上有着重要的地位，是中国古代对外贸易和文化交流的海上丝绸之路的重要起点，在东西方经济文化交流过程中发挥了重要作用。一直以来，广州作为对外港口历久不衰，在对外开放交流的悠久历史中积淀下深厚传统。传统必须继承，未来更要创造。在全球化的推动下，国际竞争日趋激烈，在中国提出的"一带一路"倡议之外，还有很多国际经济合作的协议。推进21世纪海上丝绸之路建设面临的外部环境，无论是对外经济贸易与合作、对外文化交流还是海外华侨华人等领域都发生了很多新变化，呈现出大量的新趋势。因此，广州建设离岸文化中心，要对全方位开放格局中百舸争流、千帆竞渡的场面有所预见，充分把握全球文化产业发展的新形势、新变化、新特点，不能简单复制过去的成功经验，而要适应形势变化，结合广州自身的优势和特点，积极探索一条离岸文化中心应对国际竞争之路。

（二）把握优势重点突破

"一带一路"建设的内容非常丰富，就广州的地缘优势而言，主要方

向是面向海上丝绸之路。在 21 世纪海上丝绸之路建设中，沿海城市争当门户或者枢纽，但在具体工作中总会有分工，发展成为聚焦于特定的产业、商品和服务的门户。关键是每个城市各有什么优势领域，辐射范围有多广，如果是擅长的领域，即使远隔重洋也能门庭若市；如果是不擅长的领域，就算近在咫尺也只能门可罗雀。广州作为国家中心城市，在建设 21 世纪海上丝绸之路中是当之无愧的重要门户，但是同样要立足自身的特色，选择重点领域，不断巩固优势。广州建设离岸文化中心，具有得天独厚的区位优势，历史传承和岭南文化资源底蕴十足，更有优厚的华侨华人资源、开放的政策等优势，既有现实的优势，更有巨大的潜力。广州应立足于区域文化资源、文化产业优势以及文化交流合作新枢纽的功能定位，发挥比较优势，开展离岸文化生产，明确重点领域，把文化资源优势转变为产业优势，真正形成较强的国际竞争力。

（三）立足本土拓展腹地

广州一直以来是对外开放的窗口，广州不仅仅是岭南的广州，更是全国的广州。历史上经广州出口的商品来自全国各地，经由广州进口的商品也销往全国。国内一些内陆和边远地区，尽管文化资源非常丰富，但在传播手段、流动方式、贸易平台、专业人才等方面还有很大的局限，使得"走出去"的能力还有很大不足。在 21 世纪海上丝绸之路的背景下，广州建设离岸文化中心不应局限于服务本地文化产业，推动本土文化企业和产品走出去，更要助推全国各地的文化企业和产品走出去。在全球经济形势复杂多变的环境下，文化企业和产品"走出去"面临着更多的困难和风险，发展绝不是一件孤立的事，一个城市文化产业发展再快、再完善，链条再长，也不可能完全满足海外市场的所有需求。广州离岸文化中心正是要突破地域限制，提升辐射和带动能力，积极拓展腹地，让全国各地的文化企业和产品通过广州能够更容易地"走出去"，实现产业链一体化"集群式"走向世界。

(四) 内外兼顾出入平衡

文化产业走出去并不是简单地把文化产品和服务卖出去,让文化企业到国外去投资。中国在对外开放的进程中,更加注重"走出去"与"引进来"的平衡。正如著名的"广交会"自 2007 年 4 月第 101 届起由原来的"中国出口商品交易会"改名为"中国进出口商品交易会",由单一出口平台变为进出口双向交易平台。文化的交流更应该是双向的,只有学习、吸收和借鉴世界各地更多优秀的文化资源,才能创作出更加精彩的文化作品,才能生产出更多符合其他国家和地区人民实际需要的文化产品。因此,广州建设离岸文化中心,要兼顾"走出去"和"引进来"之间的平衡,在保持文化产品和服务出口持续稳定增长的同时,同样重视发挥进口对文化多元化发展和文化产业结构优化调整的重要作用,形成内外需求协调发展的体制机制,实现在交流中创新,在融合中创新。

(五) 文化为基带动全面

推动文化产业"走出去",其意义和目的并不是单纯的文化输出和加快文化产业发展,而是充分发挥文化产业的优势,带动产业结构升级。因此,广州要充分发挥文化产业上下游价值链长、辐射面广、带动力强的特点,以离岸文化中心为杠杆,撬动文化产业的转型升级,与科技、金融、商贸、旅游、创业创新等行业领域对接互动、融合发展,催生新兴业态,同时发挥广州中心城市的辐射作用,进而带动周边珠三角地区相关产业集群。在此基础上,促进文化产业与城市发展的联动,促进文化软实力与城市实力的融合,推动广州巩固国家中心城市地位,进一步提升在全国乃至国际的影响力。

(六) 打造平台形成机制

"一带一路"建设是一个长期的过程,在传统工作模式中,很多地方都善于围绕重大主题组织策划各项丰富活动。广州要眼光长远,考虑在各项活动的基础上如何打造能够常态化运作的平台，提出相应的保障措施，形成长期有效的机制。当前，整合各文化会展资源，打造"广州文化产业交易季"品牌，实行统一组织、统一开幕、统一对外形象、统一宣传推介，分时段、分专题组织交易展区，形成持续5个月之久的文化产业交易季，即是打造常态化平台的一项重大实践。广州建设离岸文化中心，除了交流合作平台的常态化机制，还需要在政策促进、财政投入、人才培育、信息互通、创新管理、多边合作等多个方面建立长效机制，为深入广泛推进对外文化交流合作提供持久的支持。

　　明确发展目标和战略路径之后，广州还需要瞄准重点地区，选择重点产业，凭借重点平台，开展一系列细致的工作，加快发展离岸文化生产业务，切实推动离岸文化中心的建设。

第五章

广州离岸文化中心与东南亚文化产业合作

全球化背景下，不同国家和地区的文化产业之间积极开展了多种模式的合作，程度不断提升，生产出大量具有跨国吸引力的文化产品。东南亚地区是建设21世纪海上丝绸之路的重点地区，在经贸合作、文化交流等方面具备良好的基础。广州可以针对性地加强与东南亚的区域文化产业合作，选择重点领域，不断创新合作模式，切实推进建设离岸文化中心。

第五章 广州离岸文化中心与东南亚文化产业合作

第一节 全球化推动下的国际文化产业合作与离岸文化中心

在全球化的推动下,国际经济合作在农业、制造、建设、科技等领域已经有很多成功的经验与成熟的模式。文化差异使得文化商品的跨国传播比普通商品的跨国贸易受到更多的限制,同样地,由于不同文化差异的障碍影响,文化产业的国际合作难度相对更大。全球化背景下跨文化消费的需求不断增加,文化商品的国际贸易也在迅速增长,为文化产业国际合作提供了强大的动力。不同国家之间经济往来更加密切,交流与接触渠道也日益增多,尤其是在媒体的推动下,地理上遥远的异国变成了心理上亲近的邻居。对外来文化商品的需求日益增加,也推动了文化贸易的迅速增长和文化产业跨国分工与合作的日益深化。文化用品的制造尽管在统计分类上也属于文化产业,但是其属性仍然具有实物商品生产的特征,其全球化分工的规律与一般商品没有太大差别。但是,文化内容生产与实物商品生产有着较大的差异,因此,分析文化产业最核心部分——内容生产的国际分工与合作,有着特殊的意义。根据文化产业合作的目的,国际文化产业合作的模式主要有以下几种类型。

一、降低成本型的文化产业合作模式

产业的国际分工与合作,最基本的目的就是根据资源禀赋优势,将生产环节配置到成本相对较低的国家中,从而有效降低生产成本。文化产品的生产制作流程越来越复杂,价值链条越来越长,所需的人力、技术投入越来越多,跨国分工可以将部分生产制作环节转移到成本较低的国家和地区,因而成为降低生产成本的有效方式之一。在文化产业的国际合作中,最基本的合作模式就是通过分解生产环节并在全球范围内转移配置以实现降低成本的目的。

在传统文化产品的个体创作或者作坊式生产模式中，文化内容的生产难以实现分工。但是，随着文化产品产业化生产模式的普及，以及技术含量不断增加，文化内容的生产也逐步实现了国际分工，如动漫产品生产中的服务外包就是典型。现代的动漫产品是文化艺术和技术生产方式的结合，尤其是长篇动画电视和大型动画电影大量运用计算机图形技术，不再是艺术家个体能够完成的。动漫产品的生产环节众多，动漫制作企业将大量后期环节分配到不同的国家和地区以降低总体成本，日本和韩国就是先从大规模承接外包加工业务逐步成长为动漫大国的。中国凭借较低的劳动力成本优势，逐渐在动漫产品的国际服务外包中占据一定的优势，这已成为中国参与国际文化产业分工合作的重要内容之一。

与此相类似的，现代电影作为投入巨大的文化产品，后期制作日益复杂，涉及的环节众多，电影制作中除了导演、演员、编剧、制片等决定影片生产内容的一小部分核心人员以外，幕后还有大量的工作人员，甚至包括了众多连字幕都上不了的汽车司机、水工、木工、烟火置景工人以及大量群众演员等。由于电影产业化程度的不断加深，各个价值链条的分工协作已经非常纯熟，部分环节向世界各国成本更低的地方转移，有效降低生产成本而交易成本并不会增加太多，因此，许多大型制片商都采取联合制片的模式，将部分环节放到人工、技术等制作成本相对较低的国家。许多国家还由此以鼓励合拍的方式制定优惠措施，吸引电影制作中的相关环节转移到本国或本地来，以期通过参与全球化分工为本地带来更多的就业机会和经济利益。① 新西兰就是一个典型的成功案例，通过吸引到《魔戒》系列电影来新西兰拍摄而为当地带去了大量的就业机会。

文化产业中降低成本型的国际合作的主要动因是，随着技术的进步，

---

① 刘军：《世界电影的国际化合作现状及中国电影产业的国际化政策分析》，见中国电影家协会编《中国电影新百年：合作与发展》，中国电影出版社2006年版。

文化产品的技术含量不断增加,生产过程中技术性工作的比例不断增加,同时,产业的链条也越来越长,因此,其中部分环节可以独立出来,交给具有比较优势的国家来完成。但是,在这种降低成本型的合作中,大部分分工实际上对文化产品的内容并不涉及,不同国家文化差异的因素对文化产品的生产也几乎没有影响。

二、规避限制型的文化产业合作模式

出于保护文化传统、维护文化多样性的目的,很多国家都对外国文化产品进入本国市场有着较多的限制,并大力扶持本国文化产业。例如,有的国家对本国制作的电影提供资助,有的在市场开放时给予本国制作电影优惠待遇,而对进口外国电影实行配额制。电影的投入成本高,一些国家自己的票房市场相对较小,电影工业实力也还不够强大,因此,积极采取产业合作的方式,尤其以欧洲国家为典型。欧洲国家的电影业为了应对电视的挑战和好莱坞电影席卷全球的浪潮,通过国际合作制片来集合创作人才、投资以及技术资源以完成电影制作,以此不断扩大国际放映市场。同时,合作制片也成为保护各国文化特性、阻止外来节目(主要是好莱坞节目)影响的战略措施。各国通过签订国家和地区间的双边合作制片协议,对合作拍片提供各种政治和经济上的便利,并给予合作伙伴在拍片贷款、税收减免和放映发行等方面的各种优惠。在这样的条件下,许多电影制片商为了进入一国的电影市场时尽量规避限制,在制作过程中,积极开展与该国电影相关环节的国际合作,以获取与国产电影相当的待遇。

除了市场进入的规制,许多国家都出台了扶持本国电影作品和产业发展的政策和办法,以欧盟的"欧洲意象"基金制定的对"欧洲电影"进行补助认定的基准为例,这个基准实行计点制度,并凸显了以制片人为主导的概念。不管哪一种类型的影片,申请的电影导演首先都必须是欧盟成员国的合法公民或永久居民。通过计点制将电影制作中有关国民身份的几个重要项目计点并加总,以决定某一部电影是否符合各国国产电影或欧洲电影的补助条件。例如,电影长片的计点标准共包含 11 项指标,导演、编剧、第一演员分别计 3 点,第二演员计 2 点,其他 7 项包括作曲、第三演员、摄影、录音及混音、剪辑、艺术指导与服装设计、摄影棚内外之拍摄地点和后制地点各计 1 点。在所有 19 点中,只有至少满足 15 点才符合欧洲电影的认定资格。① 除了欧盟对"欧洲电影"的定义,法国、加拿大、新西兰、澳大利亚和英国等国家电影扶持制度中关于电影定义的标准都采取了分项计分的形式,只是具体计分的内容和标准有所不同。

由于国际化的程度不断加深,很多文化产品不再是纯粹的本国或者外国出品,很多国家认识到文化产业对国家文化安全的重要影响,由此设立标准对本国的文化产品进行保护,对外来文化产品进行限制。为了进入国际市场,或者获得相应的优惠条件,文化生产商开展了针对政策限制的国际文化产业合作。这种类型的国际文化产业合作,主要是以政策驱动作为动力。当然,对于文化产业相对弱势的国家来说,外国文化企业吸收本国文化产业生产环节参与到产品制作中,对提升本国文化生产者的水平、吸取国际成功模式和经验有着积极的作用。

三、扩展市场型的文化产业合作模式

外来的文化商品对本国观众而言,存在一定的陌生感,因此会出现文化折扣的现象。大型跨国文化企业为了扩大文化产品的市场,尽量降低文化折扣,也积极采取产业合作的方式来吸引不同国家的观众。很多电影善于利用跨国的故事情节来丰富内容,由此也出现了不同国家间因为故事剧情或者拍摄对象所需而开展的共同投资拍摄行为,这类影片由于剧情发展涉及不同国家和地区而导致"本色共同制片"(natural co-production)行为,在合作方式上大都由双方共同投资、共同组成主创班底,增加国际化

---

① 刘立行:《国家电影制度》,台北正中书局 2009 年版。

的情节。① 在此基础上,有的电影为了扩大在不同国家观众市场中的影响而采取国际合作的方式,例如,在电影中出现当地观众熟悉的明星,可以有效降低观众的陌生感,提升票房的号召力。因此,有些国际合作的电影在选择角色时,非常注重与影片的目标市场相契合,争取最大限度地降低目标市场可能产生的陌生感或抵触,以利于拓展观众市场。例如,中韩合拍电影《神话》时,邀请韩国知名影星金喜善加盟,并与成龙合唱主题曲,使该片在中韩观众中的知名度和亲切感都有所增强。

扩展市场型的国际文化产业合作,有时候并不需要太多生产领域的实质性合作,而仅仅以增加多国文化元素的方式扩大影响。美国许多大片为了开拓亚洲市场,往往会从中国、日本或韩国选取女明星作为配角甚至女主角,最大限度地培育东亚地区观众的好感。为了打开中国市场,越来越多欧美电影加入大量中国元素,例如在中国取景,邀请中国演员加盟,该演员即使在其中的角色并不重要,也可以成为一个话题而吸引观众的注意。典型的案例如范冰冰出现在《X战警:逆转未来》中,虽然只有几个镜头和两句台词,但是成功引起了中国观众的广泛关注和讨论,对提高该片在中国的票房功不可没。

总的来看,降低成本型的文化产业合作主要是在生产和技术层面,规避限制型的文化产业合作更多的是在资本层面,技术和资本层面的合作具有一定的便利性,就在于不需要考虑语言和文化差异的障碍。但是,当要扩展市场而进入内容层面,就不得不面对这个问题。这也是当前国际文化产业合作大多数仍停留在技术和资本层面,较少实现内容层面合作的原因。即使存在内容层面的合作,也更多的是停留在浅层次的制造影响吸引关注,而能够真正深入挖掘内涵、实现不同文化融合创新的作品则是少之又少。

---

① 刘军:《世界电影的国际化合作现状及中国电影产业的国际化政策分析》,见中国电影家协会编《中国电影新百年:合作与发展》,中国电影出版社2006年版。

四、国际文化产业合作与离岸文化中心

在全球化和区域经济一体化深度推进的同时，不同国家之间的国际文化产业合作也在快速拓展。离岸文化中心的特征和功能与国际文化产业合作有着密切的联系，可以看作是国际文化产业合作的一种创新模式，良好的国际文化产业合作也可以为离岸文化中心提供坚实的基础。

离岸文化中心是国际文化产业合作的创新模式，为更加深入全面的合作提供良好的契机。在传统的国际文化合作模式中，从文化资源层面出发的考虑较少。无论哪种模式的文化产业合作，比较常见的是利用自己所熟悉的本国文化资源开展文化产品生产，销往国际市场。离岸文化中心作为国际文化产业合作的新模式，最重要的特征就是开发利用非本地或本国的异文化资源。离岸文化中心利用国外文化资源的程度不同，相应地也有不同的形态，也反映了国际文化产业合作的深度。离岸文化中心的初级形态只是单纯地利用国外文化元素，主要面向国内市场生产具有异国色彩的文化产品。离岸文化中心的中级形态，出现了面向特定国际市场，利用国外文化资源生产的文化产品，并以外销为主。离岸文化中心的高级形态，则不再局限在合作开发特定国家的市场或资源，而是能够统筹开发全球不同国家的文化资源生产文化产品，并能满足多个不同国家市场的需求。离岸文化中心要求具备强大的文化生产能力，包括国际文化资源开发和文化市场推广的能力，可以看作是资源开发和市场开拓相结合的国际文化产业合作新模式，是在更高层面、更深程度、更广范围开展国际文化产业合作。

国际文化产业合作为离岸文化中心提供更加坚实的基础。离岸文化中心的最重要特征之一就是要开发利用国外的文化资源，并销售到国外的市场，而不是简单地将原本面向本国的文化产品翻译出口。在跨国文化资源利用以及市场开发的过程中，由于对彼此的文化背景、价值体系缺乏全面认识，很可能存在着磨合成本，这就需要对国外文化资源有深刻了解，对国外文化市场能准确把握，与国外文化企业或创作者之间开展密切的交流

互动与合作，能够尽可能降低不同文化之间的障碍，帮助共同开发符合市场需要的产品。

地缘上和文化上相近的国家和地区，往往经贸联系和人员往来更密切，拥有共同或相似的文化和价值观，有助相互沟通和理解，相对而言更加容易开展国际文化产业合作，也为建设离岸文化中心提供了便利。在21世纪海上丝绸之路的背景下建设中国特色离岸文化中心，东南亚地区是优先考虑的重点合作对象地区。

第二节　面向东南亚建设离岸文化中心的有利条件

东南亚地区是传统海上丝绸之路的主要区域，在地缘政治上具有独特性和重要性，也是建设21世纪海上丝绸之路的重要合作区域。东南亚地区与我国文化相近，经贸往来密切，中国—东盟自贸区建设也取得了显著成效。由于具备众多有利条件，东南亚是建设21世纪海上丝绸之路中开展国际文化交流合作的重点地区，也是最适合作为建设离岸文化中心的对象地区。

一、文化交流历史悠久

由于地理上相近的原因，中国与东南亚地区很早就开始了交往。据中国史籍记载，中国与东南亚的文化交流历史可追溯到汉代，盛行于唐代，到了明代达到高潮，迄今已有2000多年的历史。肇始于两汉时期的海上丝绸之路拓展了中国与东南亚地区的文化交流，双方通过朝贡、经商、宗教等领域的活动密切了彼此间的关系。明朝时期郑和七次下西洋，经过最多、交往最频繁的就是东南亚地区，为双方的友谊与交流烙下深刻的印记。郑和的事迹至今仍在东南亚国家的民众中广为流传，部分地区还存在

"郑和崇拜"的文化现象，与郑和有关的文献、习俗、文物、民间传说及神话，乃至郑和庙、郑和清真寺等在东南亚地区都不鲜见，它们已经成为东南亚文化的一个有机组成部分。东南亚地区在历史上有很多官方使团访问中国，从13世纪到16世纪，泰国阿瑜陀耶国王、渤泥（今文莱）苏丹、马六甲王国（在今马来西亚）国王、苏禄（在今菲律宾南部）王等都曾率使团访问过中国。①

由于社会历史的原因和地理上的邻近，唐宋以后，中国东南沿海居民移居东南亚的逐渐增多。到了明朝，华人移民东南亚国家已初具规模，这些华人大多为谋生而去，主要从事经济开发等商业活动。19世纪以来，随着华人移民的增多和经济条件的改善，东南亚华人群体对中国传统文化的需求越来越大，不少中国古典文学作品被翻译成东南亚各国文字，并在当地广泛流传。《三国演义》早在1802年就被引进泰国翻译成泰文，开泰国白话文散文体小说之先河，后来相继被译成爪哇文、马来—印度尼西亚文、越南文等。② 19世纪80年代，东南亚的其他国家，特别是印度尼西亚、马来西亚和新加坡，华人移民纷纷使用当地语言翻译改写中国四大名著以及其他经典文献作品，仅《梁祝》的故事就有马来文、爪哇文、巴厘文、马都拉文和乌戎潘当文等版本。清末民初，大量华人移民东南亚，中华文化也逐渐在当地生根发芽，华侨逐渐融入当地，在与各族群融洽聚居的同时，创造了既具有华人文化特色，又融入区域文化特点的独特文化景观，有些甚至被当地居民当成是本土民族文化的一部分，从而形成了东南亚国家文化的多样性，中华文化元素符号也深深扎根于东南亚的土地之中。中国与东南亚国家进一步开展文化交流与产业合作具备良好的历史与文化基础。

---

① 贺圣达：《加强中国与东南亚的文化合作》，载《东南亚》1997年第3期。
② 林金枝：《近代华侨在东南亚传播中华文化中的作用》，载《南洋问题研究》1990年第2期。

二、文化合作氛围浓郁

随着中国与东南亚国家之间全面加强合作关系，文化交流水平也不断提升。2003年，中国与东盟签署了《中国—东盟战略伙伴关系联合宣言》，中国成为东盟的第一个战略伙伴。2010年，中国—东盟自由贸易区全面建成，双方经贸领域的合作不断深化，目前，中国是东盟第一大贸易伙伴，东盟是中国第三大贸易伙伴。在建设21世纪海上丝绸之路的新时期，人文交流已成为中国—东盟关系的新支柱。近年来，双方成功举办了中国—东盟科技合作年、文化交流年、海洋合作年、教育交流年等。2016年，双方人员往来突破3800万人次，每周往来中国与东盟各地的航班超过2700架次，双方互派留学生接近20万人次，越南、马来西亚、菲律宾等国来华旅游人数均超过百万人次，中国稳居东盟第一大境外游客来源地。[1]

在中国与东盟开展全面合作的进程中，官方往来不断加强，文化交流与合作的程度也不断深化，中国与东盟国家一系列的文化合作协议相继签署。2005年8月，在第二届"10+3文化部长会议"期间正式签署了《中国与东盟文化合作谅解备忘录》，这是中国与区域组织签署的第一个有关文化交流与合作的官方文件，确立了双方文化合作框架。2005年12月，在第9次中国—东盟领导人会议上，文化领域被确定为新的五大重点合作领域之一。2012年，首届中国—东盟文化部长会议在新加坡举行，规划了文化合作方向。2014年4月，第二届中国—东盟文化部长会议签署《中国—东盟文化合作行动计划（2014—2018）》，将合作拓展至文化产业、文化遗迹保护、公共文化服务等更广领域，标志着双方文化交流合作进入全方位发展阶段。在《落实中国—东盟面向和平与繁荣的战略伙

---

[1] 张高丽：《坚持共商共建共享 传承弘扬丝路精神 打造更高水平的中国—东盟战略伙伴关系》，载《人民日报》2017年9月13日。

伴关系联合宣言的行动计划（2016—2020）》中，专门有加强文化合作的内容，双方将在文学、图书馆、档案材料、博物馆、表演艺术、视觉艺术、艺术教育和其他相关公共文化设施及文化/创意产业等方面积极开展交流与合作；鼓励和支持历史遗迹、考古和文化遗产保护部门、博物馆、档案馆、图书馆及文化机构之间开展合作；合作开发文化产品市场，大力发展文化/创意产业；推动文化、传统及现代艺术、文化遗产和新兴文化产业（如数字媒体和网络游戏）领域的专家和专业技能交流；等等。中国还先后与东盟各国签署了政府间文化合作协定以及与文化相关的旅游、版权、影视等众多领域的合作协定。①

2006 年是中国与东盟建立对话关系 15 周年，中国与东盟各国举办了第八届亚洲艺术节等一系列庆祝活动，进一步促进了中国与东盟的文化合作关系。自 2006 年以来，中国与东盟已经连续成功举办了中国—东盟文化产业论坛，并以论坛为平台，相继签署了《南宁宣言》《中国—东盟文化合作谅解备忘录》和《中国—东盟文化产业互动计划》等多个积极推动中国和东盟文化产业发展的文件。在建设 21 世纪海上丝绸之路推动文化交流的宏观背景下，以中国—东盟自由贸易区的全面建设为契机，中国与东南亚国家之间的文化产业合作进入一个新的发展时期，迎来了全面开展双边、多边文化贸易的大好机遇，也为建设面向东南亚的离岸文化中心提供了良好的氛围。

三、语言相通，条件便利

语言资源是文化资源的重要内容，文化交流与合作以及文化对外贸易需要解决的首要障碍就是语言障碍。由于特殊的地理和历史条件，我国西南边区和东南亚国家的民族渊源非常深远，如西南地区的壮族、布依族、

---

① 李红等：《国际文化合作的经济分析——以中国—东盟区域为例》，中国社会科学出版社 2012 年版。

第五章　广州离岸文化中心与东南亚文化产业合作

傣族、黎族等少数民族,与越南的岱侬族、泰族、布依族、热依族,老挝的老龙族、泰族,泰国的泰族,缅甸的掸族等是文化同根同源的民族。① 很多少数民族所操母语与东南亚各国国语相同或相近,即使不借助翻译,也能顺利通话。如傣语与泰国和老挝两国的国语极为相近,佤族、德昂族、布朗族等民族的母语与柬埔寨国语互通,广西京族的母语也与越南的国语互通。此外,很多少数民族的语言与东南亚国家众多民族语种相通,这些民族语种可以覆盖一千多万人。② 同源民族形成语言条件相通,有利于建设离岸文化中心针对性开发利用东南亚各国相应的文化资源,同时生产适应当地民众需要的文化产品,也为文化产品顺利进入东南亚市场提供了有利的人文条件。

四、文化产品反响热烈

在文化交流中,中国的很多文化产品以各种形式输出到东南亚地区,得到良好的反响。中国文化部门出版面向越、老、缅、泰等国的外文刊物《莲花》《占芭》《吉祥》《湄公河》等,已在这些国家发行多年。③ 近年来,中国的一些影视作品质量提高,输出到东南亚地区后,因为文化背景相近,当地观众更容易、更乐意接受,因此受到广泛欢迎。2004年7月,由 ABS–CBN2 卫星电视频道播出的《男才女貌》,是由菲律宾电视台播出的首部中国电视剧,以其"明星效应"吸引了众多观众。而《三国演义》《宰相刘罗锅》《雍正王朝》《成吉思汗》和《射雕英雄传》等电视剧,因为在内地有较高的收视率而很快被引入马来西亚的国营电视台播

---

① 范宏贵:《同根生的民族——壮泰各族渊源与文化》,光明日报出版社2000年版。
② 吴正彪:《中国文化产业进入东盟市场的可行性》,载《郑州航空工业管理学院学报》2010年第1期。
③ 黄耀东:《中国—东盟文化交流与合作可行性研究》,载《学术论坛》2014年第11期。

放,播放时配有马来文字幕,受到当地观众的好评。2012年,中国热播的电视剧《金太狼的幸福生活》由多名缅甸著名影视明星和缅甸国家电视台播音员配音后,制作为缅甸语配音版在缅甸国家电视台播出,这是中缅两国艺术家共同再创作的艺术成果,也是首部用缅甸语配音、在缅播放的中国电视剧。① 从中国的电视剧在东南亚地区的反响来看,双方文化产业合作的潜力巨大。

凭借与东南亚地区文化相近的优势,我国与东南亚各国文化产业合作也具备了良好基础,尤其是部分地区借助各自的特色和优势,已经与东南亚国家开展了具有离岸文化生产性质的合作。例如,在中国文化部和柬埔寨文化部共同支持下,由云南文投集团投资与柬埔寨索玛集团有限公司合作打造,2008年中国奥运会闭幕式创作团队创作的《吴哥的微笑》,是一台以吴哥窟的历史、风情为主题,反映柬埔寨特色的大型歌舞剧。它结合现代手法表现吴哥文化中最具代表性的文化意象和元素,公演之后受到观众好评,并于2012年被评为"文化出口重点项目"。文化产业广泛合作的基础,为将来更多种形式的离岸文化生产积累了经验,有助于我国借助文化产业理念、技术、人才的优势,与东南亚各国合作开发文化资源,生产优秀的文化产品。

五、中国—东盟自贸区政策优势

在经济全球化的大背景下,区域经济一体化也在同步深入推进。中国与东盟国家有着悠久的传统友谊和各具优势的资源基础,产业结构各有特点,且具有较强的互补性,具有较大的合作潜力,建立自贸区有着良好基础。2002年11月,第六次中国—东盟领导人会议在金边举行,会上通过了《中国与东盟全面经济合作框架协议》,决定到2010年建成中国—东

---

① 李法宝:《从"文化折扣"看中国电视剧在东南亚的传播》,载《中国电视》2013年第8期。

盟自由贸易区，这标志着中国—东盟自由贸易区建立进程正式启动。2010年1月1日，中国—东盟自由贸易区正式全面启动，这意味着一个拥有19亿人口、近6万亿美元国内生产总值和4.5万亿美元年贸易总额的巨大市场得以形成。① 中国—东盟自由贸易区是世界上人口最多的自由贸易区，也是由发展中国家组成的最大自由贸易区。1991—2016年，双方贸易额增长近56倍，累计投资额增长近355倍。中国连续8年成为东盟第一大贸易伙伴，东盟连续6年成为中国第三大贸易伙伴，东盟已经成为中国企业在国外投资的主要目的地之一。中国—东盟自贸区升级谈判成果文件——《中华人民共和国与东南亚国家联盟关于修订〈中国—东盟全面经济合作框架协议〉及项下部分协议的议定书》已经签署并生效，这将为双方经贸关系发展注入新动力。

随着自贸区建成，中国与东盟之间的关系进入全新阶段，与东盟的文化产业合作迎来了前所未有的宝贵机遇。2010年以来，我国相继出台了《文化产业振兴规划》《文化部关于加快文化产业发展的指导意见》《文化产业投资指导目录》和《中国—东盟区域文化产业发展合作计划》，高度重视中国—东盟文化产业合作。从东盟内部来看，各国政府均逐渐开始重视文化产业发展。1997年亚洲金融危机发生后，东南亚各国积极推动产业结构调整升级，培育新的经济增长点，文化产业成为各国产业发展新战略的重点之一。中国—东盟自贸区的建设和推进，为面向东南亚地区建设离岸文化中心，加强文化产业的合作，提供了有力的政策支持。

---

① 新华社：《中国—东盟自由贸易区将于2010年1月1日全面启动》，中央政府门户网站，http://www.gov.cn/jrzg/2009-12/29/content_1498999.htm。

第三节　广州离岸文化中心与东南亚文化产业合作的基础

21世纪海上丝绸之路建设的深入推进,为广州加强对外人文交流合作创造了十分重要的战略机遇。围绕建设离岸文化中心的目标,积极开展国际文化产业合作工作,要积极配合国家对外战略,围绕广州现实的集聚和辐射能力,适当划分合作的辐射圈层并选择重点合作地区,集中资源采取针对性的措施争取突破。东南亚地区是广州开展国际文化产业合作建设离岸文化中心的首选合作区域,具备良好的合作基础。

一、文化渊源深厚

2000多年来,岭南沿海地区与东南亚始终保持着友好往来,两地形成了深厚的历史文化渊源。航海技术和贸易的发展使广东地区与东南亚人民之间的交流越来越紧密,如今广州博物馆碑廊内有一块《重修天庆观记》碑,用以纪念当时的广州府与三佛齐国(相当于现在的印度尼西亚、苏门答腊岛东部)的一段贸易友好往来关系,见证了广州与东南亚之间的悠久友谊。广州与东南亚地区之间的人员频繁往来早已有之,1660年,清政府开始在部分沿海地区实行海禁,商业活动停滞,许多广府人家被迫出海南洋(即东南亚)谋求生计。19世纪初,西方国家加紧对东南亚地区的殖民掠夺,对工业原料和廉价劳动力的需求迅速扩张,大量华工被贩运到东南亚各殖民地。鸦片战争后,华人下南洋迎来高潮,从19世纪到20世纪30年代,出洋华工约有1000万人次,其中1/3为广府籍,他们在拉动东南亚经济发展的进程中贡献了巨大力量。清末年间,很多南洋爱国华侨纷纷投资广州、创办企业,带动广州近代科技、教育、卫生等领域显著发展。

作为联系家乡与东南亚之间的纽带,东南亚华侨华人在广州与东南亚关系史上留下了浓墨重彩的一笔。大量粤籍华侨华人与祖国保留着文化上的共通性和身份认同感,身在海外却仍然说粤语、吃粤菜、唱粤剧,并对祖国有着多重文化消费需求。华侨华人的特殊身份使他们既能成为中华文化的继承者,又能对外进行中华文化的传播,因此得以充当中华文化与所在国文化之间相互交流的重要桥梁。据统计,广州市拥有海外华侨华人、港澳同胞和归侨、侨港澳眷属近400万人,东南亚侨胞的数量尤为可观。中国与东南亚地区各国加强文化交流合作,符合东南亚乃至全球华侨华人的实际需要;东南亚华侨华人数量众多、文化交流便利的先天优势,也能够成为建设离岸文化中心的重要资源。

二、对外关系良好

东南亚地区是我国的近邻,双方交往历史悠久,人员和经贸往来密切,中国与东盟自贸区建设不断深化,也与多个国家建立全面战略合作伙伴关系。广州与东南亚各国经贸和文化交流密切,除缅甸、文莱和东帝汶以外,其他国家都在广州设立了领事馆,同时还有多个城市与广州结为友好城市或友好合作城市(见表5-1)。

表5-1 广州与东南亚地区国家友好关系

国家	与我国建交时间	国家关系	驻穗领馆		友城及建交时间	
			设馆时间		友好城市	友好合作交流城市
泰国	1975	全面战略合作伙伴	有	1989	曼谷(2009)	
越南	1950	全面战略合作伙伴	有	1993		胡志明市(1996),平阳省(2013)

续表 5-1

国家	与我国建交时间	国家关系	驻穗领馆设馆时间	友城及建交时间	
				友好城市	友好合作交流城市
柬埔寨	1958	全面战略合作伙伴	有 1998		金边（2013）
新加坡	1990	全方位合作伙伴	有 2006		
印度尼西亚	1950—1967；1990	全面战略伙伴	有 2002	泗水（2005）	
马来西亚	1974	全面战略伙伴	有 1993		
老挝	1961	全面战略合作伙伴	有 2013		
菲律宾	1975	致力于和平与发展的战略性合作关系	有 1997	马尼拉（1982）	

广州与东南亚国家缔结友好城市关系起步较早（从20世纪80年代初开始），且与友好城市、友好合作交流城市之间交往形式多样，交往程度不断加深。广州与友城在经贸合作、科技创新、教育等方面开展深入合作，进一步巩固提升了广州与东南亚国家之间的传统友好关系，也为深化人文交流合作奠定了扎实根基。

三、经贸合作密切

从地理位置上看，广州处于东亚和东南亚区域经济圈的中心位置。作为中国国内经济最为活跃和发达的沿海开放城市之一，广州的城市辐射力和聚合力能够对中国和整个东南亚地区乃至世界产生影响。在中国—东盟自贸区合作框架内部，广州不仅仅是东盟各国重要的经贸合作伙伴，也是带动广州本土企业和中国内地企业向东南亚地区"走出去"的火车头，将内地与东盟等国际市场紧密联结起来。

东盟作为广州传统五大贸易伙伴之一，近年来一直在广州进出口贸易额中保持10%以上的份额。2016年，广州与传统五大主要贸易伙伴的贸易情况各异，对美国、东盟进出口总额分别下降2.61%和2.51%；对日本、中国香港、欧盟进出口总额分别增长12.46%、6.12%和8.69%。总体来看，欧盟以微弱优势超越美国成为广州第一大贸易伙伴，两者的份额都超过13%。东盟紧随其后排在第三，占比达到12.04%（见表5－2）。

表5－2 2016年广州进出口贸易主要市场地区情况

（单位：亿元）

国家与地区	出口	进口	进出口	占比（%）
亚洲	2637.71	2045.85	4683.57	54.67
中国香港	961.64	35.19	996.84	11.64
日本	228.20	615.55	843.75	9.85
东盟	634.67	396.53	1031.20	12.04
欧洲	772.50	535.65	1308.16	15.27
欧盟	691.43	495.12	1186.54	13.85
北美洲	810.86	394.01	1204.86	14.06
美国	755.53	365.99	1121.51	13.09
拉丁美洲	290.99	98.30	389.29	4.54
大洋洲	118.10	96.89	214.99	2.51
非洲	556.89	208.70	765.59	8.94

数据来源：广州市商务委员会。

为响应国家"一带一路"建设重大倡议，近几年来，广州企业"走出去"呈持续高速增长态势，并将东南亚地区作为重要合作对象。据统计，2016年广州企业在"一带一路"沿线国家共投资设立31家企业（机构），同比增长76%；中方协议投资额8.1亿美元，同比增长123.5%。2016年4月，广东振戎能源有限公司在缅甸的500万吨炼油厂项目获批，该项目投资额高达30亿美元，是广州参与"一带一路"的最大项目，也是近年来缅甸政府批准的最大单体投资项目。广州还重点投资建设了马六甲临海工业园等海外园区项目，为广州企业走向东南亚，加强与东南亚国家经贸往来提供了重要平台。

四、交往渠道通达

广州不仅是华南地区重要交通枢纽城市，也是面向东南亚的最佳门户。广州白云国际机场是全国三大国际航空枢纽之一，堪称"连接世界的节点"。2016年，广州白云机场旅客吞吐量达5978万人次，同比增长8.3%，稳居国内航空枢纽排名第3位，国际航线数量、国际通航点数量和货邮吞吐量也居全球前列。从广州出发的6小时航程内，可达亚洲、大洋洲、非洲和21世纪海上丝绸之路的多个沿线国家和城市，因此，广州白云机场可以说是连通中国大陆和东南亚地区最重要的门户枢纽。作为与广州交往最便利的地区之一，东南亚国家在广州的国际客运通航点中占35.2%的比例（见表5-3）。除了文莱和东帝汶以外，其他9个国家都与广州直接通航，其中，与马来西亚、泰国、越南的通航点都有5个及以上。相近的地理空间距离、数量庞大的华人移民、便捷的交通渠道都为广州与东南亚人员的密切往来创造了有利环境，不仅使东南亚国家成为广州的重要入境客源地，也使广州及珠三角地区人民将东南亚地区作为出境旅游的首选目的地。未来几年，广州将加快白云机场国际航空枢纽建设，广州连接全球的空中通道将持续增多。广州将继续争取航权、加密航线、增加航班，搭建以广州为起点的"空中丝路"，形成囊括国内和东南亚主要城市在内的"4小时航空圈"。

表5-3 广州的国际客运通航点分布

地域	通航国家	通航点数量	占比(%)
亚洲（东南亚）	9	25	35.2
亚洲（东亚）	2	8	11.3
亚洲（西亚）	8	8	11.3
亚洲（南亚）	6	6	8.5
亚洲（中亚）	0	0	0
欧洲	8	9	12.7
大洋洲	2	6	8.5
非洲	4	4	5.6
美洲	2	5	7.0
总计	41	71	100

数据来源：广州白云国际机场。

广州"十三五"规划纲要明确指出，在优化城市发展空间方面，重点建设国际航运枢纽、国际航空枢纽、国际科技创新枢纽。目前，广州正在深入推进航空机场、国铁干线、城际轨道、码头航道、高速公路等重要交通基础设施建设，逐步实现了对外高速通达、对内便捷互通的大交通网络体系，这对于广州拓宽国际交往渠道、提高全球资源配置能力以及进一步提升在世界城市体系中的地位具有重要意义。此外，《广州综合交通枢纽总体规划（2016—2030年）》中提出，广州将形成"四面八方、四通八达、面向全国、连接东南亚"的铁路网络，通过建设"广州—桂林—贵阳—昆明—东南亚"等铁路枢纽战略通道，形成以广州为核心的互联互通城际轨道交通网，支撑广州国际性综合交通枢纽建设，紧密对接国家"一带一路"倡议，辐射东南亚地区。广州与东南亚地区之间的通达交往渠道，为建设离岸文化中心提供了便捷的基础条件。

第四节 广州离岸文化中心与东南亚文化产业合作重点领域

结合当前我国文化对外贸易的特征和阶段，广州建设离岸文化中心，可以东南亚地区作为文化产业合作的重点地区，根据两地文化资源、产业和市场互补的条件，以文化创意和创新为动力，选择图书出版、电影电视、演艺娱乐、动漫游戏、工艺美术等重点领域，积极探索深化文化产业合作水平，开展离岸文化生产，切实推动21世纪海上丝绸之路的文化交流与合作。

一、图书出版

出版业是以文字内容作为价值核心的一种传统文化产业，对于延续文化、传播文明具有巨大的社会作用，也拥有可观的经济价值。东南亚地区是全球华侨华人最集中的地方之一，随着中国经济的飞速发展和中国—东盟自贸区建设进程的推进，东南亚各国出现了新一轮学习中国语言和文化、了解中国历史与国情的潮流，对于中文图书的需求大增。东盟作为一个拥有6亿消费者且华人数目庞大的潜在市场，中文图书在东盟地区将大有商机，这对于中国的图书出版企业是一个良好的商机。中国—东盟自贸区自启动以来，双方在出版领域已建立起初步的交流机制，中国出版业也加快了进入东南亚市场的步伐，以图书进出口贸易、图书展销会、版权贸易易、中外合资、合作出版等形式为主的合作正在逐步推广。近年来，中国国家新闻出版广电总局委托广西在越南、柬埔寨、印尼等国成功举办了多届中国图书展销会暨版权贸易洽谈会，受到中国和东盟有关国家出版界的热烈欢迎和大力支持。2011年以来举办的中国—东盟出版博览会以及中国—东盟出版论坛,为中国与东盟国家的出版合作搭建了良好平台。①

广州建设离岸文化中心,在图书出版业开展国际合作,应充分把握国家版权局批准成立的广州市国家版权贸易基地为契机,可以将版权贸易基地的优势与自贸区相结合,积极推进建设全国最大的版权作品登记中心、版权综合交易市场和版权资本运作平台。大力引进东南亚国家知名文化艺术企业与机构进驻和参与,创新版权服务模式,衍生版权产业新业态。积极开拓面向国际市场尤其是东南亚地区的版权贸易业务,将基地打造成为颇具影响力的版权产业集聚区,引领拉动图书、影视影像制品和数字出版产品产业加速发展,将广州建设成为中国对外尤其是东南亚地区版权贸易的重要中心。

随着世界范围内科学技术的进步,传统的图书出版行业发生了巨大变革,也出现了前所未有的机遇,数字化出版的兴起为作为传统文化商品的图书注入了新的活力,并大大降低了国际合作的成本,为更加灵活的跨国出版、发行、贸易等方式奠定了技术条件。中国在数字出版领域具有一定的领先优势,广州应把握机遇,与东南亚国家合作推动信息技术等高新技术在图书领域的广泛应用。在选题策划上,借助华侨华人优势,发掘精通中文和当地语言文字的作家、出版者和专业人才,深入把握当地读者的需求,分群体、有针对地设计选题,结合热点推陈出新。在策划、组稿、编辑、发行等环节加强与东南亚出版机构合作,利用信息化服务、数字化生产、网络化传播的优势,加强文化内容与数字技术结合,培育新兴文化业态,推动相关国家文化内容以及产品的数字化转化和开发,积极尝试将传统剧目、舞台表演、音乐、美术、文物、非物质文化遗产和文献资源进行数字化转化与开发。联合华文书店、华人文学、华人社团等机构,搭建当地的网络和渠道,一方面丰富国内的图书市场,另一方面积极销往外国当地市场。还可以利用高校众多的优势,鼓励相关专业开设东南亚各语种与

---

① 吴晓霞:《中国新闻出版业向东盟"走出去"发展研究》,载《东南亚纵横》2014年第8期。

国际文化贸易、版权贸易实务和知识产权法相结合的课程，大力培育面向国际的出版业新型复合人才。

二、电影电视

包括电视和电影等在内的影视业一方面对内容质量、技术含量等方面要求较高，另一方面又具有受众数量多、覆盖面广、经济规模大的特征，因此是一个高投入、高产出的行业。随着时代的发展，东南亚国家的传统纸媒和电台广播产业发展呈现出停滞甚至负增长的趋势，而电视仍是当前东南亚地区最主要的媒体，电影电视行业也是对外文化合作的重点支撑。① 由于华侨华人数量多、拥有较高的文化认同感和共同价值观等因素，中国的电影电视节目在东盟国家的市场潜力巨大。以泰国为例，我国推出的一系列华文电视节目都受到了当地华人乃至原住民的欢迎。比如，讲述中国当代家庭故事的热播电视连续剧《中国式离婚》，一经在泰国电视台播映，就获得了相当高的收视率。

中国与东盟双方都非常重视电影电视领域的合作，在《落实中国—东盟面向和平与繁荣的战略伙伴关系联合宣言的行动计划（2016—2020）》中提出要推进电影出品合作，为电影和电视节目联合制作与交流以及电视节目市场营销提供便利；鼓励互办并积极参与对方举办的影视节展及相关贸易活动；促进电视、电影和广播技术人员与专业人员之间的交流与合作。但是，广播影视业的合作要求高，推进的难度大，目前主要集中于新闻信息交换、电视剧版权买卖等领域的合作。电影电视业发展国际合作的重要阻力之一还是在于影视节目的文化折扣太高，因此从展示真实题材的纪录片领域切入可能是比较理想的选择，在这方面已经有一些成功的案例。英国广播公司（BBC）是世界最大的新闻广播机构之一，也是

---

① 石惠敏：《2016年东南亚国家传媒产业发展报告》，见崔保国主编《传媒蓝皮书：中国传媒产业发展报告（2016）》，社会科学文献出版社2016年版。

制作播出电视纪录片的鼻祖。BBC凭借自身强大的纪录片制作能力,将眼光超越于英国之外,广泛关注世界各国的风土人情、文化资源和遗产等题材,拍摄了大量制作精良的纪录片,在全球范围内形成了广泛而深远的影响,使得各国观众都能够借此平台了解到世界的丰富多彩。日本放送协会(NHK)在走向国际市场的过程中同样制作出了一批高质量纪录片,尤其凭借近水楼台的优势,实地拍摄并制作了大量有关中国主题的纪录片,如《丝绸之路》《海上丝路》《故宫》《中国铁道大纪行》《激流中国》等作品,给日本和中国观众都留下了深刻印象。近年来,韩国文化产业迅速崛起,广播电视界的后起之秀韩国KBS电视台于2015年1月推出了新年特别纪录片《超级中国》,从人口、经济、资源、军事、外交、文化软实力和政治等方面,对中国的发展现状及其对世界的影响做了全方位介绍,从不同角度展示中国崛起的现实面貌,在韩国国内引发收视高潮的同时,也获得中国观众的高度关注。事实上,随着中国文化产业的快速国际化发展,中国中央电视台同样开始在纪录片领域放眼世界,2015年完成摄制电视纪录片《魅力爱尔兰》,并将其作为中国高层的出访礼物赠送给爱尔兰政府。由于纪录片旨在相对客观地描述某个国家或地区的自然风光、风土人情及人文活动,文化折扣相对较小,因此能够成为影视行业走出国门的先锋,也构成了离岸文化生产的重要组成部分。

广州建设离岸文化中心,在影视领域开展国际合作最具潜力的细分领域也正是纪录片。中国(广州)国际纪录片节(GZDOC)是中国唯一的国家级、享有交易功能的纪录片盛会,在推动中国纪录片产业进步和发展的进程中有着不可或缺的重要地位,已经发展成为世界颇具影响力的纪录片领域国际交流平台。2016年,中国(广州)国际纪录片节共吸引了来自111个国家和地区的4059部/集作品参评参展,2376人注册参会,561家中外机构就联合制作、海外销售、版权交易等项目达成意向,签约金额3.96亿元,其中超过200多部纪录片曾在国内外影展有获奖、入围或参展记录。在征片量、参与国家和地区、参会人数和参展机构、市场交易额等方面均高于往届,保持亚洲同类节展首位,跻身国际知名纪录片节行列。截至 2016 年 9 月，中国（广州）国际纪录片节的纪录片商店，与爱奇艺、凤凰网等平台成功交易纪录片 500 余部/集影片，逾 20000 分钟，交易额逾 400 万元。广州可以充分发挥国际纪录片节的基础优势和影响力，采取一系列针对性举措进一步提升该活动的国际知名度，尤其是在东南亚地区的吸引力。例如，可在每届纪录片节上，邀请一个国家担任主宾国，举行优秀纪录片回顾展演，集中介绍该国的纪录片成就，同时展演不同国家和地区尤其是我国围绕主宾国主题拍摄的纪录片，展示国际合作成果，全方位介绍该国文化。通过纪录片的版权预售，以及纪录片交易、展演的形式，使广州成为国际人文纪录片创作中心、交易中心。在此基础上，吸引纪录片制作的人才和企业集聚广州，搭建信息和服务平台，提供更加广阔的国际视野，加强我国纪录片投资、拍摄、制作机构的国际拓展，共同挖掘文化题材，盘活文化资源，鼓励与东南亚国家合作拍摄反映当地各类自然景观、非遗文化、城市文化、民俗文化等纪录片。一方面丰富国内日益增长的纪录片市场需求，另一方面积极开发当地的纪录片市场。在此基础上，借助广州的平台将合作制作的纪录片，面向世界发行到更多的国家和地区，更有力地推动东南亚国家历史文化的继承与发扬，树立中国制作影视作品的良好声誉，促进中国—东盟文化产业合作水平不断提升。

三、演艺娱乐

相较于其他产业类型，中国与东盟国家在文娱演出方面的交流合作相对发达。中国与东盟国家艺术团双方互访每年可高达数百次，艺术团体层次和规模逐年提升。尤其是中国的实景演出水平相对较高，与东盟国家丰富的自然资源有着良好的合作基础，在这方面已有不少成功的实例。广西基于大型实景文艺演出《印象·刘三姐》《锦宴》的成功经验与东盟各国开展合作，依托各国名胜风光，挖掘当地文化元素，以开发实景文艺演出作为重要切入点，利用中国资金、技术和成功经验对接东南亚各国的自然文化资源和市场,在不断扩大中国文化国际影响力、促进商务经贸往来合作的同时,进一步实现中国与东盟国家的互利共赢。2016年,中国山水盛典文化产业有限公司与越南文化管理演出公司签署了越南岘港、下龙湾、河内、会安、富国岛五地的实景演出合作协议。2017年7月,中越首个合作实景演出项目《玄珍公主》在越南岘港首演。①

在中外文化交流合作的过程中,广州相关院团已经有过多次成功的实践,具备扎实的商业演出实力。大量的粤籍华侨华人仍保留着听粤曲粤剧的习惯,广东音乐和粤曲粤剧被海外华人华侨亲切地称之为"乡音",这为广东音乐和粤曲在海外民间的传播和交流奠定了扎实的基础。广州音乐曲艺团在东南亚地区的演出十分活跃,近五年来,以组团、小分队或个别人员受邀形式分别在新加坡、老挝、越南、柬埔寨等国家开展多场广东音乐表演,观众人数累计近两万人。成立于1959年的广州杂技团(现广州市杂技艺术剧院有限责任公司)通过继承和创新中国的传统杂技技艺,不断吸取舞蹈、艺术体操、戏剧等门类的艺术精华,形成了既富中华传统内涵又具岭南现代特色的表演风格,受到亚洲、非洲、欧洲、北美洲、拉丁美洲及大洋洲等几十个国家观众的热烈追捧,优秀作品斩获国际大奖无数。2017年6月,广州市杂技艺术剧院亮相新加坡,为"广州文化周"系列活动奉献四场演出,能容纳千余名观众的新加坡嘉龙剧场场场爆满,观众尽享耳目一新的视听盛宴。

广州建设离岸文化中心,在演艺娱乐业开展合作,应依托广州本土优势文化艺术资源,积极发挥粤剧、杂技、木偶等特色演艺品牌的辐射效应,不断开拓国际市场。支持推动院团和艺术工作者与东南亚国家和城市的文化艺术机构、文化艺术工作者建立长期稳定的合作交流机制,共同挖掘东南地区的文化资源,创作面向国际市场、具有吸引力和生命力的精品力作,策划开展地区和国际巡演活动。演艺娱乐的投入较大,但当项目成

---

① 宾阳、郭凯倩:《十一载耕耘 十一载收获——中国—东盟文化论坛走过十一年》,载《中国文化报》2017年9月1日。

功举办或落地之后,往往能够收获极为热烈的反响和关注,因此是一种高投入、高回报的产业模式。广州可以加快演艺与旅游休闲、工艺美术、创意设计等相关产业的融合,丰富旅游演艺产品,培育国际旅游演艺市场,设计开发演艺衍生产品,实现双方文化产业的互利共赢。

四、动漫游戏

动漫游戏市场拥有庞大的消费需求和快速增长的市场空间,中国国产动漫游戏产业近年来原创作品质量、数量不断攀升,迎来了发展的黄金时期。中国传统动漫作品《大闹天宫》《哪吒闹海》等片曾经在各大国际电影节上为中国赢得巨大荣誉。近年来,《熊出没》《秦时明月》《西游记之大圣归来》等中国原创动漫作品纷纷走出国门,不仅赢得了市场和资本的认可,也在潜移默化中实现了中华优秀文化的对外输出。游戏将文学、影视、音乐等各种文化形式的特点集于一身,具有强大的文化承载力与艺术包容性,并能够通过游戏场景和人物等标示性符号的设置把本土文化传播出去,比硬性传播更能起到事半功倍的效果,这使得游戏具有横跨多个领域、极为强大的文化承载能力。随着国内游戏市场逐渐成熟,越来越多的中国企业将目光投向海外,游戏产业已经成为中国文化贸易出口的急先锋。例如,腾讯游戏产品《王者荣耀》就选择了率先突破文化、地缘比较相近的泰国和越南等市场,再逐渐走向"一带一路"沿线更多国家。① 中国的动漫游戏用户群体巨大,产业链相对成熟,与东盟国家相关产业的代工制作、代理发行、联合发行等领域存在巨大的合作空间。与此同时,东盟国家动漫游戏市场正在不断兴起,越来越多的东南亚本地动漫游戏发行商开始与中国联手合作。2006年7月,中国与马来西亚签署了"小樱桃"系列动漫产品版权出口协议,这是中国动漫产品在马出口第一单,

---

① 《游戏产业是中国文化贸易出口急先锋》,搜狐网,http://www.sohu.com/a/155209493_115832。

释放出巨大的创汇潜力。2016年,广西人民广播电台与柬埔寨、老挝媒体合办电视栏目《中国动漫》,联合译制一批中国优秀动画片,向东南亚观众输出推介中国动画片的经典大作和最新作品。游戏方面,2016年,30余款中国手机游戏成功跻身印度尼西亚、马来西亚、菲律宾、新加坡和泰国年度游戏前200名。越南拥有东南亚地区最大的游戏市场,占有东南亚40%的游戏市场份额,去年同样有多款中国游戏出现在越南畅销游戏榜前列。①

作为文化新兴产业之一的动漫产业在广州基础雄厚,产业链齐全。数据显示,广州有近400家动漫企业,2016年实现增加值预计约100亿元;游戏企业1300余家,2016年实现增加值预计约400亿元;全市年营业收入超亿元的动漫游戏企业达23家;广州动画片年产量和播出量全国领先。② 近年来,广州涌现了漫友、原创动力、奥飞等一批知名动漫企业以及《喜羊羊与灰太狼》《猪猪侠》等优秀动漫作品,还拥有网易游戏、3K游戏等国内领先的游戏企业和《大话西游》等游戏产品,在推动动漫游戏走向国际市场方面具有较强的实力。

广州建设离岸文化中心,在动漫游戏产业开展合作,要逐步优化动漫产业结构,提升动漫产品质量,打造动漫精品,形成有序竞争的动漫产业体系和相互支撑、相互作用的动漫产业链条。支持畅销的动漫游戏网络文化产品针对东南亚国家的不同市场特征、文化背景和用户喜好,融入当地文化元素,包装制作不同版本,并实施本地化销售推广策略。加强创作培育,鼓励动漫企业关注外国文化题材,特别是海上丝绸之路等具有跨国沟通优势的题材,如海上丝绸之路、郑和下西洋、华侨华人移民、妈祖传说等具有跨国沟通优势的题材,在提升原创能力和文化品位的基础上,针对不同国家的文化民俗心理的特征,适当增加和体现多元文化的要素,逐步

---

① 邵希炜:《中国与东盟国家动漫游戏产业合作具有五大潜力》,中国经济网,http://www.ce.cn/culture/gd/201703/22/t20170322_21268302.shtml。
② 黄宙辉:《动画片年产量全国领先 广州拟建设"动漫之都"》,金羊网,http://news.ycwb.com/2017-09/29/content_25550060.htm。

开发具有深厚文化内涵、面向国际市场文化需求的动漫游戏精品。鼓励动漫游戏企业与"海丝"沿线国家动漫游戏企业合作，整合国际的动漫游戏设计、生产、运营、IP等资源，搭建国际化产业协作链条进行优势互补，积极发展动漫设计、制作的离岸外包服务，共同开发国际市场。充分发挥中国国际漫画节的平台优势，优化漫画节动漫游戏展的展示发布、交流、贸易洽谈和专业服务功能，定向邀请东南亚国家的动漫作家与企业参与比赛、展览、交易，将其打造成为国际知名的动漫及其衍生产品的展示交易平台。

五、工艺美术

工艺美术，指美化生活用品和生活环境的造型艺术，它将物质生产与美的创造相结合，以实用为主要目的，并具有较强的审美特性。中国与东南亚之间存在着深厚的文化渊源，相似、相近的文化背景和审美趣味使得雕塑、刺绣、编织、剪纸、陶瓷、漆器等艺术形式和产品在东盟各国中均受到广泛接受与喜爱。凭借丰富的自然资源和劳动力比较优势，中国与东南亚国家都拥有较强的制造业基础，这为工艺美术产品领域的合作提供了良好条件。

广州以"三雕一彩一绣"为代表的工艺美术行业历史悠久、基础雄厚、技艺独特，适合作为开展对外文化交流和文化贸易的切入点。广州十三行曾是工艺美术业的圣地，也是能工巧匠汇聚的人才基地。康熙年间，从十三行走向内廷的两名中国玻璃技师曾将掌握的欧洲先进技术灵活应用，制造出融合中外工艺的优秀作品"雨过天晴刻花套杯"，代表着当时工艺界的最高水平。凭借十三行，广州的玻璃、珐琅、雕刻、钟表、木器等工艺行业以及美术水平一度在国内甚至全世界范围内占据统治性的主导地位，也为全国培养和输送了大量优秀的工艺美术人才。历史上海上丝绸之路中的重要贸易商品——外销"纹章瓷"，以中国陶瓷的工艺结合西方的文化元素，可以说是古代中国面向国际市场开展文化产品生产的典型案例。

广州建设离岸文化中心，在工艺美术行业开展合作，应鼓励广州的传统工艺企业和从业者有效保护传统技艺，与创意设计、现代科技和时代元素融合，不断开发新技术、新工艺、新产品，促进保护传承与创新发展密切结合。在此基础上，针对东南亚市场需求，推进传统工艺产品与创意设计、现代科技和时代元素融合，通过文化创意增加工艺品的文化含量和科技含量，提高工艺品的附加值。鼓励广州的工艺美术行业与东南亚的工艺美术业者交流合作，主动邀请东南亚手工艺从业者、艺术家前来展示作品、传授技艺、交流经验，促进中国与东南亚工艺美术匠人互访流动、互相学习、相互融合，相互学习和借鉴传统工艺美术保护和传承的经验。鼓励工艺美术创作者主动学习和吸收域外文化元素，以中国传统工艺为基础，结合国际市场需求和当地文化题材，积极开发和创作具有当地文化特色的工艺美术产品，并打通市场渠道，积极开拓国际市场，优化资源配置，不断提升工艺美术行业水平标准，利用自贸区带来的贸易自由化、关税优惠等有利政策，为双方产业合作推动传统产业的转型升级共同努力。

第六章

广州离岸文化中心与动漫产业

文化折扣是开展文化交流与合作时面临的重要难题之一，离岸文化中心借助特殊的运作模式可以有效降低文化折扣。动漫产品由于自身的特征，文化折扣相对较小，非常适合作为建设离岸文化中心的重点产业进行突破，动漫产业的国际化也有着积极的经济效益和社会效益。广州动漫产业发展基础良好，大力发展动漫产业，开发国际市场，可以助推离岸文化中心建设，促进国际文化交流与合作。

第六章 广州离岸文化中心与动漫产业

第一节 离岸文化中心与降低文化折扣

国际文化贸易中面临的一个重大问题就是文化折扣,影响文化折扣的因素很多,离岸文化中心的主要特征是利用国际文化资源开发国际文化市场,并且在文化生产中鼓励跨国合作,因此是探索降低文化折扣的有效路径。

一、文化折扣的概念与内涵

文化折扣(cultural discount)这一概念最早由加拿大学者霍斯金斯(Colin Hoskins)和米卢斯(R. Mirus)提出。他们认为,由于文化背景的差异,普通观众理解和接受异国语言文字的文化商品会有一定障碍,因此文化产品在国际市场上对其他国家受众的吸引力会有所降低甚至难以接受。[1] 他们将文化折扣的概念应用于影视节目贸易,并进行了深入研究。因为文化产品的特殊性,其价值重点在于内容要素,大部分都有着复杂的起源和背景,对于在同种文化中生活的受众可能耳熟能详、容易理解而具有较强的吸引力。但是,对于不同文化背景的人而言,由于文化差异和文化认知程度的不同,在接触异质文化产品时,对陌生文化产品内容要素的理解、兴趣、认同等都会大大降低,导致消费者对文化产品的接受程度也会降低,进而影响文化产品的使用价值。

文化产品的公共性与价值决定方式,决定了文化折扣的影响力。文化产品在消费上具有"公共性",以电视节目为典型,不同的观众可以共同

---

[1] Hoskins C, Mirus R. *Reasons for the U. S. Dominance of the International Trade in Television Programmes.* Media, Culture and Society, 1988, 10 (4): 499–504.

（甚至同时）消费文化产品，一位观众观看和享受，并不会使得文化产品消耗掉，也不会影响别的观众观看或享受。即使为了满足其他地区市场的需求，电影拷贝需要复制和冲印，但是，其复制成本相对于最初的生产成本是很小的。文化产品的生产成本相对固定，文化产品的价值可以因为不断增加的观众而增值，获得更高收视率、更高观影人数、更多点击量的文化产品的价值就更高。但是，这种因观众增加而增值的范围不可能一直扩展下去，文化折扣的存在对文化产品的价值增值产生了切实的制约。生产文化产品的厂商希望将产品推向更广阔的市场，吸引更多的观众，因为这样可以用相对较小的边际成本获得更高的边际收入，特别是出口到国外赢得更多的海外收入。但是，面对不同文化背景的观众，由于理解的难度增加以及由此对产品的兴趣降低，使得产品在国外市场能够实现的价值相对于国内市场而言，会有一定程度的减少，类似于打了折扣。因此，文化折扣使得在国际文化贸易中确定文化产品交易的经济价值时，必须考虑其中的文化差异因素。文化折扣所要表述的意义是，国际市场中的文化产品，由于其内蕴的文化因素不能被其他国家或地区的受众所认同或理解，进而可能导致吸引到的观众人数比例可能逐渐下降，从而使得文化产品可能实现的最大价值降低。

当然，不同文化背景，并非仅仅由国界来决定。事实上，在一个多元文化的大国中，不同地域之间、不同族群之间的文化差异也许并不比不同国家之间的文化差异更小，而有着相似语源文化的国家之间的偏好差异甚至也可能比不同文化群体之间的差异更大。调查显示，美国观众对外国电影或电视节目非常挑剔，外国电影或节目进入美国市场的文化折扣非常高，观众不仅不能接受配音或字幕，甚至讨厌英国口音的英语。因此，即使是同样的英语语言文化背景，美国观众对英国口音的英语节目都有着强烈的抵触情绪。英国从 20 世纪 60 年代就开始热播的肥皂剧《加冕街》（*Coronation Street*）的制作公司格林纳达公司主动提出免费给美国任意一家商业电视网试播几个月，但是没有一家电视网同意接受。①

霍斯金斯和米卢斯对此进行了更为深入的研究，内容涉及文化折扣的表现、控制策略，同时提出了测度文化折扣的计算公式：

文化折扣 =（国内相应产品的价值 – 进口价值）/国内相应产品价值

霍斯金斯和米卢斯指出，文化折扣与国内市场大小具有密切的联系，拥有最大的国内市场成为一个国家文化产品最具竞争优势的主要原因，因此，可以通过各个国家与美国的"文化距离"来理解美国电视节目在世界各国所售的不同价格。

也有学者从字面上将"cultural discount"翻译为"文化贴现"。"贴现"是金融业的专业术语，票据持有人在票据到期之前，拿没有到期的票据到银行兑现或作支付手段，同时，银行根据市场利率以及票据的信誉程度规定一个贴现率，计算出贴现日至票据到期日的贴现利息，因此，贴现的票据在兑现时收到的金额相比票面金额会有一定的减少。贴现是基于资金的时间价值，因此，贴现率也主要是以利率为基础，根据时间长短而变化。与贴现基于时间的密切关系不同，文化折扣更多地考虑的是空间距离，尤其是抽象的文化距离。不同国家与文化产品的原产地之间存在着文化距离，从而导致文化产品在出口到外国市场时获得的价值与原产地相比会产生一定的扣减。而不同文化距离的国家，形成的扣减比例会有所差异，也就是文化折扣率的差异。

二、文化折扣的影响因素

文化折扣产生于跨文化传播的过程中，因此，来自不同文化背景的人们会形成怎样的理解障碍，以及如何跨越障碍进行有效的跨文化传播，就是分析文化折扣产生的原因，以及解决文化折扣问题的关键所在。霍斯金

---

① 考林·霍斯金斯、斯图亚特·迈克法耶蒂、亚当·费恩：《全球电视和电影：产业经济学导论》，新华出版社2004年版。

斯等人认为，跨境交易后电视节目或电影产生文化折扣现象，是因为产品进口市场的观众通常难以理解和认同外国文化产品中所描述的生活方式、价值观、历史、制度、神话甚至自然环境等因素，而语言的不同是文化折扣产生的一个重要原因，因为配音、字幕、不同口音的理解难度等干扰了欣赏①。一个明显的例子就是，在英国家喻户晓的木偶剧 Spitting Image 在荷兰表演时，由于文化背景不同的原因，荷兰人不得不再加一个荷兰木偶来介绍该剧，并在屏幕上增加介绍性语言，这严重影响了观众对该剧的欣赏兴趣。深入的研究显示，同样在跨文化的传播中，文化产品的形式和内容类型也是重要的影响因素，导致文化产品有着不同程度的文化折扣。

从文化产品的形式和风格来看，不同类型的表现形式对文化折扣有着重大的影响。舞台表演的艺术形式，需要亲临现场，整体的文化氛围要求更高，即时性的表演也不可能有暂停、重播的机会，因此，比非舞台表演的艺术形式的文化折扣要高。在舞台表演的形式中，以对白为主要表现方式的类型，如话剧、歌剧、戏曲，又比以形象为主要表现方式的类型如舞蹈、杂技、武术表演的文化折扣更高。事实上，根据各地的经验来看，中国对外交流的文艺表演中，一般都是武术表演更容易吸引观众，杂技剧由于理解的障碍相对较低，是最受欢迎、商业化效果也最好的舞台表演形式。

从文化产品的内容特征来看，不同的内容表述形式对于文化折扣有着重要的影响，这一点在电影的类型片上充分地反映出来。从跨文化交流的一般性规律来看，图像比文字的沟通效果更好，抽象的设定比复杂的历史更容易理解。因此，一般说来，真实背景的现实剧要比虚拟架空的科幻剧、历史剧要比现代都市剧的内容更需要文化背景来理解，因而文化折扣更高。同时，剧情、喜剧等对白更复杂的内容，比动作、科幻等更多依靠场景取胜的影片文化折扣更高。研究者根据对美国电影在香港票房收入的

---

① 考林·霍斯金斯、斯图亚特·迈克法耶蒂、亚当·费恩：《全球电视和电影：产业经济学导论》，新华出版社 2004 年版。

实证检验,分析不同类型电影产品在全球化与本土接受中的文化折扣、跨文化预测性(或预测性缺乏)的现象,发现好莱坞喜剧电影这一特定电影类型与其他类型电影相比文化折扣度更高,由其在美国的票房来预测香港票房绩效的可预测性较低,背后原因是幽默的高度文化特定性,很难在翻译过程中将幽默原汁原味地表达出来,因此在跨文化传播时不易被接受。科幻片则是最具普遍性的电影类型,好莱坞科幻电影在香港的文化折扣较低,可以由其美国票房相对预测其在香港的票房绩效。一些电影类型表现出混合的样式,如好莱坞动作片和家庭片,在香港的文化折扣程度较低,但它的跨文化预测性与其他类型相比程度居中。爱情片的文化折扣程度不强也不弱,在美国的票房绩效可较好地预测香港的票房绩效。① 根据中国市场的票房绩效分析,不同类型的美国影片在中国市场的文化折扣有很大差异,动作片、科幻片、冒险片、灾难片的文化折扣度相对较低,剧情片、家庭片与本国的文化、生活等密切相关,文化折扣相对较高;加入时间有关的变量之后,只有冒险片和灾难片的检验结果依旧显著,其票房绩效受上映周数及档期的影响较小,说明这两种类型电影在中国的文化折扣最低。这类影片更强调以引人入胜的悬念、场面恢宏的镜头来表现主题,也更容易为异国观众所理解,相对而言障碍较小,因此文化折扣非常低。②

具体到现实的文化产品中,不同国家、不同类型、不同内容的产品都可能产生相应的文化折扣,需要更加具体细致的分析。但是,要指出的是,还需要区分可以降低的、无法降低的与不需降低的文化折扣。有的文化折扣是可以降低的,但是,有些文化折扣是不需要降低的,因为这涉及文化产品本身存在的意义。有学者提出,无论有没有无法降低的文化折扣,都有不需要降低的文化折扣。当某种文化正是某部电影或文化产品的

---

① Francis L F L:《文化折扣与跨文化预测:以美国电影在香港的票房绩效为例》,载《文化艺术研究》2008年第1期。

② 程静薇、马玉霞:《美国电影在中国市场的文化折扣:基于2009—2013年的票房数据》,载《重庆社会科学》2014年第4期。

存在意义，正是为了展示作者的创作意图或内涵时，抽离了其文化特质就失去特色或意义，因此，应该从另一种角度来看，存在一种不需要被刻意降低的文化折扣，因为正是这样的文化使得作品的存在有意义。① 因此，不能完全不顾及文化产品本身而只抽象地谈论降低文化折扣，而应该根据文化产品的实际，尽可能在不损害文化产品本身特性的前提下，探寻有效降低文化折扣的路径。

三、离岸文化中心与降低文化折扣

整体上而言，不同国家和民族的文化经过上千年的积淀与传承，难以在短期内改变不同文化之间的差异和距离，因此，文化产品的折扣仍然将长期存在。但是，作为具体文化产品的创作者和生产者，仍然可以积极考虑在文化产品中，如何通过有效的手段减少国外观众的陌生感，制造亲切熟悉的感觉，尽量增加文化产品的可接受性。

离岸文化中心处理的是外来的文化资源，面向的是国际文化市场（或者同时也面向国内市场，但是海外市场所占比重更大）。文化商品的生产和传播需要面对不同国家的文化差异，文化资源的多样性决定了离岸文化中心需要克服的困难，包括语言的理解障碍、沟通中受众文化心理的差异等，这些因素都是在离岸文化中心的运作中，利用国际文化资源和开发国际文化市场时会遇到的文化差异的挑战。离岸文化中心必须更积极地面对文化折扣问题，如果能够克服文化沟通中的障碍因素，充分利用国际文化资源相对国际受众而言反而更加熟悉的特点，结合自己的文化优势，形成兼具特色的文化产品，更能满足国际文化市场的需要。因此，离岸文化中心的文化生产模式具有较好的国际适应性，可以在一定程度上有效降低文化折扣，这也是离岸文化中心特殊功能的体现。

---

① 杨欣茹：《从华语电影在两岸三地的票房差异再论文化折扣》，载《当代电影》2014年第10期。

首先,从文化资源的利用和文化市场的拓展来看,离岸文化中心在进行文化创作与生产时最主要特征之一就是开发利用源自国外的文化资源,针对国际市场进行文化创作和生产,甚至可以结合受众的需要进行适当调整,以更符合受众的心理,对于目标国际受众来说形成较强的熟悉感。在中国文化"走出去"过程中,不少地方尝试用中国戏曲演绎外国名剧或名著,既利用国外资源,讲述目标国家耳熟能详的故事,又充分展示了我们自己的艺术特色,形成了一大亮点。国家京剧院对歌德的名著做了中国化演绎打造的实验京剧《浮士德》,在意大利演出时大获好评;湖南省昆剧院尝试用中国传统戏曲的形式演绎莎士比亚著名戏剧故事,编排的昆曲版《罗密欧与朱丽叶》赴英参加爱丁堡边缘艺术节,英国观众对该剧表现出极大的热情,演出上座率有八成以上。① 这种运用传统艺术手法呈现西方经典的做法,就是"以中国话语讲述世界故事"的有益尝试。这也是离岸文化中心常用的艺术创作生产方式之一,可以有效降低外国观众对中国文化艺术的生疏感,增加其欣赏兴趣,提高市场接受度。

其次,从文化产品的创作生产来看,离岸文化中心鼓励甚至要求来自不同国家和文化背景的工作人员进行合作,共同创作文化产品,尽量让更广泛的受众接受。美国发展离岸文化中心,开发出大量广受国际市场欢迎的文化产品,非常重要的条件之一是其历史上吸引了各国移民,他们很多仍然保留着原来的语言、宗教、习俗等文化元素,同时又融入美国的经济和社会,因此,能够更加容易地形成跨文化合作生产的团队,在开发其他国家文化资源和市场时有着便利的条件。例如,中国观众熟悉的动画片《花木兰》,在动画制作上融入了许多中国文化元素,很多画面背景就像是一幅幅中国古代的泼墨山水画,不求精致写实,但求意境悠远,不管是人物造型还是背景建筑,甚至连烟雾的线条形状,都有浓浓的中国风,这种画面风格在迪士尼以前的动画中从来没有过。这背后的主要功臣就是华

---

① 牛梦笛等:《文明互鉴新景观——2016年文化走出去发展报告》,载《光明日报》2016年12月29日。

人动画家,包括来自中国台湾的刘大伟、张振益以及来自大陆的骆世平和王颖光等参与制作并发挥了重要作用。① 甚至片中主角的英语配音都选用华人,花木兰由演过电影《喜福会》的华裔女星温明娜配音,男主角、花木兰在军中的上司李翔,则由演过百老汇剧《蝴蝶先生》的华裔男星黄荣亮配音,可以说尽了最大努力来消除跨文化制作和传播中可能产生的隔阂与障碍。

在文化产品的形式上,离岸文化中心也可以主动选择容易被外国观众接受的产品形式。例如,动漫产业就其自身的产品特征和产业特征来看,文化折扣相对较低,适宜开展国际化发展,是建设离岸文化中心的重要突破口。当然,必须注意的是离岸文化中心不是纯代工,外来文化资源与本土文化特色如何融为一体,需要细致地研究,否则,简单纯粹地利用国际文化资源开发国际市场,可能会成了迎合国际市场需求的代工,不能真正发挥离岸文化中心的效用。

第二节 动漫产业作为建设离岸文化中心的重点产业

动漫产品的内容丰富,形式多样,文化折扣相对较低,动漫产业走向国际障碍相对较小,在经济效益和社会效应方面都有着积极的作用,因此非常适合作为建设离岸文化中心的重点产业。

一、产品层面:动漫产品的文化折扣相对低

动漫产品在技术、艺术和产品层面都具有明显的特征,易于适应不同

---

① 张静:《美国经典动画角色造型案例的研究》,华中师范大学硕士学位论文,2008年。

文化背景的观众需求,其生产和传播文化折扣较低,可以为离岸文化生产有效利用。

(一) 动漫产品的技术特征

科技和通信技术的进步带动了新媒体动漫的发展,创造了动漫产品和服务的新形态,丰富了动漫产品结构,尤其是大量动漫技术(如三维动画制作技术、渲染与物理仿真技术等)的创新发展和广泛应用在很大程度上主导了动漫产业的发展走向。动漫产业从生产方式上看,与电脑 IT 技术有着密切的关系。在今天的动画制作过程中,不采用电脑技术的作品已经是少之又少,虽然目前仍然不乏手绘或者定格拍摄手法的作品,但是,主流的创作手段已经与计算机技术密不可分了。技术进步的方向,往往决定了一个国家和地区在动漫作品制作方面的能力和水平。三维动画制作技术具有资产的可重用性等成本优势以及在透视精确度方面的先天优势,使场景构建更为写实。渲染与物理仿真技术的进步,则使得更加逼真和更有震撼力的动漫作品更易实现,易于拉近跨文化观众的心理距离。在动漫技术写实化、精细化的支撑下,故事内容可以得到极大的拓展,越来越多的制作公司开始通过动漫形式讲述"成年人喜好的故事",动漫内容的受众从少年儿童向成年用户扩张,动漫产品也适合于演绎超越具体时代和文化背景的抽象或架空世界中的故事,从而降低具体文化背景知识对理解的影响。

(二) 动漫产品的艺术特征

与其他文化产品类别相比,动漫作品更多是虚构的、艺术的内容呈现,不受时空、人物、语言的限制,可以有效地降低文化折扣。第一,动漫题材构思经常超越真实世界的限制,易于表现架空的故事情节,可以较为自由地嫁接来自不同国家的各种文化资源,与各种最新的大众文化、流行文化的元素相结合。第二,动漫不需要真人演出,人物形象可以自由创造。不同形态类别的人物可以在动漫作品中融洽地出现,尤其是可以发挥想象力塑造各种超越现实特征的新颖人物形态甚至物种，从而避免人物形象特征引发的固定联想。第三，影视类动漫作品没有真人发声，作为配音作品，可以很自然地根据不同对象国家的语言选择相应的配音演员，从而获得较为舒适亲切的体验。第四，动漫作品擅于运用较为夸张的表现手法，具有浅显易懂、极易接受和便于理解的艺术特点。因此，动漫产品在跨文化交流中的理解和接受相对更为容易，非常适合作为开展离岸文化生产实现跨文化交流的先锋。

（三）动漫产品的产品特征

动漫产品具有多样性的产品特征，根据文化部、财政部、税务总局2008年12月联合颁布的《动漫企业认定管理办法（试行）》，动漫产品包括动漫软件、漫画、动画、网络动画（含手机动漫）、动漫舞台剧（节）目、动漫衍生品等。动漫作品不仅拥有与其他影视作品同样的电视片、电影、电子游戏等载体，还有独特的纸本漫画载体。动漫作品的展示和播放对画质的分辨率、网速的适应范围较宽，在跨境传播上更具优势。动漫的衍生品尤为丰富，得益于动漫作品的虚拟性、艺术性，其产品种类创新空间巨大，不仅包括使用动漫形象有关的服装、玩具、食品、文具用品、日用品、装饰品等，由此形成日常生活全面覆盖的接触点，增加了熟悉的机会，还可以根据动漫作品的艺术特征设计主题餐厅、漫画吧、主题乐园等创新形式的衍生品，以适应不同年龄、不同层次、不同消费力的用户，也易于适应不同地域的消费文化特征，从而降低文化折扣。

二、产业层面：动漫产业国际化程度高

动漫产业是以"创意"为核心，包含动漫图书、报刊、电影、电视、音像制品、舞台剧和基于现代信息传播技术手段的动漫新品种等动漫作品的开发、生产、出版、播出、演出和销售，以及与动漫形象有关的服装、玩具、电子游戏等衍生产品生产和经营的产业。动漫产业具有消费群体

广、市场需求大、产品生命周期长、高成本、高投入、高附加值的特点，^① 同时，动漫产业的国际化程度相对较高，适合成为建设离岸文化中心的重点产业。

（一）资源的国际化：动漫产业对国际文化资源的利用更为便利

动漫产业的策划与制作受到的约束条件相对较少，可以开发利用的文化资源范围更广，因此，对国外文化资源的开发和利用更为便利。以日本动漫作品为例，其取材范围广泛，主题涵盖内容宽广，超越了本国文化的界限，选用了丰富多彩的内容。日本动漫既从自己的本土文化中寻找题材，从古代日本战国到未来东京，又从亚洲邻国乃至世界各国的历史文化中寻求宝藏，从希腊罗马神话到欧洲贵族生活，从圣经故事到佛教传说，从中国的四大名著到紫式部的《源氏物语》，不一而足，具有极为广阔的想象空间。^② 丰富的选材内容使得动漫产品可以拉近与作品题材来源地受众的心理距离，并在潜移默化中杂糅自身的文化特色和价值取向。因此，国际动漫企业常常以其领先的动漫制作技术，在本土内容创作中与目标市场国家的动漫企业合作，发掘当地历史文化和内容资源，以实现本土化的竞争优势。

（二）市场的国际化：动漫形象的国际市场接受程度相对较高

许多动漫产品的形象鲜明，具有极强的艺术性，同时在内容上又具有兼容性，因此，在国际文化传播中受到广泛国际市场受众的接受和喜爱。动漫产品的贸易在国际文化贸易市场中占据了较大的份额。美国的

---

① 李娟：《中国动漫产业发展问题分析》，载《经济论坛》2007 年第 3 期。
② 韩英、陈少峰：《中国动漫产业发展的对策分析》，载《东岳论丛》2006 年第 5 期。

动漫产业出口仅次于计算机行业,网络游戏业已超过好莱坞电影业,成为全美最大的娱乐产业;日本广义的动漫产业实际上已超过了汽车产业;第三动漫大国韩国,其动漫产品出口额远高于国内市场销售额,占据国际市场 10% 的份额。我国动画电影票房前 20 名的排行榜上,来自国外的制片达到 15 部。全世界的动漫产品消费中,有相当大的比重是来自进口,动漫产业的跨国传播程度高于一般的文化产品,国际市场的接受度相对较高。

(三) 生产的国际化:动漫产业链的国际化分工较为成熟

20 世纪末以来,高新技术的发展对动漫产业的生产方式产生了深远影响。信息技术的突飞猛进使得动漫作品的制作环节得以轻易分割组合,为动漫产业扩大规模、提高生产效率、延伸产业链条注入了新的活力。新科技促进动漫产业链的重新整合,形成从动画创作、动画策划到动画投资制片、生产管理、外包加工、出版发行、衍生品开发等一个完整的协作体系,动漫制作和生产模式的国际合作更加便利。动漫产业生产的国际合作与其他文化产业相比更为成熟,主要表现在两个方面:一是动漫产业生产链条容易分割外包制作,因此成为生产环节分布最为国际化的文化产业,国际合作已成为动漫作品开发的流行方式。动漫产品制作通常包括创意阶段、前期制作、中期制作和后期制作四个阶段,各工序的工作成果都可以与劳动者分离而独立存在,且可以通过通信网络等低成本的工具进行跨国传递和交流,使得在全球范围内寻找优质资源从而做到总成本最低成为可能。美国是最早的动漫服务的发包地国家,日本、加拿大、韩国甚至包括欧洲的一些国家,都曾经承担过或正在承担美国的动漫外包业务。外包不仅为发包国带来了利润,也为接包国传授了技术、管理以及市场运作经验,使接包国积累了资金、培养了人才,为其原创的大发展奠定了基础,对接包国民族动漫产业的发展发挥了积极的促进作用。二是动漫技术与动漫内容开发企业的国际合作增强。在美、日等动漫制作技术强国竞争的背后,贴近目标市场的内容竞争更加激烈。具有技术优势的国际企业与具有文化内容优势的本土企业加大合作力度开发动漫作品，对本土的受众更具针对性，深受中国观众喜爱的迪士尼动画电影《功夫熊猫3》即由美国和中国的动漫企业联合制作出品。

（四）传播的国际化：动漫产品的国际化传播更为广泛

得益于动漫作品的产品特征，动漫产业的国际化传播在新一轮互联网传播革命中得到了突飞猛进的发展。从播放平台来看，除了传统的电视台和院线外，互联网尤其是移动互联网视频播放逐步成为主流。互联网传播为动漫产品的传播带来新的思路。一是互联网传播打破了地域的界限，使得世界各地的动漫受众得以在同一"时空"中共同观赏动漫作品和进行互动。二是针对某种亚文化现象甚至某个IP的"粉丝"群体制作小众的动漫作品有了现实的可操作性。以往的一些小成本制作由于宣传发行的费用较低，很难做到高收益。在各种兴趣社区和口碑网站的推动下，一些有内涵的作品，也能够有机会被更多观众所认知，得到很好的市场效益。三是互联网的交互性，使得"粉丝"群体与创作方的互动达到空前的热度。由于技术的赋能，观众和"粉丝"群体也同时参与到创作中来，其中最具代表性的就是表情包和弹幕，通过对原有作品的参与和二次加工，形成了独具特色、更具趣味性的全新作品体验现象。

三、国家层面：动漫产业"走出去"意义重大

动漫产业是我国重点发展的战略性新兴产业之一，在文化内容产业国际贸易总体逆差的形势下，动漫产业却呈现顺差，且产量快速提升，成为文化对外贸易尤其是版权贸易的新亮点和新增长点。动漫产业作为文化产业的龙头，以其独特的产品特性、国际化的产业发展特征，最有机会代表国家参与文化贸易领域的国际竞争与合作，能够成为我国建设离岸文化中心的重点产业。

（一）动漫产业的经济规模不断增长

动漫产业被誉为21世纪最具创意的朝阳产业。我国动漫产业近年来发展迅速，产值不断增加，在世界动漫产业市场具有较高的认可度。2015年，我国动漫产业总产值达1131.58亿元，较2010年增长140%（见图6-1），出口收入14.20亿元，较2010年增长178%。

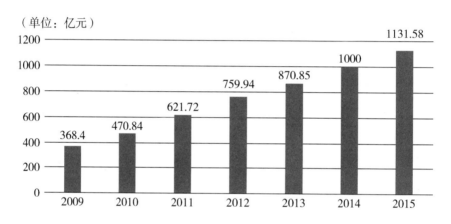

图6-1　2009—2015年中国动漫产业总产值变化情况

作为动漫市场主体的动漫企业在产业化潮流中快速成长，规模实力持续增强。截至2015年，全国通过认定的动漫企业累计达到730家，其中重点企业43家。原创动漫作品越来越受到市场欢迎，国产动画电影无论是票房收入还是市场份额都在大幅提升，与进口动画电影的票房收入差距逐年缩小（见表6-1）。

表6-1　2010—2015中国动画电影票房收入构成

类型 年份	国产片		进口片	
	票房（亿元）	票房比例	票房（亿元）	票房比例
2010	1.80	39.30%	2.78	60.70%
2011	3.11	20.64%	11.96	79.36%
2012	4.02	29.78%	9.48	70.22%

续表6-1

年份\类型	国产片		进口片	
	票房（亿元）	票房比例	票房（亿元）	票房比例
2013	6.13	37.56%	10.19	62.44%
2014	11.50	37.62%	19.07	62.38%
2015	19.25	45.37%	23.19	54.63%

数据来源：牛兴侦.2016年中国动漫产业发展报告［M］.北京：社会科学文献出版社，2016.

国产漫画所占市场份额亦在稳步提升，从当当网2012—2015年动漫类畅销图书前500名情况来看，中国大陆作者的作品数量所占比例已从2012年的27.6%（138种）上升到2015年的43.6%（218种）。① 国内动漫产业的成熟壮大，为动漫产业"走出去"积蓄了巨大的动能。

（二）动漫产业拓展对外文化贸易初见成效

早在"十二五"时期，我国动漫游戏产业就已开始加速国际市场的销售拓展。2003年，网龙旗下的《征服》在美国正式运营，走出了国产游戏出口的第一步。2004年，《剑侠情缘（网络版）》签约马来西亚、越南等国，宣布中国游戏开始进入东南亚市场；同一年，《航海世纪》成为第一款被韩国引进的国产游戏。动漫游戏产业表现尤其突出，出口规模保持年均52%的复合增长率，其中2016年自主研发网络游戏海外实际销售收入为72.3亿美元（见图6-2），占中国游戏市场实际收入的31.4%，同比增长36.2%，较2008年更是暴涨了100倍。② 尤其东南亚国家是中国动漫游戏产业的重要市场，2016年，27款中国游戏进入了印尼游戏应用Top 200（前200名）；32款中国游戏进入了马来西亚游戏应用Top

---

① 牛兴侦：《2015年中国动漫产业发展报告》，见卢斌、牛兴侦、郑玉明主编《2016年中国动漫产业发展报告》，社会科学文献出版社2016年版。

② 国家新闻出版广电总局、中国音数协游戏工委：《2016年中国游戏产业报告》，中国书籍出版社2016年版。

200；29 款中国游戏入围菲律宾游戏榜 Top200；26 款中国游戏入围新加坡游戏榜 Top 200；29 款中国游戏进入泰国游戏 Top200；14 款中国游戏进入越南游戏 Top 200。①

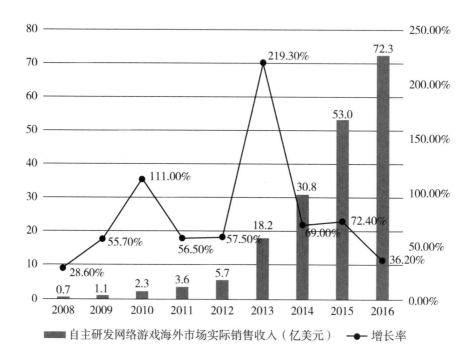

图 6-2　2008—2016 年我国自主研发网络游戏海外市场销售收入变化情况

　　近年来，随着国内动漫产业实力的上升，动漫企业开展对外贸易的形式从低端的产品外销向更大规模的动漫制作外包、合作制片的方式转移。2016 中国苏州动漫国际合作峰会上，英国绿眼电影公司、俄罗斯天堂影业集团公司、哥伦比亚电影发展公司等 6 家海外公司分别与"苏州欧瑞"签署版权合作协议，决定开展 6 部动画电影的联合制片。这些项目均为投资 800 万美元以上的大制作，其中最大投资额为 1500 万美元，项目投资

---

① 邵希炜：《中国与东盟国家动漫游戏产业合作具有五大潜力》，中国经济网，http：//www.ce.cn/culture/gd/201703/22/t20170322_21268302.shtml。

总计达6800万美元。① 加强国际合作，承接动漫制作外包，不仅能接收技术外溢，借力培养适合市场需求的动漫人才，还能为原创作品提供资金支持，为进一步进行国际合作原创开发提供渠道。

（三）动漫产业"走出去"对改善国家形象有积极作用

动漫产业作为文化产业的种类之一，不仅能够对国民经济发展做出较大贡献，而且也是文化价值的重要表达媒介。相较于文学和影视等文化表现形式，动漫能更直观地向受众图解文化、阐释价值观，是输出国家文化最为重要的大众传播手段之一。长期以来，美国、日本等文化输出强国不仅将动漫产业作为其经济全球化的重要砝码，也大力借助动漫传播将本国文化和价值观传播到世界各地，加强国际社会对该国的文化认同。以动漫大国日本为例，日本非常重视动漫外交，将动漫产业的输出视为提高其文化国际影响力、淡化其经济低迷国际形象的重要手段，动漫外交已经上升为国家的外交策略。为此，日本政府还利用各种充满"特色"的行政手段来支持动漫产业，日本外务省利用"政府开发援助"中的24亿日元"文化无偿援助"资金，从日本动漫制作商手中购买动漫片播放版权，并将这些购来的动漫作品无偿地提供给发展中国家的电视台播放，使得这些国家不用花巨资购买播放权也能够看到日本的动漫片，扩大了日本动漫的传播范围。日本积极将海外观众对日本动漫的兴趣转化为政治资本，通过动漫文化输出日本的价值观，促进海外受众与日本的相互理解与友好。② 进入自媒体时代，在相对平等、自由和全球一体化的网络文化空间内，美、日动漫的文化高地优势已经显著降低，中国文化的影响力不断提升，动漫产业的迅速发展给中国动漫的国际化传播带来了新的机遇。充分利用新媒体时代便利条件，积极培育具有鲜明的时代特征、适应国际市场需求

---

① 杨露：《苏州动漫国际合作峰会落幕 签下6800万美元版权大单》，凤凰网财经频道，http://finance.ifeng.com/a/20161219/15087380_0.shtml。

② 殷俊、代静：《跨媒介经营》，四川大学出版社2006年版。

的动漫产品,就能在新时代的国际文化传播中占据优势,借助动漫产业"走出去"积极传播良好的中国国家形象。

(四) 国家鼓励动漫游戏产业"走出去"

早在 21 世纪初,国家就注意到了动漫产业的发展潜力。2006 年以后,国家成立了以文化部为牵头单位的十部委部际联席会议机制,极大地推动了中国动漫产业自主化、原创性的产业发展。国家动漫产业政策有序推出、延续发展,有力地推动了我国动漫产业的发展,并明确了动漫"走出去"政策导向。"十一五"时期,数字内容和动漫产业被确定为国家重点发展的文化产业九大门类之一。"十二五"期间,文化部为动漫产业单独发布了《"十二五"时期国家动漫产业发展规划》,明确提出"充分利用国内国外两个市场,通过信息共享、政策咨询、宣传推广、境内外参展、表彰鼓励等方式,推动动漫企业、产品和服务走向国际市场,全面提高我国动漫产业国际化水平"。进入"十三五",文化部又在《"十三五"时期文化发展改革规划》中强调动漫产业"走出去",要求推动中国国际网络文化博览会、中国国际动漫游戏博览会等重点文化产业展会市场化、国际化、专业化发展;支持原创动漫创作生产和宣传推广,培育民族动漫创意和品牌,并着重推动国家动漫产业综合示范园建设和动漫游戏产业"一带一路"国际合作,提升公共文化机构以及动漫游戏等领域的技术装备系统水平。为了扶持动画产业的发展,国家新闻出版广电总局还建立了 17 个国家影视动画产业基地,设立了"原创动漫扶持计划"等奖项,并拨出专项资金用于扶持优秀动画原创产品生产、技术服务等。

由于动漫产业的特殊优势,在"一带一路"的国际合作中动漫产业也获得重视,文化部印发的《文化部"一带一路"文化发展行动计划(2016—2020 年)》中有关于推动"一带一路"文化产业繁荣发展的内容,明确提出了动漫游戏产业的"一带一路"国际合作行动计划,要求发挥动漫游戏产业在文化产业国际合作中的先导作用,面向"一带一路"沿线国家和地区,聚焦重点,广泛开展,搭建交流合作平台、开展交流推广活动，促进互联互通，构建产业生态体系，发挥中国动漫游戏产业创新能力强、产业规模大的优势，培育重点企业，实施重点项目，开展国际产能合作，实现中国动漫游戏产业与沿线国家合作规模显著扩展、水平显著提升，为青少年民心相通发挥独特作用。文化部部长助理于群在2017年第十三届中国国际动漫游戏博览会上，就推进动漫游戏企业参与"一带一路"国际合作提出五点意见，包括：鼓励中国与沿线国家动漫游戏企业开展合作，在共商、共建、共享原则下，共同打造良好的产业生态体系；鼓励中国与沿线国家动漫游戏企业开发传承弘扬沿线国家优秀文化、反映各国间友好关系的动漫游戏产品，把宝贵丰厚的文化资源转化为产业优势；鼓励中国与沿线国家文化企业共建有利于动漫游戏传输、分发、运营、翻译等的渠道，相互参加动漫展会，使之成为企业、信息、资本、人才交流的平台；鼓励中国与沿线国家动漫游戏企业利用动漫游戏技术将优秀的历史文化资源进行数字化转化、开发和展示；鼓励中国与沿线国家动漫游戏企业将动漫游戏产业与经济、社会发展各领域深度融合，并采用营销新模式，主动融入国民经济发展的大格局。政府在国际舞台的积极斡旋，为中国动漫产业营造了良好的外部发展环境。

综合来看，动漫产品具有文化折扣相对较低的特征，动漫产业的国际化程度相对较高，国家也非常鼓励动漫产业走出去，因此，动漫产业非常适合作为建设离岸文化中心的重点产业。广州的动漫产业基础良好，可以加快发展动漫产业，助推离岸文化中心建设。

第三节 广州加快发展动漫产业的良好基础

以动漫产业为首的文化创意产业是广州产业转型升级的重要方向之一。早在2006年，广州市即在全国率先出台了《广州市进一步扶持软件和动漫产业发展的若干规定》和《关于加快软件和动漫产业发展的意见》

两个扶持性政策文件,从 2007 年起的 5 年内,每年安排 1.5 亿元资金,用于扶持软件和动漫产业发展,在产业政策、税收、技术、人才、资金投入、知识产权保护等方面大力支持,推动动漫产业实现跨越式发展。2016 年,广州市又出台了《关于加快动漫游戏产业发展的意见》,并计划投入 1 亿元继续大力扶持动漫游戏产业发展。在政策持续有力的支持下,广州动漫产业总体发展势头良好,呈现出产业规模大、企业竞争力强、产业链完整、市场影响力高等特征。

一、总体产业实力较强

广州动漫产业发展一直处于全国前列,也带动了动漫相关产业及其他文化产业发展。广州有近 400 家动漫企业,2016 年实现增加值约 100 亿元;游戏企业 1300 余家,2016 年实现增加值约 400 亿元;全市年营业收入超亿元的动漫游戏企业达 23 家。① 广州动漫产品生产规模较大,约有 30 家核心企业生产原创动画片,年产动画片近 200 部,时长近 3 万分钟,年播出动画片 24 万分钟,产量和播出量一直在全国原创漫画、电视动画片城市前列。原创性国产网游动漫产业规模保持年均超过 50% 的速度发展,已经是具有较强竞争力和带动效应明显的国内行业龙头。据广电总局的统计,2012 年全国原创电视动画片生产十大城市中广州位列第二②。根据《全国报刊零售发行调查报告》显示,广州漫画发行销售指数连续位居全国十大城市前列,原创漫画发行占据全国漫画市场 30% 以上的份额。早在 2005 年,经国家新闻出版总署批准,广州成为继北京、上海、成都之后的第四个国家级网游动漫产业发展基地,华创动漫产业园是目前中国乃至世界最大的集游戏游艺创意、研发、生产、展销、旅游为一体的动漫

---

① 《广州市制定新一轮动漫产业扶持政策,拟建设"动漫之都"》,大洋网,http://news.dayoo.com/guangzhou/201709/29/139995_51836554.html。

② 2012 年后,该排名未再以城市口径发布统计结果。

产业基地。

广州动漫产业近年来不仅在国内占据了领先地位,还在国际上赢得了口碑,国际知名度和影响力不断提升。历史悠久的法国昂古莱姆国际漫画节是一年一度的漫画出版界盛会,在2015年第42届昂古莱姆国际漫画节上,第一次专门设立一个城市作为主宾城市的就是广州。广州代表着中国动漫产业的整体形象去参展,多家动漫企业的作品及衍生产品出现在国际舞台,展现了中国动漫产业迅猛发展的勃勃生机。中国动漫金龙奖"最佳海外漫画奖"与"最佳海外动画奖"全球征稿活动也在昂古莱姆国际漫画节的中国馆启动,旨在吸引海外创作人才参赛,实现中西动漫艺术的交融互补。此外,俄罗斯莫斯科国际漫画节和非洲的阿尔及利亚国际漫画节也设立了中国馆,都是由广州代表中国参展,充分展示了广州动漫产业的实力。

二、优秀企业知名度高

广州涌现出一批在全国具有较大影响力和市场辐射力的知名企业与自主品牌,形成了产业发展的重要骨干和中坚力量。2013年,全市181家动漫重点企业资产合计148.02亿元,实现营业收入102.87亿元。[①] 漫友、原创动力、奥飞、咏声等一批知名动漫企业,以及《喜羊羊与灰太狼》《猪猪侠》等优秀动漫作品在全国形成举足轻重的影响,《猪猪侠》《果宝特攻3》《开心超人联盟》3个品牌入选国家新闻出版广电总局发展研究中心公布的2015中国动漫授权业"十大中国品牌"榜单。2015年,在腾讯集团开展的首届中国动画品牌十强调查中,全国动画企业前25强中广州有8家企业入选(北京5个,深圳4个,上海3个),位居全国城市之

---

① 广州市文广新局、广州市统计局:《2013年广州市动漫重点企业发展情况统计调查报告》,见甘新主编《广州文化创意产业发展报告(2014)》,社会科学文献出版社2014年版。

首。全国互联网企业百强中广州占8席，其中网络游戏企业5家，位列第四，涌现出网易、微信、酷狗音乐、UC手机浏览器等一批有实力的文化互联网企业以及《大话西游》等知名游戏产品。以奥飞娱乐（原名奥飞动漫，于2016年2月更名为奥飞娱乐）、漫友文化等为代表的动漫企业，成为全国动漫行业的领军企业和代表中国文化产业发展水平的品牌。奥飞娱乐经过10余年的发展整合，已拥有从内容设计、产品创作到市场营销的完整产业链，2015年主营收入超过25亿元，领跑全国。漫友文化、原创动力、蓝狐文化等均发展成为上市公司一级子公司。这一大批优秀的动漫企业，不仅在国内享有较高的知名度，也逐步走向海外，加强与国际机构的合作，不断提升国际影响力。

三、原创精品不断涌现

广州原创动漫成就突出，大量精品不断涌现，先后创造了"喜羊羊与灰太狼""猪猪侠""开心超人"等观众耳熟能详的动漫形象，集聚了超强的人气。原创动力公司创作的"喜羊羊与灰太狼"已成为国内最具知名度的动漫形象，《喜羊羊与灰太狼》在2005年6月推出后，陆续在全国近50家电视台热播，最高收视率达17.3%，大大超过了同时段播出的境外动画片，其授权及参与拍摄的系列电影创造了多个国产动画电影票房过亿的佳绩（见表6-2），曾连续3年蝉联全国动画电影的票房冠军。2010年，广东原创动力公司以"嘉年华"形式将"喜羊羊与灰太狼"带至台湾，首次将大陆的动漫形象输入宝岛；2011年年初，该公司正式与美国迪士尼建立战略伙伴关系，授权迪士尼全球代理《喜羊羊与灰太狼》的衍生产品，100集动画片《喜羊羊与灰太狼之羊羊快乐的一年》通过迪士尼的渠道在亚太地区52个国家和地区播映。台湾漫画家敖幼祥扎根广州多年，创作推出的《乌龙院》系列漫画，连续10年占据全国漫画畅销榜榜首。广州本土产的知名动漫《美食大冒险》也在世界多个国家播放，创下海外出口第一的纪录。

表6-2 国产动画电影票房收入排行榜前10名

序号	影片名称	票房（万元）	上映年份
1	西游记之大圣归来	95635	2015
2	熊出没之雪岭雄风	29558	2015
3	熊出没之夺宝熊兵	24809	2014
4	喜羊羊与灰太狼之开心闯龙年	16759	2012
5	喜羊羊与灰太狼之兔年顶呱呱	13925	2011
6	喜羊羊与灰太狼之羊过蛇年	12494	2013
7	喜羊羊与灰太狼之虎虎生威	12438	2010
8	十万个冷笑话	11982	2014
9	喜羊羊与灰太狼之飞马奇遇	8624	2014
10	洛克王国4：出发！巨人谷	7697	2015

资料来源：中国电影票房网（http://www.cbooo.cn）。

四、专业交流平台活跃

广州动漫产业的集聚催生出一批高水平的专业动漫交流和交易平台，与动漫产业相互作用，影响力日益扩大。由国家新闻出版广电总局和广东省人民政府共同主办的中国国际漫画节，自2008年以来已成功举办了10届，是国内最大也是唯一以原创漫画为主要内容的动漫节展。每年均吸引过百名海内外动漫名家、权威学者、业界精英和超过300家动漫相关企业、机构商参与，参观人数从最初的13万人上升到25万人，日均参观人数超过5万人次，搭建起以创意成果交易和人才推介为主要内容的动漫产业平台，有力推动了广州乃至全国动漫产业的繁荣与发展。中国国际漫画节成为中国漫画行业的国家品牌，还被列为《"十二五"时期国家动漫产业发展规划》重点支持的三大国家级动漫会展品牌之一，其动漫游戏展已成为全国第二大动漫节展。

自2007年起，素有"中国动漫奥斯卡"之称的动漫金龙奖落户广州，随后被整合成为中国国际漫画节的系列活动之一，使中国国际漫画节的关注度更加高涨。动漫金龙奖连年推出大量新人新作，还将部分作品版权输出至世界各地，使得中国动漫创作影响日增。2016 年，动漫金龙奖启动国内首个评估原创动漫综合竞争力的动态指标体系——中国二次元指数，为二次元 IP 评估事业提供了客观公正的第三方监测评估体系，成为产业的"晴雨表"。由中国美术家协会、中共广州市委宣传部、广州市文学艺术界联合会共同主办的"首届全国动漫美术作品展览"也于 2017 年 12 月举行，展览内容聚焦于民族风格、中国气派的漫画与动画原创作品。这是中国美术家协会首次作为主办方举办全国性的动漫美术专项展览，而该展评选出的前 60 件作品的作者将具备申请加入中国美术家协会会员的一次条件，无论认可性还是享誉度，都处于全国顶级水平，标志着以"动漫"为主要形式的独立的全国美展进入了一个从无到有的崭新时代。① 这次展览是继中国国际漫画节、中国动漫金龙奖原创动漫艺术大赛后，又一个落户广州的全国顶级漫画美术盛事。

五、产业配套链条完整

经过多年的发展，广州动漫产业已经形成了以动漫创作和表演、网络游戏、手机游戏等为主要环节的产业链，同时配套的衍生品制造比较发达。据广州市 2013 年对动漫重点企业发展情况统计调查发现，181 家动漫重点企业涵盖了动漫游戏、网络动漫、漫画制作、电视动画、电影动画、动漫作品放映、衍生产品、动漫培训、动漫版权经纪、动漫软件开发应用、动漫展览、动漫配音、动漫作品复制等多项业务。作为先进制造业高地，广州在动漫产业关联度高的文具、服装、玩具等产业具有突出优势，广州还是国际知名的动漫衍生产品流通中心，拥有 28 家大型专业批发市场，为动漫产业的衍生品开发、销售奠定了良好基础。与此同时，动

---

① 罗仕：《全国顶级动漫美术盛事落户广州 将于 12 月在广州开幕》，金羊网，http://news.ycwb.com/2017-07/21/content_25253750.htm。

漫服装、玩具、文具、食品、礼品等动漫衍生品的不断创新又提升了广州传统制造企业产品的附加值，为传统产业的转型升级增添了动力。

广州动漫产业的发展有着良好的基础，但是我们也要看到，近年来动漫产业格局发生了很大的变化。进入2015年以来，《大圣归来》《十万个冷笑话》《我是MT》等作品纷纷登陆大银幕，并取得不俗成绩，国内动漫电影市场和动漫网剧市场出现了一次巨大的发展机遇。但是，在这次的爆发式增长中，广州地区的作品，在创意、制作水平等方面与国内先进水平相比存在一定差距，在全国产业格局中的地位相对下降。这一方面是因为广州地区的大量动漫企业规模较小，大型动漫产品筹备能力有待提高[①]；另一方面则是由于动漫制作技术领先度不够，一流动漫产品生产能力有待提高。

动漫产业将面临新一轮大发展的机遇，广州市正抓紧制定新一轮动漫产业扶持政策，落实动漫产业扶持资金，将建设"动漫之都"纳入广州文化发展"十三五"规划，提升动漫产业发展水平。未来广州动漫产业的发展可以融入建设离岸文化中心的战略大方向上，发挥广州的整体产业优势，不断提升国际化的水平，成为离岸文化中心建设的重点产业。

第四节　广州以动漫产业为突破助推离岸文化中心建设

结合我国文化对外贸易的特征和阶段，广州应该结合自身优势，在新兴领域寻找建设离岸文化中心的突破口。当前中国动漫产业正在迎来崭新

---

① 根据2013年广州对181家动漫重点企业的统计显示，大部分企业规模偏小。在从业人员数方面，只有18.5%的企业的从业人员年平均人数为100人或以上，超过一半（53.9%）企业的从业人员为20人及以下，38.8%的企业从业人员为10人及以下。

的机遇期，产业格局悄然发生变化。广州要继续保持动漫产业在国内的领先优势，必须转变发展思路，创新扶持方式，在加快推动动漫产业发展的基础上，鼓励动漫企业加强国际合作，瞄准国际市场开发策划优秀动漫作品，以动漫产业为重点助推离岸文化中心建设。

一、科学统筹规划，原创制作并举

政府的扶持对于动漫产业的发展有着举足轻重的推动作用，有利于激发动漫企业生产的积极性，引导社会资源流向。广州动漫产业的第一轮大发展与2006年广州在全国率先出台扶持政策引导动漫产业发展密不可分。动漫产业巨大的经济潜力和重要的社会影响引起了各地政府和产业界的高度重视，在国家政策的规范和引导下，近年来以沿海经济发达地区为代表，全国已经有20多个省市将动漫产业作为重点新兴产业大力扶持，北京、上海、天津、大连、苏州、无锡、杭州、长沙、深圳、成都等地相继出台了地方性的动漫产业发展规划或扶持政策。广州要结合自身产业发展实际，瞄准未来产业发展动向，科学合理制定产业发展规划，推动动漫产业整体实力不断发展壮大，为建设离岸文化中心奠定坚实的产业基础。

在动漫产业规模扩大、产品多样化等产业发展复杂化的背景下，出台新的产业扶持政策首先要提升动漫产业领域内政策扶持的系统化、规范化程度，树立科学的评价机制，使扶持政策公平公正地惠及企业，引导企业有序发展。制定动漫产业政策时应更充分考虑动漫企业及作品的类别，根据不同的标准，对处于不同时期的企业有不同的奖励和扶持办法；对于优秀动漫作品的奖励，可以参考其他省市的动漫政策进行细致的分类，分为动漫电影、原创漫画、原创动画电视等，然后对相应的类目设定相应的奖励和扶持办法，还需要根据是否产生某种结果为标准，将奖励分为行为性奖励和结果性奖励等。

在鼓励原创的同时，积极支持动漫制作，提升技术能力也应当成为广州推动动漫产业发展的重要方向。从动漫制作的技术基础来看，广州具有信息技术产业优势,拥有网易、微信等众多互联网技术重量级企业,只要有效鼓励信息技术企业与动漫企业相结合,为动漫企业建立海量动画数据库,就能使动漫制作水平实现整体突破。广州必须重视动漫制作和研发的发展,也要将这些环节加入扶持政策中,并按照一定的标准进行奖励,从而引导信息技术企业能更加积极地投入到动漫制作技术的研发合作中。在此方向的引导下,要客观看待动漫产业中的外包服务。外包业务从短期来看,确实只能获得一些利润。但是,从长期来看,能接到一些有更高要求的外包项目,特别是来自欧美国家以及日、韩等发达国家有实力的企业的项目,则能够使本土团队有机会学习到先进的制作理念、技术和经验。今天的澳大利亚、新西兰、爱尔兰、新加坡、印度等国的动漫产业蓬勃发展,特效水平越来越高,都是从承接国外订单、承接大制作的一部分镜头开始做起的。动漫行业的制作属于高附加值的产业,这一点与传统制造业有着本质的区别。有实力的制作公司不但能够获取高额利润,更能够通过参与制作学习先进经验,实现技术突破,磨炼团队形成自己的风格。当团队制作能力达到一定水平后,只要与适合的创作能力结合起来,产生优秀的原创作品则是水到渠成。轻视外包和制作,可能导致企业在规模、技术研发、硬件平台等方面的落后,这种制作与创作的落差加剧,又会反过来制约创作能力的施展。同时,对制作的轻视也导致对制作人才的重视程度不够。一大批懂技术、有经验的人才纷纷北上,人才不足也成为制约广州动漫产业发展的重要因素。因此,应当鼓励广州的动漫企业积极参与到动漫制作、技术研发等领域中来,特别是承接具有国际背景的动漫和计算机动画(computer graphics,CG)项目。这些项目具有强大的知识扩散效应,必须给予充分的重视和鼓励。

加大动漫产业扶持资金投入力度,同时增强扶持资金的引导效果。动漫生产正在经历从单纯追求数量向追求质量转变,提升动漫生产的质量对动漫企业在人才队伍、软硬件投入方面都有着更高的要求,优秀作品的诞生往往意味着更长的创作周期和更大的制作投入。广州应当加大动漫产业扶持资金的投入力度,尤其是创新扶持资金的覆盖面。从拓宽放映渠道的角度,要增加针对网络平台的动画网剧的鼓励,对于在主流网络视频平台点击量排名前列的作品,择优给予奖励;从延长产业链的角度,由本市企业自主版权的原创动漫作品改编的游戏作品,可给予游戏开发公司一定的资金扶持;从鼓励创业的角度,加强创作早期阶段的扶持力度,对于完成知识产权登记的创作早期的项目给予创作补助等,从而更全面地推动更多优秀动漫产品的涌现。

二、建设公共平台,提供公共服务

随着动漫产品所需技术含量不断提升,高科技含量、高资金投入的技术平台越来越重要。而对大部分动漫企业而言,自行购买或建设相关的技术设备成本较高,且使用率相对不足。例如,由于渲染技术涉及大量的基础数据累积,如毛发、布料、水火烟尘等效果,需要耗费大量的 CPU 时间,利用服务外包租用渲染农场或云渲染将会逐步成为主流。因此,以公共平台的形式提供基础支持服务是推动产业发展的重要组成部分,能够降低企业的各项成本,增强本地企业的竞争力。从目前广州动漫产业发展的实际情况看,以下公共平台类别应作为建设重点。

一是以渲染农场(特别是 GPU 渲染农场)、动作捕捉、物理仿真计算为重点的动漫制作技术公共服务平台。这类平台各地都有建设,但是很多平台在建设过程中往往较少参考使用单位、研发单位和产业专家的意见,导致平台功能不够完善,企业使用的效果不佳,没能发挥出应有的效益,因此,建设此类平台的时候,一定要主动从企业应用的实际需求出发给予更明确的引导。

二是以人才引进与培养为目标的平台。应当进一步发挥广州教育资源丰富、国际交往密切的优势,鼓励市内开设动漫相关专业的大专院校积极引进国外动漫游戏相关课程,尤其支持有能力组织国际行业专家授课的平台。

三是以提升动漫企业数字资产、项目管理为核心的服务 Pipeline 管理平台。Pipeline 管理已经成为国际动漫影视制作的标准之一，是提升企业生产效率的重要手段，建设相应的公共服务平台，可给予企业在提升生产效率方面以较大支持。

四是动漫版权评估及交易平台。以国家版权贸易基地（越秀）的版权评估和交易平台优势为基础，打造集版权评估认证、版权授权许可、版权转让、版权融资、版权交易保险于一体的综合性版权交易平台，帮助动漫企业通过版权贸易实现更大的收益。

五是以动漫游戏产业为中心的软科学研究平台。目前，国内动漫企业和政府主管部门对于动漫产业整体发展趋势的把握仍然较弱，建设先进的软科学研究平台，加强统计分析产业相关数据、研究产业发展进程中的重大问题，对于产业政策的制定和企业的经营都有着积极的参考作用。

在技术类平台建设过程中，政府应当组织专家给出相关平台的建设标准，甚至可以直接投资建设技术示范性平台，作为民间建设此类平台的参考和标准。商业机构建设公共服务平台，应鼓励其以市场为导向，可在其建设完成投入使用后给予一定的支持。

三、加大推广力度，开拓国际市场

广州应鼓励企业充分调查了解国际市场，积极寻找当地合作伙伴，用国际化的营销方式推动更多动漫产品走向国际市场。实施原创动漫游戏网络文化产品海外推广计划，以"海丝"沿线国家为突破口，支持动漫游戏企业积极参与国际合作和竞争，并开展本地化的销售推广策略，通过深入研究细分市场，把握不同国家消费市场的文化背景，将畅销的动漫游戏网络文化产品融入当地文化元素，包装制作不同的本地版本以适应当地用户喜好，稳步开拓国际市场。

发挥政府和企业的合力，积极提高广州动漫产业的国际显示度和声誉。鼓励和支持广州优秀动漫游戏企业参加海外知名展会，将代表广州最高创作水平的原创动漫游戏产品和企业有计划、成系列地集中向海外市场推广，为动漫游戏企业寻找新的赢利模式与空间，促进国内动漫游戏产品与国际接轨。鼓励动漫企业集体赴境外参加国际知名动漫游戏展会，或以广州动漫名义组织相关企业集体参展，这有利于吸引国际买家的眼球，建立伙伴关系，学习和借鉴技术，展示广州动漫产业的实力。

进一步提升广州动漫产业交流交易平台的国际影响力，尤其要重视能够凝聚行业人气、促进广州在动漫游戏行业影响力的各类节庆会议论坛。从政策、资金等方面加大支持力度，充分发挥中国国际漫画节的平台优势，优化漫画节动漫游戏展的展示发布、交流、贸易洽谈和专业服务功能，定向邀请周边国家的动漫作家与企业参与比赛、展览、交易，使之整体向国际化、品牌化、专业化迈进，打造成为国际知名的动漫及其衍生产品的展示交易平台，将动漫金龙奖及其二次元指数打造成为国际动漫产业的风向标。吸引更多大型动漫专业展览活动、峰会论坛等落户广州，将动漫国际专家、采购商邀请至广州，为动漫企业提供在家门口对接国际主流动漫市场的机会。

四、挖掘多元题材，鼓励跨国合作

广州应加强创作培育，逐步开发具有深厚文化内涵、面向国际市场文化需求的动漫游戏精品。走技术创新与市场开发相结合的产业发展路径，鼓励动漫企业关注外国文化题材，突出民族风格和时代特点，开发具有深厚文化内涵、深受国外受众喜爱的动漫游戏精品，特别是海上丝绸之路等具有跨国沟通优势的题材。动漫产品在"走出去"的过程中要考虑国际市场的接受因素，要加大投入提升创作文化产品的国际化运作水平，在提升创作能力和文化品位的基础上，针对不同国家受众的文化心理特征，在本土化的题材中加入国际化的内容，适当增加和体现多元文化的要素，实现不同文化的融合。青春励志、神话玄幻等类型动漫作品的跨文化沟通障碍较小，在不同国家的市场尤其是青少年市场中都比较受欢迎，动漫企业可以有针对性地谋划、构思、制作以本土化的元素为基础，加入国际化的内容，结合青春励志和神话玄幻元素产品类型的动漫作品推向国际市场，提升动漫文化产品的国际吸引力。

广州应充分发挥对外开放的门户作用，将国际先进的动漫创作、制作、经营理念引进来，并通过有计划的国际化合作经营，逐步形成在相关领域的品牌效应。大型动漫产品的制作已经成为一个深度全球化的过程，广州动漫产业"走出去"也要重视国际合作，整合利用国际资源发展壮大。动漫产业的跨国制作模式已经比较成熟，是实现低成本、高质量的一个重要策略，通过合作与国外合作方优势互补，充分利用对方的渠道、平台等优势，从而减少文化冲突和市场壁垒。跨国联合制片会有机会培育出更大的潜在动漫消费市场，对打造动漫国际品牌有着积极推动作用。要鼓励动漫游戏企业进军沿线国家开展研发运营，联合或收购沿线国家动漫游戏企业，整合不同国家动漫游戏企业所掌握的设计、生产、运营、IP 等各项资源，促进国际化的产业合作，以国际合作研发创作的方式进行海外拓展。对这些海外企业或机构实行本地化发展策略，使它们不仅能服务于广州母公司的产品研发和运营，还能在本地进行适合本土的新产品研发，研发出的产品不仅能够在当地销售运营，还能将其引入国内上市。邀请全球顶级动漫制作公司在制作和创作各个环节的骨干人才来广州开展讲学活动，培育和聚集国际人才，推动广州动漫游戏企业最大限度地利用国际人才和技术资源，开发出有广阔市场前景的精品大作，促进广州动漫游戏企业在国际化经营和跨国合作中出效益、上台阶。

五、发挥商贸优势，推动版权贸易

广州应充分发挥自身的政策优势、市场优势和历史文化优势，积极建设动漫产业的国际版权贸易中心。把握文创、设计、技术、资本、人才等各种形式的版权资源跨国流动日益频繁的趋势，立足发展基础，推动动漫产业国际版权产品和服务贸易、版权资源配置、版权消费的发展以及版权人才的汇集，促进国际版权贸易合作，从国际市场的更大范围寻觅新的商机。通过版权贸易,进一步吸收和整合世界各国动漫形象创意、设计、人才等资源,嵌入高端价值链的内容生产体系,对接国内完善的产业链条,生产出更多符合全球市场变化的国际性产品,实现广州动漫产业国际化发展。整合广州多年国际动漫会展活动发展积累下的大量版权主体资源,进一步对接各国权威创作主体组织,实现国际版权资源的海量发布与国际文化会展开闭会期间全时段资源的对接,构建国际动漫版权资源配置和交易基地,实现版权交易主体线上线下的无障碍沟通。

广州建设国际版权贸易中心,要根据跨文化传播规律,从城市文化功能互补、产业互补和资源互补的客观现实出发,在国际版权市场开拓中实施"港澳台—21世纪海上丝绸之路沿线地区—欧美地区"不断扩展的、循序渐进的策略。大陆与港澳台之间语言文字相通,属于同一文化内部不同区域文化,版权贸易的历史长,政策对接好,贸易效率高,广州首先应积极推动开发港澳台地区的动漫衍生产品市场。中国与21世纪海上丝绸之路沿线许多国家和地区,尤其是东南亚地区文化交流频繁,社会文化心理具有较好的共通性,文化的相互认可使得动漫产品的接受程度相对较高。应积极鼓励企业的交流互动,推动动漫版权贸易合作的深化,加强与沿线国家和地区之间的版权贸易合作与联动。欧美地区主流的西方文化与中国文化差异较大,可以人文交流、友好往来为先导,以文化展示为主要传播方式,扩大国际市场对广州动漫的接触面,在增进了解的基础上拓展动漫产品版权的输出。

六、加强产业协作,促进融合发展

版权授权收益是动漫产业新的盈利增长点,广州要鼓励动漫版权授权和版权所有权在动漫产业链上的流通,促进动漫产业链各环节融合发展。一方面,要鼓励小微动漫游戏原创和制作类企业与龙头企业开展各类产业合作,包括小微动漫企业的自主版权作品销售给龙头企业,或与龙头企业共同制作开发,形成优势互补。另一方面,对于能够开展授权并获取千万元级别收益的动漫作品适当进行奖励。此类作品必定在各方面都相当成熟，而经营该作品的公司，也必定有相当规模，对于奖励的需求并不迫切，因此，政策性扶持资金对此类企业和作品主要是起到鼓励和引导作用。

动漫产业的带动力和辐射力强，广州还要进一步利用城市综合资源为动漫产业的国际化发展营造良好的氛围，促进动漫产业与城市发展的互动。规划动漫产业重点园区，加强配套建设，在优化整合动漫相关产业园区的基础上，加强规划和引导，突出特色，形成功能分工明确、特色鲜明的动漫园产业园区，增强集聚力度，积极引进国内外著名的动漫企业和专业人才落户。围绕广州市动漫产业市场长远发展，积极培育人气，开展各项面向公众"漫迷"的大型活动，形成积极向上的良好动漫文化，为动漫产业的发展营造更好的市场氛围。强化市场监管和行业自律，通过法律相关手段规范生产和经营，净化市场，加强产权保护，为动漫产业发展提供健康有序的社会环境，并争取在国际上营造广州动漫产业有序发展的良好城市形象。

第七章

广州离岸文化中心与自贸试验区

建立自贸试验区是我国探索全面深化改革的一项重要制度安排，自贸试验区正成为一场新的制度改革的起点，为全国性的改革破局带来巨大的示范效应。建设离岸文化中心所需要的机制创新可以在自贸试验区内先行先试，为探索更高水平的文化对外贸易与合作提供新的机遇。广州可以发挥自由贸易试验区的优势积极推动建设离岸文化中心，加快国内外文化资本、文化企业、文化项目的对接，为21世纪海上丝绸之路文化交流与合作提供创新平台。

第一节　自贸区与离岸文化中心的机制创新

自由贸易园区（简称为"自贸园区"，即 Free Trade Zone，FTZ）的概念与"自由贸易区"（Free Trade Area，FTA）容易发生混淆。2008 年 5 月，我国商务部、海关总署印发了《商务部、海关总署关于规范"自由贸易区"表述的函》，函中明确根据世界贸易组织的有关解释，指出"自由贸易区"是指两个以上的主权国家或单独关税区形成实现贸易和投资自由化的特定区域，其通过签署相关协定，在最惠国待遇的基础上对市场进行相互开放，逐步取消绝大部分货物的关税和非关税壁垒，对服务和投资的市场准入条件进行改善。"自贸园区"则是某一国家或地区境内设立的实行优惠税收和特殊监管政策的小块特定区域，其在货物监管、外汇管理、税收政策、企业设立等领域实行特殊经济管理体制和特殊政策。根据世界海关组织的前身——海关合作理事会 1973 年订立的《京都公约》的解释："自由区（Free Zone）系指缔约方境内的一部分，进入这一部分的任何货物，就进口税费而言，通常视为在关境之外，并免于实施通常的海关监管措施。"

"自由贸易区"涵盖的范围是签署自贸协定的所有成员的全部关税领土，相较而言，"自贸园区"的特征则是"一线放开，二线管住"，即采取"境内关外"的特殊海关监管制度。"一线"是指自由贸易园区与国境外的通道口，"一线放开"就是在境外的货物以及自由贸易园区内的货物可以自由地、不受海关监管地进出于自由贸易园区；而货物从自由贸易园区进入国内非自由贸易园区，或货物从国内非自由贸易园区进入自由贸易园区时，海关必须依据本国海关法的规定征收相应的税收。本书中如非特别说明，在使用"自贸区"时，一般指的都是"自贸园区"意义上的区域，尤其是我国设立的自贸试验区。

一、自贸园区的特征及发展趋势

自贸园区在海关监管、出口管制、货物流转、金融市场等方面都具有高度的开放性,集中体现为三大自由的核心特征:一是货物进出自由,只要是符合国际惯例的货物都可以自由进出,不受海关惯常监管;二是投资自由,不会因为国别差异而对行业及经营方式进行限制,包括投资自由、经营自由、经营人员出入境自由等;三是金融自由,没有国民待遇与非国民待遇之分,外汇兑换自由,资金出入、转移和经营自由。

随着国际贸易自由化、市场全球化和新兴产业的兴起,自贸园区的功能逐渐从功能单一、以转口和进出口贸易为主的初级水平,或具有生产、加工和贸易功能的中级水平,向功能多样、形成具竞争优势的产业集群的高级水平迈进。自贸园区的业务功能开始主要集中于国际贸易、出口加工、仓储展示、物流分拨等方面,后逐渐拓展到服务外包、工业生产、投融资、金融服务和科技开发等领域。从世界范围来看,自贸园区发展呈现以下新趋势:①

一是区内开展的贸易类型由货物贸易为主向货物贸易与服务贸易并重转变,更加注重服务贸易发展。由于经济全球化和产业服务化不断发展,全球服务贸易发展迅猛,在国际贸易中所占的比例也不断上升。顺应该趋势,自贸园区在大力开展传统货物进出口贸易、转口贸易的基础上,不断增加服务贸易领域的业务,成为推动服务贸易自由化的重要载体。同时,许多自贸园区集聚了跨国公司的总部和研发中心、营运中心、投资中心等功能性机构,服务贸易功能不断向高端贸易功能升级,不断强化贸易营运与控制、离岸贸易等功能。在新产业革命和新技术革命的带动下,自贸园区内的平台整合型贸易、电子商务型贸易、高端贸易中间商等新型贸易业

---

① 肖林:《主动开放战略与上海自贸试验区制度创新》,载《文汇报》2013年11月25日。

态模式也不断发展。

二是自贸园区的功能由贸易功能为主向贸易功能与投资功能并重转变,更加注重投资自由化与便利化。随着全球化的深入推进,跨国投资并购活跃,金额不断增加。自贸园区的功能也不再局限于传统的贸易功能,更多的跨国投资行为在自由贸易园区内开展。自贸园区也主动体现国际投资新规则,实施更为开放和便利的投资自由化政策,着力营造在市场准入、业务经营、投资服务和外资国民待遇等方面高度开放宽松的投资环境,成为各国吸引国际资本的重要区域。

三是自贸园区的业务方式由在岸业务为主向在岸与离岸业务并重转变,更加注重拓展离岸业务功能。离岸贸易在全球化不断深入尤其是跨国公司的分工逐渐深化的过程中得以蓬勃发展,同时推动了以离岸金融为核心的离岸服务功能的形成和发展。自贸园区在发展在岸业务的同时,也在不断拓展深化离岸业务,离岸贸易功能的发展又进一步提升了自贸园区营运与控制功能,在传统的离岸金融服务的基础上,大量新型离岸业务如离岸服务外包、国际维修检测、国际融资租赁、离岸研发数据中心等离岸业务快速发展,带动了自贸园区服务水平的提升。

四是自贸园区的制度安排由贸易自由制度安排为主向贸易自由、投资自由、金融自由制度联动创新转变。在各项国际双边、多边和区域合作经贸谈判的推动下,更高标准贸易自由化和投资自由化正在推行,国际贸易投资规则体系面临重塑。为顺应国际贸易投资新规则的新要求,自贸园区也在积极探索功能创新,不断营造更加自由开放的制度环境,深化拓展贸易自由化制度安排,突出投资自由化制度安排,创新与丰富金融自由化制度安排,进而形成参与全球竞争的新优势。

自贸园区的特殊制度设计和功能特征,以及呈现出来的发展新趋势,正符合全球化不断深化的大趋势,也与文化全球化所推动的跨文化贸易和国际合作有着密切的关系,可以为跨国文化贸易与合作提供便利,同时也为建设离岸文化中心探索机制创新提供平台。

二、自贸区与离岸文化中心的文化贸易机制创新

国际文化贸易是全球文化市场的重要引擎,主要包括文化货物贸易和文化服务贸易。离岸文化中心是国际文化贸易的特殊形式,可以借助自贸区的平台,从文化货物贸易和文化服务贸易两个方面着手,不断探索文化贸易机制创新,为推动更好地实现离岸文化中心的功能提供条件。

首先,在文化货物贸易上,离岸文化中心可以借助自贸区的政策优势以及开放的环境,积极促进文化产品的进出口贸易。一是从税收政策上入手,适应新型文化产品贸易的趋势,借助自贸区的政策优势,减轻文化产品出口企业的税收压力,给予其更多的优惠,对文化企业开展离岸文化生产所需从境外进口的文化资源产品,可制定进口分级税收优惠政策,如果是不进入国内市场销售的,可借鉴保税功能的模式免征。二是可利用自贸区开放环境和创新服务的引力效应,引进优秀文化贸易企业,建立文化产业国内企业的战略联盟关系,推动国内企业实现规模的壮大、技术能力的提高和经济实力的增强。鼓励对外文化贸易企业开发自主品牌和核心文化产品,提升国际竞争力,以实现和同类国际文化企业在文化产品贸易上的抗衡。三是离岸文化中心可借助自贸区的优势条件,为文化企业营造适合其发展的软硬件环境。可从国际人才政策、跨境电子交易、关键技术支持等方面给予文化企业更多的优惠,帮助其开发利用国际文化资源形成更具价值的文化产品,并积极推动文化企业将文化产品及其模式、渠道等推向国际。四是离岸文化中心可利用自贸区海关的自身优势,积极构建便利化的通关环境,提供更为优化的海关监管创新服务。例如,利用单一窗口加强各方协作,使通关流程更为简化和高效。支持文化贸易企业在区内设立专用的保税仓库,从而满足文化产品的仓储条件要求,并降低仓储运营成本。同时,还可支持企业在离岸文化中心内对一些高价值的文化商品开展保税展示业务,以拓展保税展示功能,并探索企业在提供有效担保的前提下展开出区保税展示业务和海关监管模式。

其次，在推动文化服务贸易的扩大发展方面，离岸文化中心可利用自贸区良好的经济优势和政策优势，促进文化服务贸易发展。一是在自贸区内将与文化贸易有关的服务资讯和产业信息等资源进行整合，积极打造文化信息综合服务公共平台，促进文化要素的汇集和交流。二是在自贸区内积极发展离岸外包服务，提供更为完善的政策环境，吸引文化相关企业入区开展文化类的外包业务，形成文化产业的集群效应，并完善配套的产业链条。三是借助自贸区的优势，可创造适合文化服务贸易发展的经济环境，实现金融与文化的融合，以支持文化企业的发展，并吸引更多社会资金投入到文化产业中，助推离岸文化中心建设。

三、自贸区与离岸文化中心的文化管理机制创新

离岸文化中心利用国际文化资源开发国际文化市场，许多内容都需要文化领域多项管理机制的创新，可以借助自贸区的平台优势，通过探索文化投资管理制度、文化金融制度、综合监管制度等方面的制度创新，推动离岸文化中心的业务开展。

在文化投资管理制度上，可以借助自贸区的优势，通过对文化产业投资准入进行探索，以此吸引更多的外资进入，实现外来资本与本土资本的结合，为离岸文化中心的文化产业发展提供更多资金支持。自贸试验区在对文化产业投资准入的管理措施中，可积极探索负面清单管理模式。负面清单管理模式有利于简化外商准入的手续，以便引进更多的社会资本投资到文化产业中，尤其是需要积极鼓励和培育的新兴文化业态和企业。借助自贸区积极实施简化行政审批、放松投资限制、拓宽融资渠道、降低法律风险等方面的措施，同时结合其他营造跨境投资便利化环境的制度，搭建具有良好服务能力的境外投资管理平台，形成吸引外资进入的重要基地，从而使文化领域的跨境投资也得以松绑，区内文化企业共同探索文化投资管理的创新与突破，为境外文化投资提供更好的发展模式，进一步实现对离岸文化中心建设的推进作用。

在文化金融制度上，可借助自贸区的优势，大力提升文化产业的金融支持，为离岸文化中心文化产业竞争力的提升注入更为强劲的金融能量。目前，文化产业的规模逐渐在壮大，文化产业参与国际竞争与合作的广度和深度也在不断地发展，在此背景下，建设离岸文化中心需要文化产业更多地与金融协同创新。自贸区在金融领域开展试点涉及利率市场化、产品创新、汇率自由汇兑等内容，除此之外，还涉及更多离岸业务的开展。要实现文化产业与金融的协同创新，考虑到离岸文化中心文化企业利用境外资源投入较大与海外市场收益较多，凭借自贸区利率市场化以及允许入驻企业开设普通账户和特殊账户等方面的创新，可以尝试允许文化企业开设特殊账户处理海外收入，不必强制结汇而可用于投入扩大再生产。

在创新综合监管制度上，可利用自贸区的优势，逐渐减少与文化产业相关的行政审批的事项，促进文化产业更好地对外发展。传统的审批与核准制与现代文化市场经济中国内外资本快速流动的需求不相匹配，自贸区内对企业的行政管理可按照宽进严出的指导思想，改变商事登记制度，同时结合保税租赁等多种方式，充分且有效地利用国际市场上的先进设备和资源，培育更多对外文化企业。在文化产品审批过程中，传统的审批流程较为烦琐，结合离岸文化中心"两头在外"的特征，对开展离岸文化生产的企业创新管理体制，探索由事前审核管理转向事中、事后审查监管管理的创新，这样有利于离岸文化生产企业更加准确地把握国际市场需求生产文化产品。

自贸区的优势与离岸文化中心的特征可以有效地结合，积极开展文化产业相关体制创新，促进文化产品出口贸易和文化服务贸易，以及文化投资管理制度、文化金融制度以及综合监管制度等文化管理机制的创新，国内外一些著名的自贸区和自贸试验区已经或正在进行积极的尝试，可以提供参考借鉴。

第二节 自贸区推动文化贸易的经验借鉴

从全球范围看,自贸园区作为特殊监管区域,很多国家和地区很早就开始了探索和实践,取得了丰富的经验。中国也于2013年在上海设立了第一个自贸试验区,其后天津、福建、广东等地的自贸试验区也陆续设立,现共有11个自贸试验区,代表国家探索对外开放战略创新,先行先试,以开放促改革,在国家层面的统一指导和协调下,采用基本相同的负面清单制度,同时兼顾区域特色,在粤港澳合作、京津冀一体化、两岸深化合作和"一带一路"建设格局中发挥重大作用。自贸试验区的核心任务在于加快政府职能转变、扩大投资领域的开放、推进贸易发展方式的转变、深化金融领域的开放创新、完善法制领域的制度保障、营造相应的监管和税收制度环境。除了一般性的商品贸易和投资外,文化产业、文化服务、文化贸易作为自贸区明确发展的重点领域之一,各自贸试验区在文化贸易与合作领域也进行了积极探索,取得了有益的经验。

一、境外自贸园区推动文化贸易发展的经验

随着知识经济时代的到来,国际文化产业的迅猛发展,自贸园区凭借其特有的制度环境优势,成为促进境内区外和国际文化产业发展的重要载体,已经涌现出若干具有代表性意义的成功典型。

(一) 新加坡

新加坡由于独特的全球区位位置,具有国际竞争领先优势的税务、金融、监管、商务、人才、航空航运枢纽等环境。按照世界贸易组织的相关规则,新加坡全境几乎都符合国际化的自贸园区的特征,具备管制宽松的

准入环境、国际竞争优势的税收制度、自由汇兑的金融制度、国际化的营商环境和法制环境,自由贸易园区的发展与整个国家各领域的发展已融为一体,其中文化产业也在优良的自由贸易园区的环境中得以良好发展。

新加坡政府从20世纪80年代末开始,就重视文化产业的发展,将文化产业的发展定为国家战略,设立专门机构,制订分阶段的产业发展规划,通过财税优惠、资金扶持等措施加大扶持力度,全面引导和促进文化产业的发展。据新加坡2002年发布的《创意产业发展战略》,新加坡将文化产业定义为"创意产业",即"行业中的群体或个人的创造力和技术,通过知识产权的保障形成具有经济价值的产业",又分为文化艺术(arts and culture)、设计(design)和传媒(media)三大领域。其中,文化艺术包括表演艺术、视觉艺术、文学、摄影、图书馆、博物馆、画廊、档案、拍卖、文物遗址、艺术表演场所、手工艺、各种艺术节以及其他艺术辅助事业等行业;设计包括广告、建筑、网页、时装、室内外装修、制图、工业产品等行业;传媒包括广播(包括电台、电视台和有线广播)、数字媒体、电影和录像、唱片和出版印刷等行业。[①] 新加坡致力于树立"新亚洲创意中心"的声誉,使之成为"文艺复兴城市""全球的文化和设计业的中心""全球的媒体中心"。经过多年的不懈努力,新加坡的文化产业已经成为重要产业之一,世界知识产权组织的数据显示,截至2013年年底,新加坡文化产业增加值占地区生产总值的比重已超过6%。新加坡在亚洲地区属于文化创意产业发展的先锋,在世界范围也是发展创意产业的典范国家。

新加坡文化要素的国际化流动得益于其宽松有序的监管环境和符合国际高标准的贸易和监管规则,这也是促进新加坡文化产业高端发展的重要因素。新加坡实行货物进出自由,凡合乎国际惯例的货物在新加坡(含自由贸易园区)均可自由进出,不存在关税壁垒和非关税壁垒,免于海

---

① 庞英姿:《新加坡文化产业发展的经验及启示》,载《东南亚南亚研究》2013年第4期。

关监管。新加坡也实行投资准入自由,除了少数涉及国家安全的广播、电台等被要求有限制条件,其他文化产品生产以及文化服务贸易等均可自由发展,没有行业限制和经营方式限制。在金融自由方面,新加坡是著名的离岸金融中心,外汇可以自由兑换,资金出入、转移和经营自由,没有国民待遇与非国民待遇之分。这些条件为发展以文化产业为核心的知识服务业,并促进文化和知识服务的国际化拓展奠定了重要基础。近年来新加坡提出向知识经济转型,并向全球输出其知识服务能力,也是有赖于其与国际接轨的自由环境。

新加坡的经济发展得益于政府主导推动产业发展,属于典型的政府管制型国际城市,文化产业的崛起也与政府的主导支持关系紧密。如早在2000年,新加坡政府就发布《文艺复兴城市计划》,提出要将新加坡建设成世界级文化城市,缔造立于不败之地的创新新加坡,使之成为全球文化和商业设计中心、世界媒体城,特别是注意发挥其在设计、影视片制作和动漫游戏产业方面的优势和潜力。新加坡本身文化市场容量并不大,于是将全球市场视为其发展腹地和目标市场,这一国家文化发展战略的实现,正是建基于新加坡以自贸区为主要特征的国际化营商环境和包括了其自由贸易、自由投资等制度的安排,由此得以允许人才、资金等的自由流动,从而吸引全球高素质的人才和机构以新加坡为中心开展全球文化服务。再加上宜业宜居的城市环境,良好的商务发展基础,国际化、便利化的营商环境,为在全球提高其文化产业竞争力和影响力提供了基石保障。

(二)香港

香港作为历史悠久的自由港,自从1995年起,就被布鲁金斯学会等机构连续评为全球最自由的经济体,目前已很好地实现了自由贸易园区的几乎所有规则,甚至在一定程度上大幅超越了现有各国自由贸易园区的制度规则,形成了高度自由的经济制度安排和法制化营商环境,这也正是香港繁荣发展的重要基石。同时,香港作为东西方文化交汇融合的典型区域,也为文化交流和发展提供了特殊的条件。在这些优势的带动下,香港文化产业极为发达，2015年，香港文化及创意产业的增加价值为1089亿元，对香港本地生产总值的贡献为4.7%；文化及创意产业的就业人数为213880人，对香港就业总人数的贡献为5.7%。尤为突出的是香港文化产业的国际化程度非常高，以电影为代表的文化产品在海外市场获得良好收益。

自从20世纪80年代以来，香港文化产业繁荣发展，国际影响力越来越强，在演艺、娱乐、表演、影视、漫画、传媒、出版等领域，都形成了独特的香港文化，引领全球文化潮流。文化产业在香港已经属于重要产业之一，但香港由于本身面积较小、人口也相对较少等原因，与世界主要国家相比，香港本岛文化产业市场规模并不庞大。香港文化产业最为突出的特点在于依靠中华文化的深厚底蕴，不仅深入中国内地，以及东南亚等华人聚居国家的市场，也打开了面向欧美地区的国际市场，成为重要的中华文化产品的输出地。尤其在电影产业领域，凭借着强大的明星魅力、出色的商业片制作能力，香港电影不仅在中国内地和台湾以及新、马、泰等海外华人社会获得了广泛的认同，更是作为华语电影的先锋打入国际市场，将功夫片作为一种独创的类型电影成功推向世界，香港也因此赢得了"东方好莱坞"的美誉。

香港文化产业发展成效和影响的实现得益于香港宽松的管制和自由的市场经济制度，从而面向全球市场发展了规模庞大的具有离岸特征的文化产业，包括文化服务贸易、文化品牌输出、文化人才的全球流动以及吸引全球高端文化要素的回流等多个方面。以艺术品交易为例，尽管香港自身的艺术家相对很少，客源市场也不算很大，但是香港多年来一直是位列纽约、伦敦之后的世界第三大艺术品市场。香港借助特殊的政治、经济、文化和地缘等因素，配合自由贸易区所特有的完备交易和价格体系、完善的中介机构、合理的法律税收制度，大量吸引香港境外的拍卖品和客户，其中最重要的就是依托来自中国内地的艺术品和不断增长的内地收藏家市场。香港拍卖的艺术品具有自己的特色，在传统的中国书画、瓷器、古玩等基础上，非常关注中国油画等现代艺术品。同时在客户方面，依托中国内地不断增长的收藏群体吸引了大量的客户,且对中国台湾地区、东南亚乃至欧美地区的市场产生了巨大的辐射作用,从而造就了香港今日艺术品交易的繁荣。

香港的贸易环境和投资环境自由开放,且外汇进出自由、税收低廉,这些特点均推进着香港文化产业的快速发展。特别是其利用了香港的自由经济制度,充分抓住中国内地及亚太地区与欧美等文化市场需求庞大、文化产品供给丰富的两端,实现了自身作为沟通全球文化、东西方文化市场的重要桥梁和通道。西方发达国家文化机构大多在香港拥有分支机构或亚太地区总部,以中国等亚太新兴国家为主要对象,大力发挥欧美在演艺、娱乐、文艺、影视、展览、设计、文化交流、书报杂志等领域的优势,开拓亚太市场。同时,香港也逐渐成为发展壮大起来的中国企业走向世界的重要窗口。

二、上海自贸试验区推动文化贸易的创新与借鉴

借鉴国际自贸园区的经验,中国也逐步开始设立自贸试验区,积极探索对外开放的制度创新。2013年8月,中国(上海)自由贸易试验区(简称为"上海自贸试验区")经国务院正式批复成立,作为中国第一个自贸试验区,致力于打造成为中国经济新的试验田,实施贸易服务、金融制度、外商投资、政府职能转变和税收政策等多项改革措施,并积极推动上海市转口和离岸业务的发展。上海自贸试验区在开放文化服务领域、建设对外文化贸易基地、创新对外文化贸易管理方面开展了多项创新举措,取得了有益的借鉴经验。

(一) 上海自贸试验区文化服务领域的开放

自成立起,上海自贸试验区在文化服务领域不断推出对外开放的制度和措施,尤为注重文化服务业的对外开放和文化管理模式的转变。

首先,上海自贸试验区加大了文化服务业的对外开放。其总体方案中

提出了对外开放的文化服务业涵盖范围，具体包括信息传输、互联网信息服务、软件和信息技术服务业中的增值电信服务（文化部分），科学研究与技术服务企业中的工程勘察设计，文化、体育和娱乐业中的文娱经纪人、歌舞厅娱乐活动和游戏机、游艺机销售及服务等几个部分。在文化服务业的扩大开放上，上海自贸试验区也采取了许多措施，如允许外资企业从事游戏游艺设备的生产和销售，以及允许经由文化主管部门内容审查过的游戏游艺设备向国内市场销售；允许设立外商独资的娱乐场所，在试验区内提供服务；取消了外资演出经纪机构的股比限制，允许设立外商独资演出经纪机构，为上海市提供服务。

其次，为了使文化企业的投资经营拥有更大的自由度和自主权，上海自贸试验区积极转变文化领域的管理模式。在其总体方案中提出，将外资管理模式由"正面清单"转向"负面清单"，对外商投资试行准入前国民待遇。虽然上海自贸试验区对传统新闻、出版、广电等文化产业领域的限制较多，但对新兴领域，尤其是动漫游戏、视听服务、数字出版、新媒体等领域则相当宽容，给予了较为宽松的生产经营环境。由此也可以看出，文化产业的新兴业态领域，尤其是动漫游戏、视听服务、数字出版、新媒体等领域，将获得更大的创新发展和投资空间。

（二）上海自贸试验区内国家对外文化贸易基地

上海自贸试验区积极建设对外文化贸易基地，在对外文化贸易平台的基础上，搭建更具国际影响力和辐射力的国际文化交易平台，促进数据服务和咨询服务等外包产业的发展，扩大文化产品和服务的国际市场份额，提升文化软实力。2007年，中共上海市委宣传部和浦东新区人民政府发起成立上海国际文化服务贸易平台，在此基础上，2011年正式命名为国家对外文化贸易基地，成为推动中国文化产品和服务对外发展、探索对外文化贸易发展的首块"试验田"。该基地主要将对外贸易的经验拓展至文化贸易领域，着力开发国际文化版权贸易、艺术品贸易、文化装备贸易等领域。截至2016年年底，国家对外文化贸易基地累计聚集420多家企业

第七章　广州离岸文化中心与自贸试验区

入驻，新增入驻企业注册资本超过 14.39 亿元人民币，入驻企业注册资本累计超过 100 亿元人民币。①

上海国家对外文化贸易基地积极利用上海自贸试验区的开放政策，结合文化产业的"走出去"和"引进来"，积极推动着文化产品和服务的生产与对外贸易。一是在自贸试验区实行各项先行先试，探索文化产业的业务创新；二是开展各项前瞻性政策研究，将自贸试验区"负面清单"等模式的实施效果及时反馈给中央；三是为争取更多国家级项目在自贸试验区落地，加快与国家新闻出版广电总局和商务部的联席机制；四是优化审批流程，推进对外文化贸易的便利化，从而提高对外文化贸易的效率。在推动文化对外贸易发展的过程中，国家对外文化贸易基地得到了自贸试验区监管机构的积极配合。自贸试验区海关为满足文化贸易产业发展的需求，对艺术品及相关设备的通关流程不断进行优化，尝试采用新型的监管模式，以更便捷的监管服务支持自贸试验区内国家对外文化贸易基地的发展。

在充分利用自贸试验区的开放政策优势和功能优势的基础上，对外文化贸易基地打造了五大功能平台，即信息咨询平台、国际文化贸易服务创新平台、人才培训平台、展示推介平台及政策试验平台，能为国内外的文化企业提供进出口代理、国际结算、金融投资、商贸咨询、保税仓储、保税租赁、政策研究、人才培训等全方位的服务和支持。② 入驻在对外文化贸易基地的国内外文化企业可享受到针对文化企业的财税扶持政策，保税区原有在海关、外汇等方面的特殊监管区政策，上海文化"走出去"专项扶持资金，以及自贸试验区最新出台的各类开放政策优惠和支持。该基地结合自贸试验区的实践探索与文化相融合的创新业务，增加与国际市场的互动对接，拓展文化发展空间，帮助文化企业实现市场化、专业化、多

---

① 中共上海市委宣传部文化改革发展办公室、上海市商务委员会国际服务贸易处、上海市发展改革研究院：《2016 年上海对外文化贸易发展报告》，中国经济网，http://www.ce.cn/culture/gd/201501/30/t20150130_4474470.shtml。

② 刘昕：《自贸试验区展现文化"万有引力"》，载《国际商报》2014 年 5 月 23 日。

元化和国际化的发展。

(三) 上海自贸试验区促进对外文化贸易的创新

在扩大对外文化贸易规模、促进对外文化贸易的创新上,上海自贸试验区起到了关键作用。上海自贸试验区借助政策优势,为创新对外文化交流方式,拓展文化输出渠道,促进文化产业"走出去",实施了诸多对外文化贸易的创新举措,其中包括了举办境外图书展览、搭建艺术品交易平台和创新文化投资管理制度。

首先,上海自贸试验区探索简化境外文化产品进入自贸试验区的流程。文化企业一般都是通过参加展览来推广介绍相应的文化产品,2014年7月,上海自贸试验区举办首次境外图书展览。在这之前,境外文化产品必须先到港码头报关,之后才能运送至区内,且只能在区内指定展示。上海自贸试验区成立之后,积极开展政策创新,海关相应采取"先入区,后报关"等政策,文化产品不需要在码头等待报关,可以先入库再进行报关,这极大地节省了在码头等待的时间。由于审核流程相对简化,这些境外图书进入自贸试验区的流程大为简便,有力地支持了境外图书展览的举办,为促进图书交易提供了便利。

其次,上海自贸试验区积极搭建文化服务的支撑平台。上海国际艺术品交易中心是我国第一个国际艺术品交易中心,拥有我国首个艺术品专业保税仓库,作为艺术品交易平台能够为海外的艺术品来华展示和交流提供专业保税仓储、运输、保险、展示、交易、评估、质押、鉴定、融资、租赁等一系列产业链全流程服务。自贸试验区向海关提出了用"暂时进出境展示"的方式完成艺术品的境外展览,这些艺术品在展览现场即可实现交易,仅需相关单证回到境内办理,而不需要将艺术品再运回境内办理手续。同样地,简化了境外艺术品在区内进行展示和拍卖的手续,降低展示和拍卖的成本。境外艺术品到境内进行展览时,也可以直接交易。自贸试验区中的商品流动不需要缴纳关税,只要拍卖的艺术品不被带到自贸试验区之外,中标者就不需要缴纳税费,专业艺术品投资者的所有交易也都可在自贸试验区完成,且买卖双方都享受免税的优势。① 对于国内外艺术品的拍卖企业和竞拍者来说,拥有了一个更加自由的交易环境,大大地减少了艺术品跨境拍卖存在的高额交易成本,为促进艺术品交易的发展提供了极大的便利。

最后,上海自贸试验区创新了投资管理制度,以促进文化产业的对外投资。文化产业的发展需要资本市场的有力支持,上海自贸试验区对境外投资开办企业实行的管理方式以备案制为主,通过实行跨境投资便利化制度,在区内集聚跨国公司,搭建包括金融和法律等一系列制度服务的境外投资管理平台,打造国内文化企业"走出去"的重要基地。这给文化投资管理制度探索提供重要的机遇,促使更多的社会资本参与到文化产业投资中,尤其是鼓励和支持国际化程度高、科技含量高、创意含量高的新媒体、数字出版、先进文化装备制造等新兴文化业态,使社会资源得以充分流动,且在全球范围内构建了中国文化企业的投资便利化通道。

三、第三批自贸试验区围绕文化贸易与合作的创新举措

2017年,国务院批复在辽宁、浙江、河南、湖北、重庆、四川、陕西设立7个自贸试验区,并分别印发"总体方案",于4月1日统一挂牌成立。至此,国务院陆续批准并建设三批共11个自贸试验区,由南至北、由东至西形成一个点、线、面的联动开放格局。第三批新设的7个自贸试验区的总体方案中强调加大西部地区门户城市开放力度和带动西部大开发的深入实施,与前两批协同发展,配合"一带一路""长江经济带"等国家战略的实施,并根据自身特点提出了各有侧重的试点任务。第三批自贸试验区都对文化领域给予了高度重视,陕西、河南、四川和重庆四地的自贸试验区在总体方案中规划设置了许多与文化开放和贸易合作相关的创新

---

① 是冬冬:《上海自贸区政策推广后文化贸易基地为何还那么火》,载《东方早报》2014年10月22日。

内容及举措，形成了全面创新推进文化贸易与合作的局面。

（一）中国（陕西）自由贸易试验区

作为古代陆上丝绸之路的起点，陕西具有极大的历史人文优势，因此也是第三批7个自贸试验区中对文化产业的重视度最为突出的省份，在中国（陕西）自由贸易试验区（以下简称为"陕西自贸试验区"）的总体方案中，有很多重视及推动文化产业发展和对外贸易合作的内容。

第一，要求中心片区推进服务贸易促进体系建设，拓展科技、教育、文化、旅游、健康医疗等人文交流的深度和广度，打造面向"一带一路"的高端产业高地和人文交流高地。大力促进文化艺术、数字出版、动漫游戏开发等与文化相关的服务贸易的发展。

第二，提出要创新"一带一路"文化交流合作机制。加强与"一带一路"沿线国家合作，构建全方位、多层次、宽领域的对外文化交流新格局。保护和传承中华老字号，大力推动中医药、中华传统餐饮、工艺美术等企业"走出去"。与"一带一路"沿线国家共同开展文物保护与考古研究工作，开展博物馆国际交流与合作，建设以丝绸之路文化为主题的智慧博物馆国际合作交流平台和历史文化研究交流平台，依托自贸试验区开展陕西文物国际展示、国际交流试点。鼓励社会资本以多种形式参与文化产业和文化园区建设，鼓励民营文化企业健康快速发展。加强对非物质文化遗产、民间文艺、传统知识的普查、保护和合理利用，振兴传统工艺，推进文化创意、设计服务与相关产业融合发展，打造"国风秦韵"等具有国际影响力的文化品牌。建设"中影丝路国际电影城"等一批文化产业项目，推出一批具有国际影响力的文化艺术精品。依托现有交易场所，在国家政策法规允许范围内开展文化艺术品交易业务。

第三，提出发展对外文化贸易。要积极推动文化产品和服务出口，减少对文化出口的行政审批事项。包括拓展艺术品交易市场功能，对完全针对国外外语市场开展出版业务的非公有制企业、中外合资企业给予特殊政策扶持。依托海关特殊监管区域政策功能，促进文化产业发展。加快西安国家数字出版基地、西安印刷包装产业基地建设，创建国家级出版物物流基地。开展文化产品跨境电子商务试点，依托现有交易场所开展文化产品跨境电子交易，鼓励文化企业借助电子商务等新型交易模式拓展国际业务。试点以政府和社会资本合作（PPP）等模式推动对外文化投资。加强文化知识产权保护。积极推进文化金融改革创新。此外，陕西自贸试验区的总体方案中还提出了要拓展文化交流的深度和广度，打造面向"一带一路"的高端产业高地和人文交流高地。

（二）中国（河南）自由贸易试验区

中国（河南）自由贸易试验区（以下简称为"河南自贸试验区"）的3个片区（郑州片区、开封片区和洛阳片区）的重点发展内容中都包含了文化产业。其中，郑州片区主要侧重于文化产业中的创意设计和动漫游戏等的发展。开封片区主要侧重于医疗旅游、创意设计、文化传媒、文化金融、艺术品交易等，并致力于构建国际文化贸易和人文旅游合作平台，打造服务贸易创新发展区和文创产业对外开放先行区，促进国际文化旅游融合发展。洛阳片区则侧重于国际文化旅游、文化创意、文化贸易、文化展示等。除此之外，河南自贸试验区总体方案中提出了要大力发展文化创意服务外包的发展；探索与"一带一路"沿线国家文化交流、文化贸易创新发展机制，推进文化传承和开发，完善服务链条，推进华夏历史文明传承创新区建设。

（三）中国（四川）自由贸易试验区

中国（四川）自由贸易试验区的总体方案中提出了要积极鼓励发展动漫创意等文化服务产业，扩大对外文化贸易。深化艺术品交易市场功能拓展，支持在海关特殊监管区域（保税监管场所）内开展艺术品保税业务，为境内外艺术品生产、物流、仓储、展示和交易提供服务，对从境外进入海关特殊监管区域（保税监管场所）的文化产品，除法律、行政法规和规章另有规定的外，不实行许可证管理。要积极创新文化服务海外推广模式,支持发展以传统手工技艺、武术、戏曲、民族音乐和舞蹈等为代表的非物质文化遗产与旅游、会展、品牌授权相结合的开发模式,鼓励广播影视、新闻出版等企业以项目合作方式进入国际市场,试点国外巡演的商业化运作。

(四)中国(重庆)自由贸易试验区

中国(重庆)自由贸易试验区(以下简称为"重庆自贸试验区")在文化贸易方面的着力点比较具体,提出了创新文化服务海外推广模式,支持发展以传统手工技艺、武术、戏曲、民族音乐和舞蹈等为代表的非物质文化遗产与旅游、会展、品牌授权相结合的开发模式,鼓励广播影视、新闻出版等企业以项目合作方式进入国际市场,试点国外巡演的商业化运作。重庆自贸试验区在总体方案中还提到,要依托自贸试验区内的海关特殊监管区域,加快发展对外文化贸易,支持开展面向全球的保税文化艺术品的展示、拍卖、交易业务,深化艺术品交易市场功能拓展,培育文化产业,重点发展影视后期制作、光盘复刻、印刷、胶片拷贝等。

第三节 广州利用自贸试验区助推文化对外贸易与合作的新机遇

自贸试验区是我国对外开放的重要战略,也是推动文化产业国际化发展的重要推动力,为文化产业的对外合作与贸易提供了崭新平台。在建设21世纪海上丝绸之路的背景下,广州利用自贸试验区优势,迎来了文化产业加快发展的重要机遇,有利于推动文化产业实现"走出去"的国际化发展,促进"文化+"产业新形态的形成,促进文化金融资本的发展,助力文化产业发展的战略平台搭建,形成可复制、可推广的文化管理机制,为建设中国特色的离岸文化中心提供创新平台。

一、中国（广东）自由贸易试验区广州南沙新区片区的现状与功能

经国务院批准，中国（广东）自由贸易试验区（以下简称为"广东自贸试验区"）于2014年12月31日正式设立，下设3个片区，其中广州南沙新区片区（以下简称为"南沙自贸试验区"）占地面积为60平方公里，是整个广东自贸试验区占地面积的一半。早在1993年，国务院就批准设立了广州南沙经济技术开发区，自此开始，南沙新区历经了国家级高新技术产业开发区、独立行政区、南沙保税港区和国家级新区等重要的发展阶段与发展机遇，且在各个阶段不断地对自身的发展方向与功能定位进行调整和完善。2015年，广东自贸试验区正式挂牌，南沙新区作为国家级新区和自贸试验区，自此进入了双重国家战略叠加发展的时期。相较于国内其他自贸试验区，广东自贸试验区的特色定位是推动内地与港澳经济的深度合作。广东自贸试验区的3个片区即南沙新区片区与深圳、珠海的2个自贸试验区片区，依据各自的不同优势，在战略定位上也各有不同：深圳前海蛇口片区借助与香港隔海相望、紧邻香港国际机场和深圳机场两大空港的优势，定位为我国金融业对外开放试验示范窗口、世界服务贸易重要基地和国际性枢纽港；珠海横琴新区片区借助经莲花大桥与澳门相连的优势，定位为文化教育开放先导区和国际商务服务休闲旅游基地，打造促进澳门经济适度多元发展新载体；南沙新区片区位于珠江三角洲地理几何中心，背靠珠三角地区的广阔腹地，定位为以生产性服务业为主导的现代产业新高地、具有世界先进水平的综合服务枢纽和国际性高端生产性服务业要素集聚高地。

在明确的定位指导下，总面积为60平方公里的南沙自贸试验区的功能主要集中在以下几个方面：一是国际航运功能，在海港区块重点发展航运服务业，包括航运物流、国际贸易、国际中转、大宗商品交易、保税仓储、汽车物流等；与港澳联手，积极打造泛珠三角地区的出海大通道，并

在国际航运服务以及通关模式改革领域先行先试。二是高端服务业功能，在加工制造业区块重点发展生产性服务业，包括加工制造、电子商务、数据服务、研发孵化、检测认证服务等；为促进加工贸易企业的转型升级搭建技术研发、工业设计和知识产权等公共服务平台；在中心区块重点发展总部经济、商业服务和金融服务，并积极探索开展人民币资本项下可兑换先行试验。三是境外投资综合服务功能，在中心区块重点发展商务服务产业，培育对外贸易的新业态，构建"走出去"政策、促进服务保障和风险防控体系，积极建设成为国内企业和个人"走出去"的窗口以及综合服务平台。四是粤港澳深度开放合作功能，率先探索在各个领域对港澳和国际的深度开放，在区内探索内地和港澳社会管理创新和经济融合发展新机制；打造粤港澳生产性服务业发展基地，重点发展金融后台服务、专业服务、资讯科技、科技成果转化等。

南沙自贸试验区凭借着自身的优势，大力引进了高科技和新兴产业，积极集聚高端要素，正在形成独特的产业特征和可持续发展动力。产业附加值提高、产业结构优化和竞争力提升，是自贸试验区示范效应和引领作用的重要体现，而自贸区优势与文化产业的结合，可以为文化产业的国际化发展提供良好机遇。

二、有利于文化产业"走出去"，实现国际化发展

在新的历史时期，随着中国与 21 世纪海上丝绸之路沿线国家经济文化联系的日益密切，文化先行、文化产业"走出去"将是 21 世纪海上丝绸之路建设的重要突破口之一。而当前我国企业在"走出去"方面尽管取得了一定的成绩，主要集中在传统的加工制造、能源、批发零售、建筑等行业，分布区域主要集中在东南亚、西亚、非洲的发展中国家，但是仍然有很大的提升空间。珠三角地区作为对外开放的先行地，在吸引外资方面成效显著，但是"走出去"的步伐还不够大，尤其文化产业"走出去"的总体规模还较小，占对外贸易的比例不高，文化产品贸易和文化服务贸

易还未能实现重大突破。21世纪海上丝绸之路建设与自贸试验区战略可以互相促进、相得益彰，为文化产业"走出去"提供良好的机遇。

我国自贸试验区的管理制度安排为文化产业"走出去"提供了许多客观上的便利。一方面，在自贸试验区内，境内机构设立的企业和对外投资项目都由核准制改为了备案制，这对于国内文化企业以自贸试验区为平台，开展国际文化企业并购、国际文化产业投资都将起到有力的促进作用，也将有利于实现国内文化产品的国际输出，特别是珠三角地区规模以上文化企业众多，产业链完整，且具有一定的国际竞争力，这样的制度创新可以充分释放企业"走出去"的需求。而且，自贸试验区采用"境内关外"的制度，注册于自贸试验区的文化企业将可以"走出去"直接开展于境内、境外的投资经营和贸易，更充分地利用好国内、国际文化资源，大力开展离岸文化生产业务或区内的便利化合作。另一方面，自贸试验区的制度规则将逐步实现高标准化，对吸引国外文化企业进驻自贸试验区，积极开拓我国自贸试验区境内区外的文化市场，大力发展离岸文化贸易和服务提供了巨大机会。

三、有利于促进形成"文化+"产业新形态

随着互联网等新经济业态的迅猛发展，由电信业、互联网、传媒业、娱乐业乃至金融业相互融合而形成的文化产业新业态正在成型，文化产业不断创新，逐渐表现出跨产业链的特征，尤其是以文化元素为载体，融合了其他产业的生产工艺，由单一链条组合的纵向环节加快向网络化产业链条模式的复杂化方向发展，这将大大丰富文化产业链的内容，催生更多的产品类型，传统的文化产业业态也将随之发生重大变革，与"互联网+"相类似，"文化+"的发展趋势也将推动大量文化新业态成为主流。

作为融通全球高端要素的重要发展平台，自贸试验区正在由传统的以加工贸易、转口贸易、出口加工型区域向金融服务型、知识服务型、生产服务型、总部经济型转变，嵌入世界经济体系运行的高端控制环节，对全

球文化市场的影响也将更大。除去少数涉及文化安全领域的行业外，自贸试验区的"负面清单"中对文化产业的"限制""禁止"条款正在逐渐减少，文化产业的更多领域和具体细分行业今后将进一步放开，境内外企业或个人投资和经营文化产业的范围和边界还将继续扩充，由此在自贸试验区内将更加容易形成新兴文化产业叠加发展的格局。在自贸试验区宽松的营商环境下，将不断有新兴文化产业业态涌现，特别是南沙自贸试验区拥有大量的可利用空间和蓬勃的市场腹地，发展文化服务业、文化产品加工业的潜力都较大，也更加有可能在众多自贸试验区中形成文化产业发展的比较优势。

四、有利于撬动文化金融资本

融资困难、缺乏国际担保通道一直是内地文化企业国际化发展的重要瓶颈之一。我国境外投资的公司自有资本是主要融资来源，在对广州227家样本企业的调研中，超过50%的企业认为资金不足、融资难是影响企业对外投资的普遍因素，融资渠道不畅、融资成本高昂是企业做大做强的主要难题之一，这逼迫众多企业注册离岸公司或先"走出去"投向中国香港、澳门等地，在境外开展融资，转而回流内地投资变身成为外资企业，这样不仅能实现融资，同时也享受对外投资和外商投资的双重优惠政策。① 这种现象实质上与国内金融制度供给不足有着很大关联，文化类企业同样也面临这样的难题，如广东本地具有实力的文化企业众多，但还少有文化企业能够成功地进行国际化运作。

自贸试验区的金融制度改革将为这一难题提供破解之道。加快金融制度创新、增强金融服务功能是自贸试验区的核心任务之一，这又包括金融市场利率市场化、人民币跨境使用、人民币资本项目可兑换等多方面的具

---

① 葛志专、陈来卿：《广州企业"走出去"现状、存在问题与对策研究》，见朱名宏主编《广州城市国际化发展报告2016》，社会科学文献出版社2016年版。

体目标和任务。以广东自贸试验区为例,其开展了一系列金融制度创新。第一,积极推动人民币国际化进程,加快对跨境人民币业务的探索,建立自由贸易账户体系,为人民币进出提供便利的渠道,搭建自贸试验区内外资金对接机制。争取跨境人民币双向贷款业务在自贸试验区范围内的开展,推动个人跨境人民币汇款试点业务等。第二,广东自贸试验区在区内建设多个金融交易平台。探索在区内发起设立创新型组织,设立21世纪海上丝绸之路发展基金,致力于发展证券期货交易所主导发起的各类不同种类、不同功能的金融法人机构。第三,广东自贸试验区大力推动证券期货行业创新发展。例如,允许境内证券期货经营机构利用自贸试验区机制设立、收购、参股境外证券期货经营机构,或通过境外分支机构探索开展跨境业务;允许港澳地区服务提供者在区内设立的合资证券公司按规定申请在境内从事证券业务;允许区内证券期货公司开展离岸资产证券化业务,其在区内设立的子公司单独面向区内和境外拓展融资渠道;等等。

广东自贸试验区开展的系统性金融制度创新,为各类实体产业包括文化产业的发展提供了"起飞"的可能,文化企业将可以依靠自贸试验区实现境内外融资,以低于以往的资金成本实现更高的效益,可以借助自贸试验区的金融环境更为便利地开展对外文化贸易。自贸试验区金融制度安排也将为文化企业融资瓶颈的难题提供解决方案,并能够增强文化企业主动选择金融服务的话语权,也可以帮助企业进一步利用国内文化产业产能、产品、设计等文化产业链的国际优势,结合自贸试验区的金融制度,形成拥有全球影响力的文化产品和服务的价格指数及其他文化金融衍生品。

五、有利于搭建文化产业发展战略平台

文化企业"走出去"参与国际竞争,还需要更多强有力的战略平台的支持。当前国内文化企业的单独竞争能力还不够强,国际知名的文化企业较少,缺乏掌握国际文化产业市场各类规则和事务的高端人才,与日

本、美国等国的文化产业相比,还没有形成以大企业为中心、中小企业配套集聚发展、集群发展,协同"走出去"的国际竞争模式和竞争能力,九成以上的文化企业均为中小企业、民营企业,经营分散、优势微弱。这其中的重要原因之一就是助推文化企业国际化发展的战略平台相对不足,难以为企业提供足够的支持。

为促进国内文化产业的发展,自贸试验区可以利用先行先试的综合制度优势,大力鼓励发展文化企业集群的战略平台。以文化创意产业为例,在文化产业中发展迅猛,且正在加速从园区建设向园区运营转变,从单一产业振兴向融合发展转变,从多部门分业管理向机构协同转变,正进入"升级版"的转型与融合发展新阶段。以自贸试验区作为文化产业国际化发展的"跳板"区域,成立面向国际的文化发展产业园区、文化服务和贸易基地等各类文化发展战略平台,将顺应国内文化产业快速发展的新趋势,且能逐步解决文化企业参与国际竞争的难题。另外,国外文化企业直接"走进来"我国内地从事文化产业还有诸多门槛,尚不能在短期内全面放开。自贸试验区作为国际企业进入我国市场的最佳"窗口",未来在自贸试验区内可仅在涉及国家文化安全等的少数领域仍实行禁止或限制经营,绝大部分领域将全面放开,高度接轨国际高标准规则。国际企业则可利用自贸试验区的功能,成立区域性总部和分支机构,建立展览展示基地、文化服务中心、网络服务平台等各类功能性机构。自贸试验区将借此成为服务于国内外文化企业发展需要,促进文明对话与国际经贸文化交流合作的重要平台。

六、有利于形成可复制、可推广的文化管理机制

形成可复制、可推广的改革经验,推动开放型经济体制的全面形成是我国自贸试验区的重要使命之一。当前国内文化企业在管理的体制机制、发展方式、政策审批、商业形态、经营模式上都需要不断改革,在面对国际市场时才能以更强的活力适应激烈竞争。文化管理制度在自贸试验区的

先行先试必将极大地革新传统的文化发展理念，当前自贸试验区的制度是在不断探索中稳步前进，这一过程属于"试错"的过程，决定了改革试验并非一蹴而就。我国文化产业的开放也并非短期内全面放开，在全球范围内包括各国的自贸区内，文化的开放都或多或少受到一定程度的政府监管或商业制度限制，显示出文化开放的复杂性是国际社会的共同特征。而在我国文化企业、文化管理制度都还尚未完全适应国际文化市场规则和发展趋势的背景下，全面放开文化管理制度和市场，极易对我国文化安全、文化企业的竞争力都造成极大冲击。

通过自贸试验区的不断先行试验，让文化企业在渐进的探索中，逐步适应国际文化市场，并以自贸试验区为发展的"跳板"，在国际化发展中积累经验，有利于带动我国自贸试验区境内区外的文化企业平稳低风险转型发展，形成可供借鉴的发展模式。通过自贸试验区的倒逼机制和引入国际文化企业的"鲶鱼效应"，促进国内更广阔区域的文化改革发展，让中国庞大的文化市场能够平稳参与到全球文化市场竞争与合作中，提高竞争效率和文化要素生产力。同时，以自贸试验区为试验田，逐步寻求对文化领域的试验开放以及对文化行业的管理探索，将极大促进和倒逼传统的管理文化发展方式的改革，盘活做强文化主体，主动应对国际高标准的产业规则，形成政府与市场更加科学的协调模式，也将进一步促进中国文化产业与世界文化产业的融合与竞争发展。

第四节　广州发挥自贸试验区优势建设离岸文化中心

借助国家建设 21 世纪海上丝绸之路的机遇，广州应充分利用广东自贸试验区南沙片区所具有的区位优势和功能优势，学习并借鉴国内外自由贸易园区的成功经验，积极促进核心文化产品和文化服务的出口，扶持和培育外向型的文化企业，创新文化内容和文化"走出去"模式，推动文化产业发展,促进对外文化贸易,打造辐射东南亚、具有国际影响力的离岸文化中心。

一、以自贸试验区为核心打造对外文化贸易基地

在促进中国文化产品和服务"走出去"总体规划中,文化部提出可根据需要有选择地在重点口岸建立文化部对外文化贸易出口基地和服务平台。借鉴上海建设对外文化贸易基地的经验,广州应利用自贸试验区平台打造的对外贸易基地,积极向文化部申报国家级的对外文化贸易基地。结合广州的实际状况,在现有的战略发展平台中,可以南沙自贸试验区为基础,积极打造对外文化贸易基地,争取获得文化部的授牌。在对外文化贸易基地的功能基本齐备之后,再以分园的形式,将基地的服务功能延伸到各个园区,充分发挥对外文化贸易基地的集聚优势,将其打造成为文化产业"走出去"的内容和技术集成平台,以及文化产品和服务交易的集散地,吸引文化企业进园集聚发展,同时,鼓励文化企业开发适应国际市场的文化产品和服务,形成文化出口的集聚园区。充分发挥基地的桥梁作用,尤其是吸引国内外从事文化产品进出口业务的企业、文化采购商、文化中介公司、文化投资商等借助对外文化贸易基地与文化企业开展合资与合作,搭建国内外文化企业之间进行战略合作的桥梁。

二、积极争取文化对外贸易政策改革创新

在自贸试验区对外文化贸易的创新试验中,政府政策支持是其重要支撑。积极争取文化对外贸易政策上的改革创新,将极大推动自贸试验区对外文化贸易的发展。自贸试验区针对普通商品在物流和金融方面已经开展了很多创新,如上海自贸试验区开设的FTA(自由贸易账户),借鉴此类经验,广州可利用自贸试验区积极推进文化贸易投资的外汇管理便利化,提高外汇资金使用效率,鼓励支持文化企业开展跨境人民币结算业务等,

为离岸文化中心中发展离岸服务外包的文化企业提供方便,确保资金能方便地汇进汇出。利用自贸试验区打造离岸文化中心,可以争取在文化对外贸易相关政策的改革创新中,适当放宽一些政策限制,特别是可适当放宽对文化中转贸易、文化产品加工贸易等不进入国内市场的贸易的限制。针对国外的图书、影视等不进入国内市场销售,但要在自贸试验区内进行翻译、改编、二次创作、版权贸易的文化产品,可简化其内容审查、报关等手续。加大对文化产业发展以及对外贸易的财税支持力度和专项扶持资金投入,对文化企业境外的演出和商业活动以及产品和服务的研发创新等,适当投入资金予以支持,对文化企业开展境外收购技术和品牌、产品认证、境外广告宣传和商标注册等给予补助,切实支持文化企业"走出去"参与国际竞争。

三、大力培育国际化的文化企业

面向国际市场的文化企业是离岸文化中心的重要主体,为培育外向型国际化的文化企业,从而推动对外文化贸易的发展,必须加大对现有对外文化贸易企业的支持力度。广州文化产业中一大批企业具有较强的竞争实力,并开始拓展国际市场,要鼓励有实力的文化企业适时加快产业融合,以资产为纽带加快资源整合,围绕做强做大目标,通过多元融资、资产重组、产权交易等方式,进行跨行业、跨所有制兼并重组,在出版发行、舞台表演、电影电视、动漫网游、工艺美术等行业培育一批经济实力强、经营模式新、科技含量高、产业辐射广的外向型骨干文化企业和企业集团。同时,鼓励和支持各种所有制文化企业开展对外文化贸易业务,并享有同等待遇。要发展起更多新的对外文化贸易企业,鼓励各类企业通过新设、收购、合作等方式,开展文化领域的境外投资合作。实施和改善奖励制度,推动设立文化产品和服务出口专项资金,设立市级重点文化出口企业和项目的认定与奖励,对入选企业和项目,给予一定的配套资助,跟踪和培育一批重点企业与重点项目,实力壮大后,鼓励其申报国家《文化产品和服务出口指导目录》《国家文化出口重点企业目录》和《国家文化出口重点项目目录》,争取更多的广州企业和项目入选,形成文化产业"走出去"的"广州军团"。

四、聚集国际专业人才创业就业

建设离岸文化中心需要大量的人才,可以借助广州地区基础雄厚的教育资源,培训和引进更多的国际人才创业就业。离岸文化中心的建设过程中面临着诸多问题,需要大量法律、金融、国际贸易等方面的专业人才队伍参与到自贸试验区以及区内企业的运营之中,帮助解决这些问题。同时,不同国家之间的社会文化环境有所不同,因此,文化"走出去"不能只是简单地对现有文化产品进行原样照搬和翻译,即使文化产品和服务内容相同,表达方式也必须做针对性的调整,才能适应不同的消费对象。要针对特定的国外目标市场对输出的文化产品和文化服务进行改造,需要大量精通双语甚至多语又具备专业技能的国际化人才。为了推进离岸文化中心的建设,促进更多国际化的文化产品和服务"走出去",自贸试验区应加大各类优秀人才的引进力度,并积极培养多元化的对外文化贸易人才。广州要利用高校众多的优势,结合自贸试验区的实际需要加强对外文化贸易学科和专业建设的合作与引导,支持培养更多具备对外文化贸易市场运营知识、熟练掌握外语技能、具有国际市场营销知识的经营管理人才和专业技术人才。美国离岸文化中心的经验之一是吸引了各国移民和大量的移民后裔,在针对其他国的文化资源利用和产品生产上,其具有特殊的优势。相比之下,中国的特有优势是具有遍布全球各地的华侨华人,尤其是近年来高层次人才不断增多,这些华侨华人发挥着文化中介的作用。广州可利用丰富的侨务资源对接自贸试验区平台,发挥华侨华人群体在世界各地广泛的人脉优势,大力吸引华侨华人和各国优秀文化人才把握中国经济和文化全球化的进程来穗开展多种形式的创新创业,参与建设离岸文化中心。

五、提供更加便利快捷的政府服务

自贸试验区建设的重要任务之一是转变政府职能和完善行政管理体系。以上海自贸试验区为例，其对外文化贸易基地内专门设有文化审批服务窗口，负责审批自贸试验区内的文化内容，为文化企业提供方便，缩短境内外的文化产品的内容审批时间。其海关也为艺术品交易提供了便利的服务，为艺术品交易实施了仓储企业联网监管，批次进出、集中申报，保税展示交易等措施。广州在利用自贸区平台建设离岸文化中心的过程中，政府要积极创新管理服务，提升服务水平，提高服务效率，提供更加快捷的政府服务，优化离岸文化中心的服务环境以减少文化企业的时间成本，降低企业的运营成本，促进企业的快速发展。对通关模式及通关办法进行创新，完善文化产品和服务出口的通关管理措施，以提升通关效率。实施建立"绿色通道"等措施支持文化产业更为便捷地"走出去"，为文化企事业单位国际市场研究、版权输出以及境外投资等活动提供便利。为文化产品出口提供24小时预约通关服务等便利措施，并对其中一些文化产品实行集中申报管理。对文化企业出境展览、演出、进行影视节目摄制和后期加工等需暂时进出境货物，按照规定加速验放。简化从事文化出口业务的相关人员的进出境手续，进行快速审批。对外文化贸易面对的重要问题之一就是知识产权保护，要加强对文化贸易知识产权的保护，对相关的法律法规做好宣传，打击和惩处侵犯知识产权的行为，支持鼓励文化企业开展涉外知识产权的维权工作，并研究开展文化知识产权价值评估，及时提供海外知识产权法律咨询，切实帮助文化企业解决知识产权保护的难题。

六、加强与港澳合作共同发展

广东自贸试验区的重要特色功能之一就是加强港澳合作。广州具有毗邻港澳的地缘优势，与港澳经贸往来和文化交流都有深厚的基础，未来进一步加强合作有着广阔的空间。尤其是在建设粤港澳大湾区的背景下，更要以自贸试验区为重要基础，积极探索体制机制创新，为建设离岸文化中心提供新型合作平台。粤港澳大湾区与世界领先湾区和国内先进城市群不同，处于"一个国家、两种制度、三个关税区、四个核心城市"的发展格局，既有"一国两制"下的香港特别行政区、澳门特别行政区，又有深圳和珠海两个经济特区，中国（广东）自由贸易试验区南沙新区片区、前海片区和横琴片区，涉及不同制度和文化背景，其离岸文化中心建设的合作机制远比其他地区优越和多元。在参与文化产业全球化竞争的总体要求下，广州应借助自贸试验区学习借鉴香港、澳门的国际化、法治化、现代化营商环境的先进经验，积极探索体制机制创新，在与文化相关的产业、科技、金融、人才等领域积极创新合作模式，营造有利于文化产业国际化发展的开放环境，促进湾区内人流、物流、资金流、信息流和技术流等资源要素自由畅通流转，实现湾区城市间优势互补、竞合发展、协同共赢，为建设离岸文化中心提供更加便利地对接世界市场的特殊平台。

在全面对外开放的新时期，广州继承历史传统，立足现实优势，科学规划建设离岸文化中心的目标定位，以东南亚为重点合作地区，以动漫产业为重点突破产业，以自贸试验区为重点创新平台，有序开展认真细致的工作，以开放促改革，以改革推创新，一定能实现跨越发展，有效推动文化"走出去"，为推进21世纪海上丝绸之路文化交流与合作、促进中华文化与世界文化的繁荣与发展做出新的积极贡献。

参 考 文 献

[1] Hoskins C, Mirus R. Reasons for the U. S. Dominance of the International Trade in Television Programmes [J]. Media, Culture and Society, 1988, 10 (4): 499 – 504.

[2] Francis L F L. 电影成就的文化折扣：奥斯卡金像奖与美国东亚票房 [J]. 文化艺术研究, 2010 (4): 211 – 228.

[3] Francis L F L. 文化折扣与跨文化预测：以美国电影在香港的票房绩效为例 [J]. 文化艺术研究, 2008 (1): 243 – 252.

[4] Giddens A. The Consequences of Modernity [M]. Stanford, CA: Stanford University Press, 1990.

[5] Miller T. 文化政策 [M]. 台北：巨流图书公司, 2006.

[6] Miller T, 等. 全球好莱坞 [M]. 台北：巨流图书公司, 2003.

[7] 薄汉斌. 长沙市动漫产业集群发展的扶持政策研究 [D]. 长沙：中南大学, 2009.

[8] 薄鹏. 公共外交对中日关系的影响——以日本动漫为例 [D]. 青岛：青岛大学, 2006.

[9] 宾阳, 郭凯倩. 十一载耕耘 十一载收获——中国—东盟文化论坛走过十一年 [N]. 中国文化报, 2017 – 09 – 01.

[10] 蔡鹏鸿. 为构筑海上丝绸之路搭建平台：前景与挑战 [J]. 当代世界, 2014 (4): 34 – 37.

[11] 蔡武. 坚持文化先行建设"一带一路" [J]. 求是, 2014 (9).

[12] 曹淑艳，谭雅文，赵丽莎，包俊元. 动漫企业国际化发展业务及模式研究［J］. 现代传播，2016（10）：122－125.

[13] 曾昭璇，曾新，曾宪珊. 论中国古代以广州为起点的"海上丝绸之路"的发展［J］. 中国历史地理论丛，2003（2）：66－79.

[14] 陈惠平. "海上丝绸之路"的文化特质及其当代意义［J］. 中共福建省委党校学报，2005（2）：68－72.

[15] 陈林. 江苏文化"走出去"调查与思考［J］. 群众，2013（9）：61－62.

[16] 陈林侠. 北美市场与当下中国电影的文化折扣分析［J］. 上海大学学报：社会科学版，2015，32（4）：32－49.

[17] 陈伟军. 文化贸易拓展：提升软实力与走出去［J］. 中国出版，2013（2）：15－19.

[18] 陈武. 发展好海洋合作伙伴关系［N］. 人民日报，2014－01－15.

[19] 陈学璞，李建平，何颖，王建平，王春林. 面向东盟的广西文化产业发展新格局研究（上）［J］. 沿海企业与科技，2012（12）.

[20] 陈学璞，李建平，何颖，王建平，王春林. 面向东盟的广西文化产业发展新格局研究（下）［J］. 沿海企业与科技，2013（1）.

[21] 陈炎. 海上丝绸之路与中外文化交流［M］. 北京：北京大学出版社，1996.

[22] 程静薇，马玉霞. 美国电影在中国市场的文化折扣：基于2009—2013年的票房数据［J］. 重庆社会科学，2014（4）：69－75.

[23] 程绚. 日本动漫产业海内外市场拓展研究［J］. 山东社会科学，2015（12）：127－131.

[24] 程绚. 日本动漫对外传播研究［D］. 济南：山东大学，2015.

[25] 楚树龙. "中国故事"与中国的国际形象［J］. 现代国际关系，2015（9）：37－43.

[26] 丁未，郑旭莹. 政策扶持下动漫产业的困境与悖论——以深圳为个案［J］. 现代传播，2014（12）.

［27］董德福，孙昱. 关于"中国文化走出去"战略的几个问题［J］. 延安大学学报：社会科学版，2013（4）：43－47.

［28］董晓莉. 京味文化"走出去"提升文化国际影响力［J］. 北京观察，2013（3）：26－29.

［29］动画片年产量全国领先 广州拟建设"动漫之都"［EB/OL］. 金羊网，2017［2017－10－20］. http://news. ycwb. com/2017－09/29/content_25550060. htm.

［30］杜俊义. 中国—东盟对外文化贸易基地建设研究［J］. 广西大学学报：哲学社会科学版，2014（4）.

［31］范宏贵. 同根生的民族——壮泰各族渊源与文化［M］. 北京：光明日报出版社，2000.

［32］房敏. 构建CAFTA以来广东和东盟贸易的形势与对策［J］. 嘉应学院学报：哲学社会科学，2009（5）.

［33］菲利普·D. 柯丁. 世界历史上的跨文化贸易［M］. 济南：山东画报出版社，2009.

［34］冯雷. 进口贸易是通向贸易强国的关键——转变外贸发展方式的战略研究［J］. 国际贸易，2014（12）：51－56.

［35］冯颜利. 中华文化如何"走出去"——文化影响力建设的问题、原因与建议［J］. 学术前沿，2013（4）：76－83.

［36］付再学. "一带一路"建设中对外文化交流机制研究［J］. 人民论坛，2016（4）：163－165.

［37］高晨，靳明全. 日本动漫对"三国"男性形象的女性化变异［J］. 电影评介，2011（20）.

［38］高虎城. 高虎城：把握世界大势提高开放水平［EB/OL］. 人民网，2015［2017－10－02］. http://dangjian. people. com. cn/n/2015/0916/c117092－27593545. html.

［39］葛志专，陈来卿. 广州企业"走出去"现状、存在问题与对策研究［M］//广州城市国际化发展报告2016. 北京：社会科学文献出版

社, 2016.

［40］顾小存. 应对中美文化贸易逆差的战略思考［J］. 理论视野, 2012（10）: 59 - 64.

［41］广州市社会科学院课题组. 2016 年广州城市国际化发展状况与 2017 年形势分析［M］// 广州城市国际化发展报告 2017. 北京: 社会科学文献出版社, 2017.

［42］中共广州市委宣传部. 建设 21 世纪海上丝绸之路 2014 广州论坛论文集［M］. 中共广州市委宣传部, 2014.

［43］广州市文广新局, 广州市统计局. 2013 年广州市动漫重点企业发展情况统计调查报告［M］// 广州文化创意产业发展报告（2014）. 北京: 社会科学文献出版社, 2014.

［44］广州市制定新一轮动漫产业扶持政策［EB/OL］. 凤凰财经网, 2017［2017 - 10 - 02］. http://finance.ifeng.com/a/20170929/15704037_0.shtml.

［45］桂迎宝. 连云港建设"一带一路"交汇枢纽的建议［J］. 港口经济, 2015（4）: 33 - 34.

［46］郭安丽. 多省市区抢滩海上丝绸之路门户新枢纽［N］. 中国联合商报, 2014 - 09 - 29.

［47］郭云钊, 张鹏. 全球离岸金融中心的发展［J］. 中国金融, 2012（15）: 74 - 75.

［48］国家新闻出版广电总局, 中国音数协游戏工委. 2016 年中国游戏产业报告［M］. 北京: 中国书籍出版社, 2016.

［49］国务院新闻办公室. 文化部"一带一路"文化发展行动计划［EB/OL］. 中国网, 2017［2017 - 10 - 02］. http://www.scio.gov.cn/31773/35507/35519/Document/1538864/1538864.htm.

［50］韩伽伽. 试析中国与东盟文化产业的合作问题［D］. 广州: 暨南大学, 2011.

［51］韩湖初, 杨士弘. 关于中国古代"海上丝绸之路"最早始发港研究

述评［J］. 地理科学，2004（6）：739-747.

［52］韩骏伟. 国际电影与电视节目贸易［M］. 北京：中国传媒大学出版社，2008.

［53］韩业庭. 以文化为媒 促合作交流——"一带一路"人文交流与合作取得新进展［N］. 光明日报，2017-04-04.

［54］韩英，陈少峰. 中国动漫产业发展的对策分析［J］. 东岳论丛，2006（5）.

［55］韩英，章军杰. 贸易逆差、区域失衡与文化安全——入世以来我国图书版权贸易问题与反思［J］. 东岳论丛，2012（9）：22-26.

［56］何建平，赵毅岗. 中西方纪录片的"文化折扣"现象研究［J］. 现代传播，2007（3）：100-104.

［57］何平，陈国贲. 全球化时代文化研究若干新概念简析——"文化杂交"和"杂交文化"概念的理论内涵［J］. 山东社会科学，2005（10）：23-28.

［58］何一民. 成都在"一带一路"建设中应成为中国内陆对内对外开放的枢纽［J］. 开发研究，2015（6）：1-5.

［59］何颖. 特区模式：构建"中国—东盟文化产业开放区"［J］. 沿海企业与科技，2007（2）.

［60］贺圣达. 加强中国与东南亚的文化合作［J］. 东南亚，1997（3）：1-5.

［61］胡晓明. 如何讲述中国故事——"中国文化走出去"的若干理论与实践问题［J］. 华东师范大学学报：哲学社会科学版，2013（5）：107-117.

［62］花建. 中国文化地缘战略和中国文化"走出去"的新格局［J］. 东岳论丛，2012（1）：46-52.

［63］黄筱. 我国动漫产业国际竞争力培育政策研究［D］. 上海：复旦大学，2014.

［64］黄耀东. 中国—东盟文化交流与合作可行性研究［J］. 学术论坛，

2014（11）.

[65] 黄友义. 讲好中国故事 引领国际舆论［J］. 公共外交季刊，2015（8）：48-52.

[66] 姜秀敏. 全球化时代的国际文化关系研究——关于国际文化新秩序的探讨［D］. 长春：吉林大学，2006.

[67] 金春子，王建民. 中国跨界民族［M］. 北京：民族出版社，1994.

[68] 金荣. 浅析中国—东盟文化交流在21世纪海上丝绸之路的影响及前景［J］. 广西社会主义学院学报，2014（5）.

[69] 柯林·霍斯金斯，斯图亚特·迈克法耶蒂，亚当·费恩. 全球电视和电影：产业经济学导论［M］. 北京：新华出版社，2004.

[70] 柯林·霍斯金斯，斯图亚特·麦克法蒂耶，亚当·费恩. 媒介经济学——经济学在新媒介与传统媒介中的应用［M］. 广州：暨南大学出版社，2005.

[71] 孔繁轲. 自觉意识基础上的山东文化"走出去"［J］. 理论学刊，2011（11）：112-117.

[72] 李法宝. 从"文化折扣"看中国电视剧在东南亚的传播［J］. 中国电视，2013（8）：83-87.

[73] 李红，彭慧丽. 区域经济一体化进程中的中国与东盟文化合作：发展、特点及前瞻［J］. 东南亚研究，2013（1）.

[74] 李红，等. 国际文化合作的经济分析——以中国—东盟区域为例［M］. 北京：中国社会科学出版社，2012：56-57.

[75] 李华成. 动漫产业扶持政策评析——以武汉洪山CBI动漫基地的调研为蓝本［J］. 学习与实践，2011（6）.

[76] 李怀亮，闫玉刚. 当代国际文化贸易综论（上）［J］. 河北学刊，2005（6）.

[77] 李怀亮，闫玉刚. 当代国际文化贸易综论（下）［J］. 河北学刊，2006（1）.

[78] 李怀亮. 当代国际文化贸易与文化竞争［M］. 广州：广东人民出

版社，2005．

[79] 李怀亮．国际文化贸易概论［M］．北京：高等教育出版社，2006．

[80] 李怀亮．文化"走出去"须统筹国际国内两个市场［J］．现代传播，2015（7）：115-119．

[81] 李辉．青岛市打造"海上丝绸之路"枢纽型城市的战略定位分析［J］．中共青岛市委党校学报，2014（4）：32-37．

[82] 李娟．中国动漫产业发展问题分析［J］．经济论坛，2007（3）．

[83] 李军．宋元"海上丝绸之路"繁荣时期广州、明州（宁波）、泉州三大港口发展之比较研究［J］．南方文物，2005（1）：76-82．

[84] 李奇．自由贸易区建设的目标模式与地方政府的管理创新研究［D］．长春：吉林大学，2010．

[85] 李小牧，李嘉珊．国际文化贸易关于概念的综述和辨析［J］．国际贸易，2007（2）．

[86] 李勇军．建设海上丝绸之路综合枢纽城市对策研究［J］．现代商业，2014，33．

[87] 梁丽杰．我国文化创意产业国际合作的研究［J］．经济与社会发展，2012（7）：37-41．

[88] 林金枝．近代华侨在东南亚传播中华文化中的作用［J］．南洋问题研究，1990（2）．

[89] 刘赐贵．发展海洋合作伙伴关系推进21世纪海上丝绸之路建设的若干思考［J］．国际问题研究，2014（4）：1-9．

[90] 刘军．世界电影的国际化合作现状及中国电影产业的国际化政策分析［M］//中国电影新百年：合作与发展．北京：中国电影出版社，2006：162-185．

[91] 刘来．从电影《花木兰》谈文化转换理论——文化全球化与本土化［J］．电影艺术，2001（2）：117-120．

[92] 刘立行．国家电影制度［M］．台北：正中书局，2009．

[93] 刘奇葆．大力推动中华文化走向世界［N］．光明日报，2014-

05-22.

[94] 刘昕. 自贸试验区展现文化"万有引力"[N]. 国际商报, 2014-05-23.

[95] 刘轶. 动漫产业的发展与国家文化软实力提升[J]. 西南民族大学学报: 人文社会科学版, 2010 (5): 223-228.

[96] 刘兆征. 文化走出去的阻力及应对思路[J]. 宏观经济管理, 2012 (11): 54-56.

[97] 刘宗义. 21世纪海上丝绸之路建设与我国沿海城市和港口的发展[J]. 城市观察, 2014 (6).

[98] 罗立彬, 阮江青. 利用全球优势资源推动中国文化贸易出口: 以动漫出口为例[J]. 国际服务贸易评论, 2013: 353-362.

[99] 吕余生. 深化中国—东盟合作, 共同建设21世纪海上丝绸之路[J]. 学术论坛, 2013 (12).

[100] 马克思, 恩格斯. 共产党宣言[A]//马克思, 恩格斯. 马克思恩格斯选集: 第2版第1卷. 北京: 人民出版社, 1995.

[101] 马冉. GATT1994文化贸易产品待遇条款评析[J]. 世界贸易组织动态与研究, 2010 (4).

[102] 马勇. 东南亚与海上丝绸之路[J]. 云南社会科学, 2001 (6): 77-81.

[103] 马勇幼. "一带一路"倡议在东盟[N]. 光明日报, 2017-09-27.

[104] 米宏伟. 文化贸易全球化现状与特点[J]. 国际经济合作, 2012 (12): 23-25.

[105] 牛梦笛, 李蕾, 苏丽萍, 等. 文明互鉴新景观——2016年文化走出去发展报告[N]. 光明日报, 2016-12-29.

[106] 牛兴侦. 2015年中国动漫产业发展报告[M]//2016年中国动漫产业发展报告. 北京: 社会科学文献出版社, 2016.

[107] 庞英姿. 新加坡文化产业发展的经验及启示[J]. 东南亚南亚研究, 2013 (4).

[108] 齐勇锋，蒋多．中国文化走出去战略的内涵和模式探讨［J］．东岳论丛，2010（10）：165-170．

[109] 邱嘉埼．中韩合拍序的文化折扣研究［D］．长春：东北师范大学，2016．

[110] 曲慧敏．以文化产业化模式推动中华文化"走出去"的思考［J］．山东师范大学学报：人文社会科学版，2002（3）：123-128．

[111] 全国顶级动漫美术盛事落户广州 将于12月在广州开幕［EB/OL］．金羊网，2017［2017-10-15］．http://news.ycwb.com/2017-07/21/content_25253750.htm．

[112] 冉佳佳．文化贸易逆差下的中国影视文化创意产业研究［D］．重庆：重庆大学，2012．

[113] 任佳，王清华，杨思灵．构建新南方丝绸之路参与"一带一路"建设［J］．云南社会科学，2014（3）：1-6．

[114] 任佳．文化外交能否提升日本软实力——以"动漫外交"为例［J］．中日关系史研究，2010（4）：11-26．

[115] 任一鸣．国际文化交流：理念创新与实践的战略思考［J］．毛泽东邓小平理论研究，2010（12）：70-74．

[116] 尚佳．基于对应分析法的综合保税区与自由贸易园区的差别化研究［D］．上海：上海交通大学，2012．

[117] 尚好婵．日本动漫中的"三国热"［D］．长沙：湘潭大学，2013．

[118] 邵军，吴晓怡．文化折扣、市场规模与中国文化产品出口［J］．对外经济贸易大学学报，2014（3）：119-128．

[119] 邵长青．打造"一带一路"资源配置枢纽的路径选择［N］．滨海时报，2015-06-02．

[120] 邵长青．打造天津滨海新区"一带一路"全球资源配置的综合枢纽［J］．港口经济，2015（7）：42-44．

[121] 沈彤．国际金融实务［M］．南京：东南大学出版社，2004．

[122] 沈望舒．北京文化产业要实施"走出去"战略［J］．北京联合大

学学报,2002(1):71-75.

[123] 石惠敏. 2016 年东南亚国家传媒产业发展报告[M]//传媒蓝皮书:中国传媒产业发展报告(2016). 北京:社会科学文献出版社,2016.

[124] 史瑞丽. 推动文化产业"走出去"问题研究[J]. 国际贸易,2007(12):36-42.

[125] 是冬冬. 上海自贸区政策推广后文化贸易基地为何还那么火[N]. 东方早报,2014-10-22.

[126] 宋俊杰. 我国影视动漫产业扶持政策研究[D]. 上海:华东政法大学,2012.

[127] 苏州动漫国际合作峰会落幕签下 6800 万美元版权大单[EB/OL]. 凤凰财经,2016[2017-10-20]. http://finance.ifeng.com/a/20161219/15087380_0.shtml.

[128] 孙景峰. 经济全球化对全球文化的影响——兼论中国文化发展战略[J]. 思想战线,2002(3):105-110.

[129] 孙祝春. 关于日照打造"一带一路"战略交汇枢纽的思考[J]. 山东经济战略研究,2015(12):38-41.

[130] 谭刚. 加快建设"一带一路"战略中的粤港澳湾区枢纽城市[N]. 深圳特区报,2015-08-11.

[131] 谭永军,韦德华,郑文锋. 广西文化产业走向东盟的战略研究[J]. 广西社会科学,2012(11).

[132] 汤姆林森. 全球化与文化[M]. 南京:南京大学出版社,2002.

[133] 唐天标. 大胆实践 创新文化走出去模式[N]. 人民日报,2012-03-13.

[134] 万俊人. 经济全球化与文化多元论[J]. 中国社会科学,2001(2):38-49.

[135] 万希平,康安平. 文化冲突时代的文化认同——基于全球化文化发展悖论的反思[J]. 未来与发展,2009(5):73-77.

[136] 王春林. 广西面向东盟的文化"走出去"模式探析 [J]. 学术论坛, 2012 (7).

[137] 王逢振. 詹姆逊文集: 现代性、后现代性和全球化 [M]. 北京: 中国人民大学出版社, 2004.

[138] 王海文. 我国文化企业"走出去": 现状、问题及对策 [J]. 理论探索, 2013 (4): 103-106.

[139] 王素娅. 中国电影跨文化传播的文化折扣问题研究 [D]. 郑州: 郑州大学, 2014.

[140] 王晓晖. 提高文化开放水平 [N]. 光明日报, 2013-11-20.

[141] 王雅坤, 耿兆辉. 中国文化走出去的影响因素及路径选择 [J]. 河北学刊, 2013 (3): 208-211.

[142] 王义桅. 讲好中国故事要实现"三超越"——以如何讲好"一带一路"故事为例 [J]. 对外传播, 2015 (9): 24.

[143] 卫迎春, 钟晓玥. 消费成瘾、文化折扣与中国核心文化产品出口 [J]. 学习与实践, 2016 (6): 128-134.

[144] 魏海香. 文化全球化焦点问题辨析 [J]. 社会科学, 2007 (5): 139-146.

[145] 魏婷, 夏宝莲. 中国影视文化贸易逆差形成的原因及对策分析 [J]. 经济问题, 2008 (1).

[146] 魏婷. 日韩动漫贸易政策及其借鉴 [J]. 商业研究, 2010 (6): 130-134.

[147] 吴崇伯. 福建构建21世纪海上丝绸之路战略的优势、挑战与对策 [J]. 亚太经济, 2014 (6).

[148] 吴慧雯, 张振亭. 纪录片里的"文化折扣": 从《故宫》到《解密紫禁城》[J]. 电视研究, 2010 (11): 56-59.

[149] 吴伟明. 日本流行文化改造中国三国历史 [M] //在日本寻找中国: 现代性及身份认同的中日互动. 香港: 香港中文大学出版社, 2013.

[150] 吴卫民,石裕祖. 中国文化"走出去"路径探析 [J]. 学术探索, 2008 (6): 108-114.

[151] 吴晓霞. 中国新闻出版业向东盟"走出去"发展研究 [J]. 东南亚纵横, 2014 (8): 70-74.

[152] 吴正彪. 中国文化产业进入东盟市场的可行性 [J]. 郑州航空工业管理学院学报, 2010 (1).

[153] 伍庆. 21世纪海上丝绸之路背景下建设面向东南亚的离岸文化中心研究 [J]. 学术论坛, 2015, 7.

[154] 伍庆. 21世纪海上丝绸之路背景下广州建设离岸文化中心研究 [M] // 中国广州文化创意产业发展报告. 北京:社科文献出版社, 2015.

[155] 伍庆. "一带一路"建设中的跨文化贸易与离岸文化生产 [M] // 北大文化产业评论. 北京:北京大学出版社, 2016.

[156] 伍庆. "一带一路"战略背景下建设离岸文化中心,开发国际文化资源和市场 [M] // "一带一路"战略下充分用好"两种资源两个市场"研究. 成都:四川大学出版社, 2016.

[157] 伍庆. "一带一路"背景下的离岸文化中心与国际文化产业合作 [J]. 人文天下, 2016 (5).

[158] 伍庆. 跨文化贸易与广州建设离岸文化中心研究 [M] // 创新与融合 广州文化产业发展研究. 北京:经济科学出版社, 2016.

[159] 肖林. 主动开放战略与上海自贸试验区制度创新 [N]. 文汇报, 2013-11-25.

[160] 谢菲. 20世纪60年代以来洛杉矶大都市区经济和社会结构的变化 [J]. 扬州大学学报:人文社会科学版, 2006 (2): 93-96.

[161] 熊澄宇,刘晓燕. 国际数字动漫产业现状、趋势及对我国的启示 [J]. 东岳论丛, 2014 (1): 41-48.

[162] 徐福山. 文化折扣与文化产品"走出去"的路径选择 [N]. 光明日报, 2015-04-06.

[163] 徐庆峰, 吴国蔚. 对我国文化产业"走出去"策略的探讨 [J]. 经济问题探索, 2005 (12): 48-52.

[164] 徐占忱. 讲好中国故事的现实困难与破解之策 [J]. 社会主义研究, 2014 (3): 20-26.

[165] 许建平. 青岛打造"21世纪海上丝绸之路"枢纽城市研究 [J]. 青岛科技大学学报: 社会科学版, 2014 (2): 6-10.

[166] 薛华. 中美电影贸易中的文化折扣研究 [D]. 北京: 中国传媒大学, 2009.

[167] 闫玉刚. "文化折扣"与中国对外文化贸易的产品策略 [J]. 现代经济探讨, 2008 (2): 52-56.

[168] 颜洁. 略述中国与东南亚文化交流史中的几个重要方面 [J]. 东南亚纵横, 2010 (1).

[169] 杨博华. 全球化、文化认同与文化帝国主义 [J]. 南京社会科学, 2000 (8): 56-60.

[170] 杨华. 中国—东盟文化交流"钻石十年"的构建研究 [J]. 广西社会科学, 2014 (5).

[171] 杨吉华. 我国文化贸易逆差及其治理对策 [J]. 上海市经济管理干部学院学报, 2008 (4): 17-21.

[172] 杨利英. 近年来中国文化"走出去"战略研究综述 [J]. 探索, 2009 (2): 102-106.

[173] 杨伦庆等. 广东推进建设21世纪海上丝绸之路的若干思考 [J]. 海洋信息, 2014 (4).

[174] 杨明. 美国动画片中对异域文化再现的探究 [J]. 文艺研究, 2012 (4): 159-160.

[175] 杨欣茹. 从华语电影在两岸三地的票房差异再论文化折扣 [J]. 当代电影, 2014 (10): 132-134.

[176] 叶飞, 陈璐. 2016, 绘就中外文化交流合作的壮美画卷 [N]. 中国文化报, 2016-12-29.

[177] 殷俊，代静. 跨媒介经营［M］. 成都：四川大学出版社，2006.

[178] 尹涛，等. 广州市文化创意产业2016年发展状况与2017年形势分析［M］//广州市文化创意产业发展报告2017. 北京：社会科学文献出版社，2017.

[179] 英格利斯. 文化与日常生活［M］. 北京：中央编译出版社，2010.

[180] 游戏产业是中国文化贸易出口急先锋［EB/OL］. 搜狐网，2017［2017-10-20］. http://www.sohu.com/a/155209493_115832.

[181] 于沛. 反"文化全球化"——经济全球化背景下对文化多样性的思考［J］. 史学理论研究，2004（4）：26-37.

[182] 昝小娜. 文化折扣和文化接近的信息粗交流分析［J］. 中国传媒大学学报：自然科学版，2017（1）：31-35.

[183] 詹明信. 晚期资本主义的文化逻辑［M］. 陈清桥等，译. 北京：生活·读书·新知三联书店出版社，1997.

[184] 张佰英. 我国文化产品贸易逆差与应对策略［J］. 辽宁师范大学学报：社会科学版，2015（1）：49-53.

[185] 张斌. 国际文化贸易壁垒研究［D］. 济南：山东大学，2010.

[186] 张斌. 以对东盟国家公共外交策略的创新推动21世纪海上丝绸之路建设［J］. 东南亚纵横，2014（11）.

[187] 张殿军. 论中国"文化走出去"［J］. 理论探索，2012（6）：10-14.

[188] 张高丽. 坚持共商共建共享 传承弘扬丝路精神 打造更高水平的中国—东盟战略伙伴关系［N］. 人民日报，2017-09-13.

[189] 张纪康. 国际离岸金融市场的发展及对中国的启示［D］. 上海：复旦大学，2002.

[190] 张静. 美国经典动画角色造型案例的研究［D］. 武汉：华中师范大学，2008.

[191] 张亮宇. 华莱坞国际竞争力的影响要素与实现路径——基于文化折扣和产业演进的分析［J］. 东南传播，2015（10）：27-33.

[192] 张难生, 叶显恩. 海上丝绸之路与广州 [J]. 中国社会科学, 1992 (1): 207-218.

[193] 张强伟. 二十世纪八十年代以来美国古巴移民研究——以佛罗里达州迈阿密市为例 [D]. 兰州: 西北师范大学, 2014.

[194] 张仁寿, 夏明会. CAFTA 进程中广东与东盟的贸易效应分析 [J]. 亚太经济, 2008 (3).

[195] 张世坤. 保税区向自由贸易区转型的模式研究 [D]. 大连: 大连理工大学, 2005.

[196] 张婷. 五大联盟: 推动"一带一路"文化交流合作机制化 [N]. 中国文化报, 2017-05-15.

[197] 张新生, 王太郎, 薛羽桐. "一带一路"背景下提升西安陆港国际中转枢纽功能的路径探析 [J]. 城市发展研究, 2015 (11): 120-124.

[198] 张旭东. 试论美国动画片的题材创意与主题开掘 [J]. 当代电影, 2010 (7): 152-155.

[199] 张远鹏, 曹晓蕾, 张莉. 江苏省与 21 世纪海上丝绸之路沿线国家合作交流研究 [J]. 东南亚纵横, 2014 (11).

[200] 张振江. 广东—东盟贸易: 成就、挑战与对策 [J]. 东南亚研究, 2009 (2).

[201] 张志洲. 文化外交与中国文化"走出去"的动因、问题与对策 [J]. 当代世界与社会主义, 2012 (3): 12-16.

[202] 赵春晨. 关于"海上丝绸之路"概念及其历史下限的思考 [J]. 学术研究, 2002 (7): 88-91.

[203] 赵焕庭. 番禺是华南海上丝路最早的始发港 [J]. 地理科学, 2006 (1): 118-127.

[204] 赵焕庭. 广州是华南海上丝绸之路最早的始发港 [J]. 热带地理, 2003 (3): 294-298.

[205] 赵明龙. 人文交流: 海上丝绸之路建设不可或缺的内容 [J]. 东

南亚纵横，2014（11）.

［206］赵铁. 中国—东盟合作框架下广西文化产业创新发展战略研究［D］. 武汉：华中科技大学，2012.

［207］赵莹.《三国演义》在日本的译介与研究［D］. 天津：天津师范大学，2012.

［208］赵有广. 我国对外文化贸易逆差及其原因分析［J］. 国际贸易，2006（10）：30－33.

［209］浙江省委宣传部课题组. 提升浙江文化软实力—关于我省实施文化"走出去"战略调研报告（上篇）［J］. 今日浙江，2008（1）：54－56.

［210］浙江省委宣传部课题组. 提升浙江文化软实力—关于我省实施文化"走出去"战略调研报告（下篇）［J］. 今日浙江，2008（2）：50－52.

［211］中共江苏省委对外宣传办公室. 加快推进文化走出去提升江苏国际影响力［J］. 群众，2012（6）：61－17.

［212］中共宁波市委政研室. 宁波文化"走出去"调研思考［J］. 宁波通讯，2011（13）：35－37.

［213］中共上海市委宣传部文化改革发展办公室，上海市商务委员会国际服务贸易处，上海市发展改革研究院. 2016年上海对外文化贸易发展报告［EB/OL］. 中国经济网，2017［2017－10－15］. http：//www.ce.cn/culture/gd/201501/30/t20150130_4474470.shtml.

［214］中国—东盟自由贸易区将于2010年1月1日全面启动［EB/OL］. 中央政府门户网站，2009［2017－10－15］. http：//www.gov.cn/jrzg/2009－12/29/content_1498999.htm.

［215］中国与东盟国家动漫游戏产业合作具有五大潜力［EB/OL］. 中国经济网，2017［2017－10－20］. http：//www.ce.cn/culture/gd/201703/22/t20170322_21268302.shtml.

［216］中华人民共和国教育部."一带一路"沿线国家来华留学生数据增

幅明显 [EB/OL]. 中国网, 2017 [2017-10-2]. http://www. moe. edu. cn/jyb_xwfb/xw_fbh/moe_2069/xwfbh_2017n/xwfb_170301/170301_mtbd/201703/t20170302_297943. html.

[217] 周振华. 金融改造 [M]. 上海：上海人民出版社, 2000.

[218] 朱锦程. 东南亚国家文化资源产业开发探讨 [J]. 东南亚纵横, 2011 (10).

[219] 邹伟勇, 金祎, 熊晓冬. 广东建设 "21 世纪海上丝绸之路" 战略枢纽的交通协同策略 [J]. 规划师, 2016 (2)：38-45.